Monika Köppel
Existenzgründung in der Sozialen Arbeit
Soziale Arbeit als selbstständiger
Leistungserbringer
Ein einführender Leitfaden zur Firmen-
und Praxisgründung

Für meine Tochter Lisa Köppel, die mir durch Ihre Ausdauer und ihre Sorgfalt, beim Eingeben der erhobenen Daten viel Arbeit abgenommen und mich sehr unterstützt hat.

Existenzgründung in der Sozialen Arbeit

Soziale Arbeit als selbstständiger Leistungserbringer. Ein einführender Leitfaden zur Firmen- und Praxisgründung

Monika Köppel

Jacobs Verlag

Bibliographische Information der Deutschen Nationalbibliothek
Die Deutsche Nationalbibliothek verzeichnet diese Publikation
in der Deutschen Nationalbibliographie; detaillierte
bibliographische Daten sind im Internet über http://dnb.d-nb.de
abrufbar.

Copyright 2008 by Jacobs Verlag
Hellweg 72, 32791 Lage
ISBN 978-3-89918-167-8

Inhalt

C. Fazit

D. Anhang

1 Einleitung: Zielsetzung und Struktur der Arbeit

Sozialpädagogen und Sozialarbeiter als selbstständig tätige Erbringer Sozialer Dienstleistungen? Eine Praxis niedergelassener Sozialpädagogen und Sozialarbeiter? Soziale Leistungserbringung verknüpft mit dem marktwirtschaftlichen Kalkül?

Solche und ähnliche Fragen drängen sich unweigerlich auf, will man sich der Thematik „Existenzgründung für Sozialpädagogen und Sozialarbeiter" nähern. Wurden doch solche Aspekte in der Vergangenheit eher dichotom betrachtet. „Gesundheit ist kein marktfähiges Gut" oder „Ausverkauf Sozialer Arbeit", lauten vielfach die tradierten Erbringungsstrukturen verpflichteten Thesen.

Die Frage ist nur, muss das Eine, nämlich die Erbringung Sozialer Dienstleistungen in selbstständiger Form, auch wirklich unweigerlich das Andere, das heißt die komplette Loslösung sozialer Leistungserbringung aus dem sozialstaatlichen Versorgungssystem, bedeuten? Ist es nicht vielleicht sogar denkbar, durch wenige strukturelle Veränderungen eine gesicherte, bedarfsgerechte und qualitativ hochwertige Versorgung der Bürger im Sinne eines umfassenden Welfare Mix zu erreichen? Und, wie könnte dieser Welfare Mix in der Praxis tatsächlich aussehen? Käme es zu der, von manchen Wissenschaftlern und Praktikern befürchteten „Rosinenpickerei" (vgl. Bäcker et al. 2000b: 385) oder ließe sich die Versorgung möglicherweise sogar effizienter, weil bedarfsgerechter und nutzerorientierter gestalten? Und würde diese, in selbstständiger Form vorgehaltene, Leistungserbringung nicht möglicherweise das Ansehen der Profession und deren Professionalisierungsprozess gleichermaßen positiv beeinflussen?

Diesen und anderen Fragen soll in der vorliegenden Untersuchung nachgegangen werden. Die Struktur der Arbeit gliedert sich hierzu zunächst in eine theoriegeleitete Exploration, in der die Thematik aus verschiedenen Blickwinkeln analysiert und transparent dargestellt wird. Dabei finden gesamtgesellschaftliche Wandlungsprozesse und die aus diesen erwachsenen Konsequenzen ebenso Berücksichtigung wie professionsinterne Diskussionen und Standpunkte zum Stellenwert Sozialer Arbeit. Hierauf aufbauend wird aufgezeigt, wie eine Existenzgründung für Akteure Sozialer Arbeit strukturiert und systematisch durchzuführen ist. Dadurch ist das dargestellte Handlungsschema dazu geeignet, künftige Existenzgründer Schritt für Schritt auf ihrem Weg in die Selbstständigkeit zu begleiten.

Im empirischen Teil der Arbeit kommen Experten ersten und zweiten Grades zu Wort. Als Experten ersten Grades werden solche Akteure bezeichnet, die den Weg in eine selbstständige Leistungserbringung bereits erfolgreich hinter sich gebracht haben, und als Experten zweiten Grades solche, die aufgrund ihrer beruflichen oder nebenberuflichen Funktion vielfach mit dem Thema Selbstständigkeit in Kontakt kommen. Die auf diese Weise gewonnenen Erkenntnisse dienen in erster Linie dazu, erfolgsfördernde (und -hemmende) Determinanten zur Existenzgründung von Sozialpädagogen und Sozialarbeitern zu erheben und für nachfolgende Existenzgründungen operationalisierbar zu machen.

Die so gewonnenen Erkenntnisse werden schließlich mit den aus der theoretischen Exploration gewonnenen Ergebnissen verknüpft, wodurch diese gleichermaßen anhand praktischer Erfahrungen evaluiert werden und somit dem vielfach geforderten Theorie-Praxis-Transfer Rechnung getragen wird.

A. Theoretischer Teil

2 Denotation und Konnotation Sozialer Arbeit

„Liebe allein genügt nicht." Mit diesem Zitat von Bruno Bettelheim beginnen die beiden Autoren Sabine Hering und Richard Münchmeier ihr Buch zur „Geschichte der Sozialen Arbeit" und zollen damit der Tatsache Rechnung, dass Soziale Arbeit, die sich aus der freien Liebestätigkeit und fürsorglichen Armenhilfe heraus entwickelt hat, einem Wandel unterliegt, einer theoretischen wie praktischen Ausdehnung, bei der sich Korrelationen und Kausalitäten zur gesellschaftlichen Entwicklung ausmachen lassen (vgl. Hering/Münchmeier 2000). Gleichzeitig jedoch verweist eben dieses Zitat auf einen Mangel, resultierend aus der Vielschichtigkeit und dem Facettenreichtum Sozialer Arbeit. „Liebe allein genügt nicht", woran aber mangelt es? Johannes Schilling beschreibt, dass 61,7 % aller Studentinnen der Sozialpädagogik, befragt nach den Motiven ihrer Studienwahl, angeben, dass der Wunsch, anderen Menschen zu helfen und mit diesen zu arbeiten, sie veranlasst hat, Sozialpädagogik zu studieren. Parallel dazu beschreibt er „Hilfe" als eine „natur- und lebensnotwendige Urkategorie" menschlichen Handelns (vgl. Schilling 2005).

„Hilfe" wiederum steht in direktem Zusammenhang zur „Hilfeleistung/Hilfeverhalten", zu „Helfen" als prosozialem, möglicherweise altruistischem Verhalten. Normative Aspekte müssen mitgedacht werden. Die Begriffe beziehen sich auf Interaktionen zwischen Helfern und Hilfeempfängern. Das Hilfeverhalten zielt darauf ab, die Situation des Hilfeempfängers zu verbessern, wobei der Handelnde seine Motivation nicht aus der Erfüllung beruflicher Verpflichtungen zieht (vgl. Stroebe/Jonas/Hewstone 2002). An dieser Stelle jedoch lässt sich eine Widersprüchlichkeit erkennen, die, bleibt sie unreflektiert, zum Stolperstein der ganzen Profession werden kann, denn Hilfeleistung und Hilfeverhalten sind die konstituierenden Faktoren der professionellen beruflichen Identität Sozialer Arbeit. Berufliche Identität jedoch bedeutet den Einbezug monetärer, im Sinne existenzsichernder und -ausbauender Aspekte, in diesem Falle für den Hilfeleistenden, den Akteur Sozialer Arbeit, der sich mit der Selbstkonstruktion und möglicherweise auch der Zuschreibung auseinandersetzen muss, dass er eben nicht der barmherzige Samariter ist, der seine Hilfe selbstlos und selbstaufopfernd zur freien Verfügung stellt, sondern dass er seine Arbeitskraft in Form von professionellen Hilfeleistungen bündelt und diese auf dem freien Markt anbietet, um sein eigenes Überleben zu sichern und sich einen gewissen (wohlverdienten) Wohlstand zu erwirtschaften. Deutlich wird dabei, dass der Begriff der Sozialen Arbeit, bei unreflektierter Handhabung, normative, primär an Mildtätigkeit und Barmherzigkeit orientierte Implikationen in sich trägt, die weitreichende Auswirkungen auf das Selbst- und Fremdbild der Profession haben und dabei vergessen lassen, dass es sich hierbei vor allem um einen Beruf handelt, der den ihn Ausübenden dazu verhelfen soll, ihren Lebensunterhalt in einer für sie sinnvollen Art und Weise zu sichern. Es ist Abschied zu nehmen von falscher Bescheidenheit, die aus der Vorstellung resultiert, „zum Dienst an anderen gehört die Bescheidenheit (...) Nächstenliebe ist selbstverständlich, damit geht man nicht an die Öffentlichkeit" (Schilling 2005: 268). Es ist außerdem Abschied zu nehmen von den sozialromantisch geprägten Vorstellungen einer an Mildtätigkeit und freien Liebestätigkeit orientierten Sozialen Arbeit, deren Leistungen nicht messbar und deren Effektivität sich nur schwer in Zahlen und Bilanzen ausdrücken lässt (vgl. Schilling 2005) und diese stattdessen als das zu sehen, was sie ist, eine Profession, die ihre gesellschaftliche Anerkennung und Legitimation selbst zu forcieren, voranzutreiben und sicherzustellen hat, und ein Beruf, dessen Ziel zwar Hilfeleistungen sind, dabei jedoch auch die Existenz derer sichern soll, die ihn ausüben, was unter anderem die Notwendigkeit mit sich bringt, Legitimationsnachweise in Form von harten Fakten zu schaffen, sofern diese (noch) nicht vorhanden oder festgehalten und transparent dargestellt sind.

Die pragmatische Frage, der sich daher hier zuerst genähert werden soll, ist die Frage nach dem Gegenstand und dem Umfang Sozialer Arbeit. Was genau ist Soziale Arbeit? Was definiert sie als solche und welches sind ihre Arbeits- und Leistungsfelder? Nähert man sich dieser Frage über die aktuelle Theorielandschaft, so wird schnell deutlich, dass hierüber auch innerhalb der Profession wenig Einigkeit herrscht. Stellt sich die Frage nach dem Nutzen einer solchen Rahmengebung und wie diese generell zu leisten und zu handhaben ist?

Theorien bieten Aufklärung und Information über praktisches Handeln, sowohl intern als auch extern. Außerdem erschließen Theorien neue Territorien, durch die empirische Beweisführung, dass die Profession die geeigneten Kompetenzen, Konzepte und Methoden aufweist, diese zu bearbeiten. Theorien bieten aber auch Reflexions- und Deutungswissen, nach Parsons ein spezifisches Kriterium von Professionen (vgl. Parsons 1973). Sie bieten außerdem Möglichkeiten der (gesellschaftlichen) Legitimation, der Reproduktion und des reflexiv ethischen Handelns. Letztlich jedoch bieten sie als analytischer Zugang zur Realität die Möglichkeit, diese zu strukturieren und Lebenslagen von Menschen nachhaltig zu verbessern.
Die Ursprünge Sozialer Arbeit, die hier nur kurz angerissen werden sollen, lassen sich zurückverfolgen von Pestalozzi (Entwurf einer ganzheitlichen Persönlichkeit) und Wichern (christlich motivierte Wohlfahrtspflege), über Natorp (wissenschaftliche Grundlegung, Soziale Frage als zentraler Aspekt) und Salomon (erste Frauenbewegung), bis zur Ausdifferenzierung Sozialer Arbeit nach Bäumer (jegliche Erziehung, ausgenommen Schule und Familie), Nohl (Pädagogisierung Sozialer Arbeit) und Mennicke (Konturierung von Sozialer Arbeit als Männerberuf). Im Zuge der Modernisierung Sozialer Arbeit, beispielsweise gekennzeichnet durch die Aufhebung der Differenzierung zwischen Sozialarbeit und Sozialpädagogik ist eine zunehmende Versozialwissenschaftlichung zu erkennen, in deren Folge Soziale Arbeit eine gewisse Allzuständigkeit entwickelt hat, da aufgrund

moderner Lebenslagen grundsätzlich jeder zum Adressat Sozialer Arbeit werden kann (vgl. Niemeyer 2002).

Zu diesen, eher klassischen, systematisierten Sichtweisen gesellen sich immer wieder neuere spezifische Sichtweisen und Zugänge zu Sozialer Arbeit. Zu nennen wären hier beispielsweise Theorieumrisse wie Politik und Praxis Sozialer Arbeit von Horst Sünker, Lebensweltorientierte Soziale Arbeit von Hans Thiersch, das Konzept der Lebensbewältigung von Lothar Böhnisch, Soziale Arbeit und Soziales Risiko von Thomas Rauschenbach , eine Theorie der Sozialpädagogik von Michael Winkler, Soziale Arbeit als Human Rights Profession von Silvia Staub-Bernasconi u. v. m.

Auch bei der Betrachtung der Theorielandschaft Sozialer Arbeit darf nicht vernachlässigt werden, was bei diesen Versuchen der Festlegung und Eingrenzung mitschwingt, welche normativen Aspekte mehr oder weniger unbewusst mittransportiert werden, welche Bedeutungen hinter oder neben der eigentlichen Bedeutung Sozialer Arbeit zugeschrieben werden und welche Konsequenzen sich hieraus ergeben.

Johannes Schilling resümiert das geschilderte Phänomen dieser Mannigfaltigkeit als Theoriedilemma, dessen Zusammenführung unter einer, inhaltlich geschlossenen Theorie vielleicht gar nicht möglich ist (vgl. Schilling 2005). Angesichts aktueller Bedarfssituationen (die in den nachfolgenden Abschnitten noch näher erläutert werden) scheint eben dies jedoch auch gar nicht wünschenswert zu sein. Möglicherweise würde es sich sogar als eher dysfunktional erweisen. Viel sinnvoller erscheint es, gerade vor dem Hintergrund gesellschaftlicher Entwicklungstendenzen, dem Vorschlag von Cornelia Füssenhäuser und Hans Thiersch zu folgen, die dafür plädieren, die bestehende Theorievielfalt innerhalb Sozialer Arbeit produktiv zu verstehen und die Vielfältigkeit ihrer Konturen und Kristallisationspunkte sowie ihre weiterführenden Anregungen in diesem Sinne als Ressource zu nutzen und weiterzuentwickeln (vgl. Füssenhäuser/Thiersch 2001). Auch Ernst Engelke äußert sich diesbezüglich eher optimistisch, indem er feststellt, „das von der Sozialen Arbeit als Wissenschaft hervorgebrachte Theorie-Ensemble ist bunt, vielgestaltig und mehrschichtig, wie das Handlungsfeld der Sozialen Arbeit selbst" (Engelke 1999: 83). Woraus sich die an dieser Stelle erwachsende Frage nach der Definitionsfähigkeit der Handlungsfelder oder Leistungsfelder Sozialer Arbeit anschließen lässt.

2.1 Leistungsfelder Sozialer Arbeit

Aber auch bei der Betrachtung der Leistungsfelder wird deutlich, dass es sich dabei um eine äußerst verwirrende und ungegliederte berufliche Landschaft handelt, welche sich zunehmend vergrößert und ausdifferenziert (vgl. Schilling

2005). Franz Hamburger, der einen Versuch der Katalogisierung sozialarbeiterischer Handlungsfelder unternommen hat, schlägt hierzu folgende, nach Altersklassifikation und Steigerungslogik des sozialpädagogischen Problemgehalts orientierte Differenzierung vor: (1) Kindheit, (2) Jugend, (3) Erwachsenenstatus, (4) Alter, (5) Familie, (6) Schule und Berufsausbildung, (7) Erwerbsarbeit und Familienarbeit, (8) Familie und Partnerschaft, (9) Tagesbetreuung von Kindern und Elternbildung, (10) Jugendarbeit, (11) Kranken- und Arbeitslosenversicherung, (12) Renten- und Pflegeversicherung, (13) Unterstützung der Familienerziehung, (14) Jugendhilfe, (15) Beratung für Erwachsene, (16) offene und ambulante Altenarbeit, (17) Kinderschutz, (18) Armut und Abweichung im Erwachsenenalter, (19) stationäre Altenhilfe, (20) Ausgrenzung von Jugendlichen, (21) Psychiatrie und Strafvollzug sowie (22) Sterbebegleitung (vgl. Hamburger 2003: 162-173). Jedoch auch bei dieser bereits sehr umfangreichen Aufzählung fällt auf, dass diese unvollständig ist. So fehlen beispielsweise die Bereiche der Schulsozialarbeit, der Organisations- und Personalentwicklung oder der Gesundheitsförderung, Prävention und Gesundheitsversorgung völlig. Schilling bezeichnet daher die Forderung nach einem vereinheitlichten Sozialberuf als illusionär. Resümierend stellt er fest, dass es eine vollständige Systematisierung der Leistungsfelder Sozialer Arbeit nicht gibt und diese aufgrund ihrer Vielfältigkeit auch nicht geben kann. Vielmehr bezeichnet er die Differenziertheit dieser Leistungsfelder als spezifisches Merkmal Sozialer Arbeit und ihres gesellschaftlichen Auftrages (vgl. Schilling 2005). Dem schließen sich auch Thomas Rauschenbach und Ivo Züchner an, indem sie feststellen, dass es ein einheitliches Berufsfeld im Fall der sozialen Arbeit nicht gibt (vgl. Rauschenbach/Züchner 2001).

Silvia Staub-Bernasconi merkt zu den Versuchen diesbezüglicher Festlegungen sicherlich zu Recht kritisch an, dass die Akteure Sozialer Arbeit eine „Gruppe von Zweiflern und Verzagten" zu sein scheinen, die sich, vor allem aufgrund der gesellschaftlichen Position ihrer Klientel und ihrer Auftraggeber, des vornehmlich weiblichen Geschlechts ihrer Berufsausübenden, der vor allem im deutschsprachigen Raum bis heute misslungenen Institutionalisierung ihrer Disziplin und der knapper werdenden Ressourcen für sich und ihre Klienten immer wieder neu ihrer eigenen Identität vergewissern müssen (Staub-Bernasconi 1995: 57). Sie beklagt, dass sich Soziale Arbeit zu häufig „die von ihr diskutierten Themen, Probleme, Begriffe und Konzepte von außen geben, wenn nicht gar diktieren" lässt. „All diese selbst- und fremdgesteuerten Platzanweisungen haben zur Folge, dass sich die Sozialarbeitsprofession dauernd in rastloser Identitätssuche und unwürdigen Legitimationsaktionen nach allen Seiten übt und verliert (...)." (Staub-Bernasconi 1995: 61-62) Sie hält es für dringend erforderlich, den Umgang mit Macht professionell zu erlernen, mit dem Ziel selbstbestimmter, wissensbasierter Aufträge, da genau diese für die zukünftige Entwicklung der Profession von größter Bedeutung sind. Dabei betrachtet sie Soziale Arbeit vor allem als Menschenrechtsprofession, die sich für die Befriedigung der „allen Menschen gemeinsamen Bedürfnisse" einzusetzen hat. Unter Bezugnahme auf Werner Obrecht erinnert sie in diesem Zusammenhang an die Bedürfnisse nach sozialer Zugehörigkeit und Anerkennung, nach Kontrolle der eigenen Lebensumstände, nach der Umsetzung individueller und kollektiver Zielvorstellungen, nach relativer Unabhängigkeit, Austauschgerechtigkeit und vielem mehr. Soziale Arbeit ist als eine Profession zu verstehen, die sich lokal, national und international für individuelles Wohlbefinden, soziale Gerechtigkeit und die Weiterentwicklung von Menschen- und Sozialrechten einsetzt und auf diese Weise den sozialen Wandel mitträgt. Dabei ist es notwendig, dass sie ihr eigenes Denken und Handeln, sowie ihre Grenzen und Handlungsfelder selbst(bewusst) legitimiert, evaluiert, festlegt oder aber auch beliebig erweitert (vgl. Staub-Bernasconi 1995).

2.2 Anbieterstruktur

Wolfgang Fischer et al. betrachten vor allem die bestehende Trägervielfalt als ursächlich für die beschriebene Buntheit der Theorien und Leistungsfelder Sozialer Arbeit. Sie stellen fest, dass diese zum größten Teil von privaten (oder so genannten freien) Trägern ausgeübt wird und dass allein deren Zahl so groß ist, dass eine Erfassung unmöglich ist, zumal diese weitere Differenzierungen hinsichtlich ihrer spezifischen Merkmale aufweisen (vgl. Fischer et al. 1976). „Freie Träger in diesem Sinne sind neben den Kirchen vor allem die großen Wohlfahrtsverbände Arbeiterwohlfahrt, Deutscher Caritasverband, Diakonisches Werk, Deutsches Rotes Kreuz, Paritätischer Wohlfahrtsverband und Zentralwohlfahrtsstelle der Juden in Deutschland sowie ein breites Spektrum der Jugendorganisationen wie etwa der Bund der katholischen Jugend Deutschlands (BdKj), die Pfadfinder, Sozialistische Jugend >>Die Falken<< bzw. die Jugendausbildungsstätten, Organisationen der Jugendsozialarbeit und des Sports." (Olk 2001: 1910) Hinzu kommen öffentliche Träger, wie Behörden, Anstalten oder Körperschaften des öffentlichen Rechts auf Bundes-, Landes- und kommunaler Ebene, Gefolge der Alternativ- und Selbsthilfebewegung und private gewerbliche Anbieter. Es lässt sich feststellen, dass es sich bei dem breit angelegten Anbieterfeld sozialer Dienstleistungen keineswegs um ein, in seinen einzelnen Elementen und Wirkungen, sinnvoll aufeinander abgestimmtes System handelt. Grundlegende Strukturen und Handlungstendenzen, wie beispielsweise der immer noch vorhandene Vorrang der Wohlfahrtsverbände gegenüber frei gewerblichen Anbietern, lassen sich zwar erkennen, dennoch handelt es sich um ein eher unübersichtliches, zum Teil in sich widersprüchliches und lückenhaftes Gebilde, zusammengesetzt aus einer „Vielfalt von Trägern, Rechtsgrundlagen, Finanzierungsverfahren, Leistungsarten, -niveaus und -voraussetzungen" (Bäcker et al. 2000a: 32).

Damit stellt sich eine nur schwer überschaubare Trägervielfalt und -landschaft dar, die sich zudem noch in einem Umstrukturierungsprozess befindet, bei dem die Verlagerung von öffentlichen auf private Träger deutlich auszumachen ist (vgl. Schilling 2005). Ein zentrales Grundproblem stellt außerdem die Tatsache dar, dass Soziale Arbeit über keine „einheitliche und geschlossene statistische Dauerbeobachtung" verfügt, eine weitere Legitimationslücke, die unbedingt zu schließen ist. Grundsätzlich lässt sich dennoch festhalten, dass die Wohlfahrtsverbände unbestritten zu den größten Erbringern Sozialer Dienstleistungen zu zählen sind, gefolgt von öffentlichen Trägern des Bundes, der Länder und Gemeinden. Eine abschließende Differenzierung vorhandener Marktanteile oder deren Veränderungen lässt sich jedoch aufgrund der unzureichenden Datenlage nicht vornehmen (vgl. Schilling 2002).

2.3 Zusammenfassung

Ziel dieses Kapitels war es, nicht nur die Ursprünge, die Entwicklung und den Gegenstand Sozialer Arbeit zu beschreiben, sondern auch die assoziativen, emotionalen und normativen Aspekte, die mit dem Begriff der Sozialen Arbeit mitschwingen, deutlich zu machen. Dabei hat sich herausgestellt, dass Widersprüchlichkeiten vorhanden sind, die sich zurückführen lassen auf unausgesprochene und zu weiten Teilen vielfach auch unbewusste Implikationen, die das Fremd- und Selbstbild der Profession beeinflussen und hinsichtlich ihrer Weiterentwicklung und Adaption an veränderte gesellschaftliche Lagen und Bedarfe belasten. Eine aus der freien Liebestätigkeit und fürsorglichen Armenhilfe heraus entstandene Soziale Arbeit kann und darf sich nicht im Bild des barmherzigen Samariters verlieren, sondern muss sich der Tatsache bewusst sein, dass sie eine Profession ist, die ihre Qualifikation durch Leistung unter Beweis stellen muss, Leistungsfelder entsprechend ihrer Funktion für sich zu okkupieren hat und sich im Umgang mit ihrer eigenen Macht üben muss.

Dabei hat sich herausgestellt, dass die Vielfältigkeit der Leistungsfelder Sozialer Arbeit ihrer Vielschichtigkeit und ihrem Facettenreichtum entspringt und als spezifisches Merkmal der Profession und ihres gesellschaftlichen Auftrages zu werten ist. Ihre Anbieterstruktur setzt sich aus freien, öffentlichen und frei gewerblichen Trägern zusammen und befindet sich damit auf dem Weg zu einem Wohlfahrtsmix, der jedoch derzeit noch durch die tendenzielle Bevorzugung der freien Träger an der Entfaltung seiner Effektivität und Effizienz gehindert wird. Als zentrales Problem Sozialer Arbeit hat sich die mangelnde Erhebung und statistische Auswertung verlässlicher Daten hinsichtlich ihrer Leistungsfelder und Erbringungsstrukturen herauskristallisiert, woraus sich eine Legitimationslücke ergibt, die nicht nur für künftige Existenzgründer problematisch ist, sondern für die Profession insgesamt, die dadurch den Beweis ihrer Handlungsfähigkeit und ihres gesamtgesellschaftlichen Nutzens weitestgehend schuldig bleibt.

3 Soziale Arbeit im Kontext gesamtgesellschaftlicher Entwicklungen

Bereits 1999 beschreibt Lothar Böhnisch den konstituierenden Charakter Sozialer Arbeit als gesamtgesellschaftliche „Reaktion auf die Bewältigungstatsache" (Böhnisch 1999: 41), was von C. Wolfgang Müller als ressourcengestützte „Hilfe zur Selbsthilfe" konkretisiert wird (Müller 1998:12). Böhnisch stützt sich dabei unter anderem auf die Ausführungen Carl Mennickes, der die Freisetzung des Subjekts innerhalb der durch Arbeitsteilung und Industrialisierung geprägten Gesellschaft, bei fehlender Befähigungsvermittlung, hinsichtlich dieser Freiheiten problematisiert. Zu unterscheiden sind dabei zum einen sozialstrukturelle Problematiken der In- und Exklusion aus gesellschaftlicher Perspektive und zum anderen individuelle Handlungs- und Bewältigungsproblematiken aus subjektbezogener Perspektive (vgl. Böhnisch 2001).

In ähnlicher Weise äußert sich auch Elisabeth Beck-Gernsheim, welche die zunehmenden Individualisierungstendenzen innerhalb unserer Gesellschaft in die drei Bedeutungsdimensionen Befreiung, Verlust und Zwänge differenziert. Tradierte Kontrollinstanzen und -mechanismen verlieren mehr und mehr an Bedeutung, was mit einem Zugewinn an Handlungsspielräumen und Wahlmöglichkeiten einhergeht. Diese neu gewonnenen Freiheiten stellen jedoch gleichermaßen einen Verlust traditioneller Stabilitäten dar, die in der Vergangenheit dazu geeignet waren, dem einzelnen Schutz und Halt zu gewährleisten. Individuelle Lebensläufe sehen sich durch ein Überangebot an Wahlmöglichkeiten auch einer Zunahme an individuellen Risiken und Bedrohungen gegenüber. Die Möglichkeit, Situationen falsch zu deuten, Chancen zu verpassen und falsche Entscheidungen zu treffen, nimmt zu, was zu einer zunehmenden handlungs- und kompetenzbezogenen Überforderung von Subjekten führt. Hierzu potenzieren sich außerdem die Auswirkungen wachsender Flexibilitätsanforderungen, wie sie beispielsweise der momentane, sich globalisierende Arbeitsmarkt mit sich bringt und in dessen Folge auch der Zwang der Flexibilität und Ungebundenheit steht (vgl. Beck-Gernsheim 1998).

Ulrich Beck, der in seinen Arbeiten vorrangig ökonomische und ökologische Risiken thematisiert und seine gesellschaftstheoretischen Betrachtungen auf den drei Phänomenen Risiko, Individualisierung und reflexive Modernisierung gründet, spricht in diesem Zusammenhang von einer Individualisierung sozialer Risiken, bei gleichzeitiger Auflösung kollektiv-lebensweltlicher Bewältigungsformen. Individuell falsche Entscheidungen führen zur Gefährdung des Subjekts (vgl. Beck 1983 und 2007). Die Phänomene der Freisetzung, des Stabilitätsverlustes und der Wiedereinbindung beschreibt er als ein „unendliches Reservoir für Missverständnisse" (Beck 2003: 206). Dem setzt Michael Graf kritisch entgegen, dass in diesem Zusammenhang weniger die Tatsache menschlichen Versagens, denn vielmehr mangelnde Möglichkeiten der adäquaten Bearbeitung zu themati-

sieren seien, womit er Risiken eher herrschaftlichen Produktionslogiken zu-
schreibt, die dem Einzelnen, durch die nicht stattfindende Befähigung, die adäquate Bearbeitung der sich ihm darstellenden Risiken verweigert (vgl. Graf
1996). Betrachtungsweisen, die sich bei näherem Hinsehen nicht zwangsläufig
als gegensätzlich erweisen. Vielmehr handelt es sich hier um zwei Aspekte der
gleichen Problematik. Der zunehmende Verlust der Handlungsfähigkeit durch
Überforderung (demnach menschliches Versagen) einerseits und die fehlende
Befähigung, wie sie auch von Mennicke bereits vermisst wurde und die Soziale
Arbeit zu leisten imstande wäre, andererseits.

Heiner Keupp beschreibt Subjektsein heute daher treffenderweise als Zustand
„zwischen postmoderner Diffusion und der Suche nach neuen Fundamenten".
Nach Max Weber, der die Persönlichkeitsstruktur des Menschen als ein Gehäuse
der Hörigkeit charakterisierte, stellt er fest, dass dieses „Identitätsgehäuse" im
Zuge gesellschaftlicher Entwicklungen zunehmend seine notwendige Passform
zur Lebensbewältigung verliert. Orientierungslosigkeit und Diffusion greifen um
sich. Aktiver Gestalter des eigenen „Lebensgehäuses" zu sein ist längst kein Lu-
xus mehr, sondern unumgängliche Pflicht in einer individualisierten, pluralisierten und flexibilisierten Gesellschaft. Der enorme Zuwachs an Chancen und Freiheiten ist weder zu übersehen noch aufzuhalten, ebenso wenig wie die gleichermaßen vorhandenen Risiken und Möglichkeiten des Kontrollverlustes, welche
die Eigenleistungsfähigkeit von immer mehr Subjekten überfordern (vgl. Keupp
1997: 15-16).

Gerade an dieser Problematik lässt sich jedoch der Schnittpunkt zur Sozialen Arbeit verdeutlichen, die ihre Allzuständigkeit (Universalität Sozialer Arbeit) hinsichtlich jedweder Problematiken der mit In- und Exklusionstendenzen einhergehenden Lebensbewältigung von Subjekten bereits seit ihren Anfängen erfolgreich
unter Beweis stellt (vgl. hierzu Arbeiten von Thiersch, Rauschenbach und Winkler). Thomas Rauschenbach bezeichnet Soziale Arbeit in diesem Falle als Risikogewinner, was durchaus auch eine ökonomische Betrachtungskomponente darstellt, da durch die Erschöpfung individueller Ressourcen oder deren mangelnde
Wahrnehmung letztlich jeder irgendwann in seinem Lebensverlauf Adressat Sozialer Dienstleistungen werden kann (vgl. Rauschenbach 1992). Sicherlich ein
Aspekt, der nicht von der Hand zu weisen ist, der bislang jedoch nur mangelhaft
in die Praxis Sozialer Arbeit transferiert wurde. Vor allem und hauptsächlich ist
Soziale Arbeit an dieser Stelle jedoch „Begleiter von" und „Befähiger zu" einem
Wandel von der Risiko- zur Chancengesellschaft, da sie mithilfe ihrer Dienstleistungen, Subjekte bilden und befähigen und somit dafür Sorge tragen kann, dass
diese den Wandel mittragen, mitgestalten und von ihm profitieren und somit aus
„Modernisierungsverlierern" (Teufel 2001: 9) letztlich „Modernisierungsgewin-
ner" werden. Auf diese Weise käme sie außerdem ihrer ureigensten Aufgabe, der
Vermittlung zwischen Gesellschaft und Individuum, nach und würde ihr doppeltes Mandat dem Staat wie auch den Subjekten seiner Gesellschaft gegenüber

wahrnehmen. Hierzu ist es jedoch notwendig, Dienstleistungen nicht, wie bisher überwiegend marginalisierten Bevölkerungsschichten vorzuhalten, sondern diese zu normalisieren, so weit als möglich zu entstigmatisieren und gesamtgesellschaftlich anzubieten, und zwar in einem Welfare Mix (siehe hierzu auch Kapitel 2.3.1), der dazu geeignet ist, einerseits den Staat dort zu entlasten, wo es notwendig ist und wo dieser möglicherweise auch aus ökonomischer Sicht an seine Grenzen stößt, und andererseits die Dienstleistungen derart breit anzubieten, dass alle Mitglieder dieser Gesellschaft von diesen profitieren, unabhängig davon, welcher sozialen Schicht sie angehören. Soziale Arbeit muss sich im Kontext veränderter und sich weiterhin verändernder struktureller Bedingungen neu verorten und ethische Zielsetzungen mit ökonomischen Zielsetzungen verknüpfen.

3.1 Soziale Arbeit als Dienstleistung

Generell wird die synonyme Verwendung der Begrifflichkeiten „Soziale Arbeit" und „Soziale Dienstleistung" innerhalb der Profession auch heute noch recht kontrovers diskutiert. Dies verwundert insofern, als dass die Bezeichnung der „Sozialen Dienstleitung" bereits etwa Mitte der 70er Jahre Einzug in den professionellen Kontext Sozialer Arbeit gehalten hat und seither auch in wissenschaftlichen Arbeiten zumeist gleichbedeutend zu den Begriffen Sozialarbeit, Sozialpädagogik und Soziale Arbeit verwandt wird. Andreas Schaarschuch merkt hierzu kritisch an, dass Begriffsbildungen und -änderungen grundsätzlich immer auf einen Bezug zu ökonomischen und politischen Prozessen zurückzuführen sind und auf dahinterliegende Interessenskonstellationen und Entwicklungsgänge verweisen. Bezüglich der Einführung des Dienstleistungsbegriffs innerhalb Sozialer Arbeit stellt er daher einen Bezug zur strukturellen Krise des Wohlfahrtsstaates im Postfordismus[1] her. In Anlehnung an Bob Jessop macht er zwei mögliche Entwicklungsperspektiven aus, wie auf diese Krise zu reagieren ist. Die seiner Meinung nach von der bundesdeutschen Gesellschaft präferierte, eher auf kurzfristige Erfolge hin angelegte, neoliberal konstituierte Weiterentwicklung oder die auf mittel- bis langfristigere Erfolge ausgerichtete, neoetatistische Entwicklungsmöglichkeit. Dabei betrachtet er die derzeitig bereits fortgeschrittene sozialstrukturelle Spaltung und Polarisierung der Gesellschaft als unweigerliche Folge der bereits eingeschlagenen neoliberalen Entwicklung. Ziel und Aufgabe der Sozialpolitik ist es, in diesem Kontext die zunehmenden Flexibilitätsforderungen an die Gesellschaft zu managen. Sozialarbeit nimmt dabei für ihn, unter Bezugnahme auf Böhnisch, die Rolle des strategischen Instruments sozialer Inklusion ein.

---

[1] Fordismus = zunehmende Technisierung der industriellen Produktionsweise, durch den Einsatz produktivitätssteigernder Maschinen, mit der Folge des wachsenden Entfremdungscharakters von Erwerbsarbeit.

Zwar sieht auch er den zunehmenden Bedarf sozialer Dienstleistungen aufgrund reflexiver Modernisierungstendenzen und damit wegbrechender, ehemals haltgebender Strukturen, gleichermaßen verweist er jedoch auf die wachsenden Finanzierungsproblematiken der Kommunen. Bisherige Rationalisierungs- und Leistungssteigerungsbemühungen hält er daher für wenig geeignet, diesen Anforderungen gerecht zu werden, eine Schlussfolgerung, die sich nur unterstreichen lässt, wobei er jedoch der Aufnahme professionsfremder, in diesem Falle zumeist betriebswirtschaftlicher Prinzipien eher ablehnend gegenübersteht, da er diesbezüglich Gefahren der Deprofessionalisierung befürchtet (vgl. Schaarschuch 1994).

Diesen Befürchtungen lassen sich jedoch die Erkenntnisse der aktuellen Kooperationsforschung gegenüberstellen (siehe hierzu beispielsweise Arbeiten von Erika Spieß und Rolf Wunderer). Es ist nicht nur außerordentlich sinnvoll, sondern im Zuge der zunehmenden Ausdifferenzierung moderner Gesellschaften langfristig sogar unumgänglich, in Kategorien sozialer Funktionssystemen zu denken (vgl. Stichweh 1996). Hierbei handelt es sich um Systeme oder gesellschaftliche Untereinheiten, die zwar spezifische (Teil-)Funktionen übernehmen, jedoch in Form einer strukturellen Kopplung miteinander verbunden sind (vgl. Vogel 1999).

Für die beteiligten Professionen stellt dies gleichermaßen eine Stärkung und eine Schwächung dar. Eine Stärkung hinsichtlich ihrer (berufs-)politischen Durchsetzungskraft und ihrer eigenen systemischen Sicherung, eine Schwächung hinsichtlich der Abgrenzung und Exklusivität ihres Expertenwissens und der damit verbundenen Fähigkeiten. Insbesondere in Anbetracht der beschriebenen gesellschaftlichen Wandlungsprozesse ist davon auszugehen, dass einzelne Professionen, die sich dem Zusammenschluss in Funktionssystemen verschließen, auf Dauer nicht in der Lage sein werden, den geänderten Anforderungen gewachsen zu sein, und damit ihren eigenen Fortbestand gefährden. Die Adaption an die gegebenen Veränderungen als ein Aspekt des von Talcott Parsons entwickelten AGIL-Schemas ist als unabdingbare Voraussetzung für den Strukturerhalt des eigenen Systems anzusehen (vgl. Parsons 1973). Gerade unter Gesichtspunkten der Effektivitäts- und Effizienzsteigerung sowie der bedarfsgerechteren Ausgestaltung von Interventionsangeboten ist es unabdingbar, die unterschiedlichen Wissenskorpora verschiedener Professionen Gewinn bringend zu verknüpfen. Dabei ist insbesondere hervorzuheben, dass sich die auf diese Weise zu erzielenden positiven Effekte eben nicht nur auf die Kooperierenden selbst, sondern gleichermaßen auf die Nutznießer ihrer Leistungen beziehen.

Dieser Ansicht schließt sich auch Rolf Wunderer an, der Kooperation als das Instrumentarium der Wahl vorschlägt, um derzeitigen Entwicklungen, die geprägt sind von einer zunehmenden Unsicherheit in sämtlichen Lebensbereichen, sinnvoll zu begegnen. Vor dem Hintergrund des Wandels zur Dienstleistungs- und

Informationsgesellschaft sieht er einen deutlichen Bedeutungszuwachs hinsichtlich der Notwendigkeit, innerhalb des Leistungserbringungsprozesses eng mit dem Kunden/Klienten zusammenzuarbeiten, um diesen zu effektivieren (vgl. Wunderer 2003).

Mit den Ausführungen Wunderers lassen sich dann auch gleich zwei Aspekte hervorheben, die für die Profession der Sozialen Arbeit, für deren Akteure und deren Klienten/Kunden gleichermaßen bedeutungsvoll sind. Dies ist zum einen der Aspekt, dass sämtliche Überlegungen hinsichtlich möglicher Entwicklungen vor dem Hintergrund getätigt werden müssen, dass unsere Gesellschaft eine Dienstleistungsgesellschaft ist und dass diese Tatsache mit bestimmten kontextuellen Bedingungen verknüpft ist, und zum anderen der Aspekt, dass die Notwendigkeit der kooperativen Leistungserbringung innerhalb unserer Gesellschaft immer notwendiger wird, worauf in nachfolgenden Kapiteln noch vertiefend eingegangen werden soll.

Kritiker des Dienstleistungsgedankens werden an dieser Stelle sicherlich die Bedenken ins Feld führen, Soziale Arbeit könnte in diesem Zusammenhang ihre ureigenste Berufung der Inklusionssicherung und Exklusionsprävention sowie die sozialanwaltschaftliche Funktion für ihre Klienten aus den Augen und damit ihr Profil verlieren. Gewinnorientiertes Denken ist gerade im Kontext Sozialer Arbeit für viele immer noch nicht mit dem primär ethisch orientierten Gedanken des Helfens zu vereinen. Eben hier liegt jedoch ein fataler Trugschluss vor. Zwar werden die Begrifflichkeiten Geld und Moral innerhalb unserer Gesellschaft eher dichotom operationalisiert, dennoch ist eine Verknüpfung dieser beiden sich zunächst auszugrenzen scheinenden Pole durchaus möglich, wenn nicht sogar unumgänglich, um individualethische Ziele institutionell zu stärken und der in der Postmoderne vorherrschenden „Logik des Geldes" zu entsprechen. Dabei liegt dieses „Entsprechen" nicht dem Gedanken der Konformität zugrunde, sondern vielmehr der Notwendigkeit zur Schaffung eines gemeinsamen Verständnisses, einer gemeinsamen Kommunikationsbasis. Geld, als Zahlungsmittel der postmodernen Marktwirtschaft, und mit ihm generelle monetäre Interessen sind zu einer gesamtgesellschaftlich geteilten Konstruktion der Wirklichkeit avanciert. Ergebnis dieses konstruktivistischen Prozesses ist es, dass eben gerade diese monetären Aspekte in der Lage sind, gesellschaftliche Strukturen zu sichern, zu reproduzieren und bis zu einem gewissen Grad sogar zu transzendieren. Damit ist Geld innerhalb unserer Gesellschaft zu einem Realitätskonstrukt geworden, das konstituierenden Charakter besitzt. Diesem Phänomen ist Rechnung zu tragen, indem es mit ethischen Zielsetzungen zu verknüpfen ist, da diese ansonsten von der Macht des Geldes überlagert zu werden drohen. Dem zunehmenden moralischen Verfall, bei gleichzeitigem Machtzuwachs monetärer Aspekte innerhalb unserer Gesellschaft, ist daher nur durch eine Aufhebung der bereits beschriebenen Dichotomie und einer professionell ausgestalteten und abgesicherten Verknüpfung ethischer Ziele, wie sie innerhalb Sozialer Arbeit verfolgt werden, mit finanziellen Anreizen zu erreichen. Die „Logik des Helfens" ist mit der „Logik des Geldes" zu verknüpfen (vgl. Schramm 1998). Dieser Realität kann und darf sich die Profession Sozialer Arbeit nicht länger verschließen, will sie sich nicht in sozialromantischen Vorstellungen verlieren und ihrem eigenen Ansehen schaden. Das Beispiel gesellschaftlich hoch etablierter Professionen, wie die der Mediziner oder Psychologen macht deutlich, dass marktwirtschaftliches Denken und Handeln keineswegs im Gegensatz zu ethisch orientiertem Arbeiten stehen muss, sondern dass es sich hierbei vielmehr um dessen notwendige Voraussetzung handelt.

Generell lassen sich innerhalb des Dienstleistungsdiskurses, der im Erbringungsverhältnis Sozialer Arbeit geführt wird, zwei Diskussionsstränge ausmachen. Den eher betriebswirtschaftlich marktorientierten, der vordergründig die Effektivitäts- und Effizienzsteigerung Sozialer Leistungserbringung fokussiert, und den, der sich mehr auf die fachlich begründete Notwendigkeit einer Neuorientierung Sozialer Dienste bezieht. Beide existieren bislang jedoch weitestgehend unverbunden nebeneinander (vgl. Schaarschuch/Flösser/Otto 2001).

Unter dem Aspekt der Effektivitäts- und Effizienzsteigerung lässt sich nicht verleugnen, dass der Sozialstaat zumindest finanziell an seine Grenzen stößt. Eine Realität, die die Notwendigkeit einer Neuorientierung Sozialer Dienste geradezu impliziert. Hubertus Schröer merkt zu dieser Dienstleistungsdebatte und zu den bereits vollzogenen Modernisierungsprozessen jedoch mit Recht an, „dass organisatorische Veränderungen alleine noch nicht zur notwendigen Innovationen führen. (...) Dazu gehört vielmehr die Entwicklung eines Selbstverständnisses als Dienstleistungserbringer, der die Nachfrage dieser Dienstleistung zu einem eigenständigen Faktor der Dienstleistungsproduktion werden und deren Einflussnahme zulässt." (Schröer 1994) Hierzu gehört jedoch auch die Entwicklung eines Selbstverständnisses als selbstständig tätiger Leistungserbringer, der seine Dienste auf dem Markt der Sozial- und Gesundheitsdienste selbstbewusst positioniert und vertritt. Da heute, wie bereits festgestellt, jeder zum Adressat sozialer Dienstleistungen werden kann, sind diese durchaus als marktfähiges Gut zu begreifen, welche zumindest zu einem großen Teil über Angebot und Nachfrage zu regeln sind. Dabei geht es nicht um die Unterwerfung unter ein neoliberal orientiertes Marktmodell, wie Gaby Flösser und Walter Hanesch dies befürchten (vgl. Flösser/Hanesch 1998), sondern um die Einführung von mehr Effektivität und Effizienz im professionellen Handeln, um mehr Transparenz und Außendarstellung, um Attraktivität und die damit verbundene Aufwertung und Profilierung Sozialer Arbeit im gesamtgesellschaftlichen Kontext, verbunden mit einer zunehmenden innerorganisatorischen Effektivität und Effizienz zum Wohle ihrer Nutzerinnen (vgl. Lange 2000). Dabei fördert ein „Mehr" an Transparenz und Außendarstellung die gerne problematisierte Kundensouveränität automatisch. Gerade bei selbstständigen Akteuren bietet sich in diesem Zusammenhang die Einführung einer Zertifizierung und Eintragung in ein Berufsregister (siehe hierzu auch Anhang – A 3) an, welches unweigerlich auch einen größeren Organisierungsgrad zur Folge hätte, da der Berufsverband in einer Art Garantenstellung Qualitätsstandards festlegen, dokumentieren und überwachen würde. Ein Aspekt, der auch für Preisverhandlungen von Bedeutung sein dürfte. Die Stellung jedes einzelnen Akteurs wie der Profession im Allgemeinen würde gleichermaßen gestärkt.

3.1.1 Standortbestimmung sozialer Dienstleistung

Die Annahme, dass Soziale Arbeit und damit ihr „soziales Moment" ausschließlich auf sozialpolitischen Prozessen beruht und nicht immer auch vordergründiger Ausdruck ökonomischer Interessen und Prozesse ist, ist als ebenso naiv wie unrealistisch einzuschätzen. Obwohl davon auszugehen ist, dass der Klassenantagonismus zwischen Kapitalisten und Arbeitern als konstituierendes Element von Sozialpolitik und Sozialer Arbeit zu werten sind, bilden politikökonomische Interessen doch schon immer die hinter allem liegende treibende Kraft. Die sozialen Konfliktfelder, deren Ursprung in dem Urkonflikt zwischen Kapital und Arbeit zu finden sind, werden dabei jedoch nicht beseitigt, sondern bestenfalls verschoben (vgl. Wallimann 2000). Besonders einleuchtend dürfte dies mit dem aktuellen Verteilungskonflikt zwischen potenziellen und aktuellen Lohnarbeitern zum Ausdruck kommen.

Je nach Konfliktintensität verstärkt oder vermindert der Staat (in Form der Sozialpolitik) seine deeskalierenden Bemühungen in den unterschiedlichsten Bereichen, wobei der teilweise oder auch komplette Rückzug aus bestimmten Bereichen z. B. auch unter dem Begriff des Neoliberalismus diskutiert wird. Nachvollziehbarerweise entstehen innerhalb dieser Prozesse die unterschiedlichsten Interessengruppen, die ihre eigenen Interessen und die ihrer Klientel unterschiedlich erfolgreich zu vertreten wissen und somit um die Gunst wetteifern, Kapital für sich (und ihre Klientel) zu sichern (vgl.Wallimann 2000). Gewisse Analogien zum gesellschaftlichen Anerkennungsprozess unterschiedlichster Professionen sind hier durchaus auszumachen, wobei Sozialer Arbeit in diesem Zusammenhang bislang keine wirklich effektive Durchsetzungskraft zugesprochen werden kann. Zwar dürfte es mittlerweile unumstritten sein, dass auch Soziale Arbeit sich der marktwirtschaftlichen Logik unterwerfen muss, dennoch werden hieraus erwachsende Konsequenzen, die in eine solche Richtung verweisen, gerade innerhalb der Profession immer noch mehr als misstrauisch beäugt und eher vorschnell als unethisch verworfen denn vorurteilsfrei hinterfragt und analysiert.

Dietrich Lange stellt diesbezüglich heraus, dass: „Gemeinnutz und Eigennutz (...) entgegen oberflächlicher Betrachtung keine diametral entgegengesetzten Zielsetzungen (sind); vielmehr ermöglicht die Inanspruchnahme des Eigennutzes erst das Gemeinwohl (...) Gewinnorientierung eröffnet Handlungsspielräume für soziale und ethische Intentionen" (Lange 2000: 76). Und gerade diesen Überlegungen sollten sich die Akteure der Sozialen Arbeit nicht länger verschließen. Professionalisierung beginnt beim einzelnen Subjekt und ist Ausdruck ihrer Eigenverantwortlichkeit. Jeder muss sich verantwortlich und in die Pflicht genommen fühlen. Soziale Arbeit muss sich mit ihren spezifischen Leistungen dem Markt stellen und sich behaupten, ganz gleich, ob sie ihre Dienstleistungen nun selbstständig oder in Trägerschaft erbringt. Sie sollte sich stärker organisieren und gemeinsam für ihre gesellschaftliche und wirtschaftliche Stellung und Anerkennung kämpfen.

Bereits bei Parsons finden wir den Grundgedanken, dass insbesondere Selbstständigkeit als Leitbild von Professionalisierungsprozessen zu betrachten ist und als Zeichen uneingeschränkter Autonomie und unhinterfragter Kompetenz Machtverhältnisse ausbaut und sichert, wenngleich seine Ausführungen zur Uneigennützigkeit akademischer Berufe unter heutigen Gesichtspunkten nicht mehr haltbar sind (vgl. Parsons 1973). Daher stehen gerade selbstständig tätige Akteure innerhalb der Sozialen Arbeit in der Pflicht, ihre Kompetenzen und Machtverhältnisse zu bündeln, die eigenen Fähigkeiten sowohl politischen Entscheidungsträgern als auch der breiten Öffentlichkeit transparent und zugänglich zu machen und damit den Professionalisierungsprozess Sozialer Arbeit voranzutreiben (vgl. Köppel 2003). Dass dies den individuellen Kompetenz- und Machtrahmen jedes Einzelnen in gleicher Weise erweitert, ist dabei nicht nur als eine begrüßenswerte Randerscheinung zu betrachten, sondern als dringliche Notwendigkeit, um sich als selbstbewusster Leistungserbringer auf dem Markt der Sozial- und Gesundheitsdienstleistungen zu präsentieren und sich im Daseinskampf konkurrierender Professionen einen festen Platz zu sichern. Dabei betrifft dies nicht nur selbstständig tätige Akteure, sondern gleichermaßen auch konfessionelle und öffentliche Leistungserbringer, wie die zunehmende Regressionsfreudigkeit sozialer Leistungen innerhalb bundesdeutscher Sozialstaatlichkeit deutlich macht.

Die theoriegeleiteten Diskussionen zum Stellenwert Sozialer Arbeit dürfen daher nicht länger am „Wenn" und „Aber" verhaftet bleiben. Auch die Befürchtungen der ewigen Zweifler nutzen weder den Akteuren noch den Adressaten ihrer Arbeit. Im Gegenteil, die Profession schwächt sich dadurch selbst und schadet ihrem eigenen Ansehen innerhalb der Gesellschaft. Selbstverständlich steht außer Frage, dass es wünschenswert wäre, wenn Sozialleistungen in unbegrenztem Umfang zur Verfügung stünden und wir zum Normalarbeitsverhältnis zurückkehren könnten. Fakt jedoch ist, dass diese Zeiten endgültig und unwiederbringlich der Vergangenheit angehören. Dieser Realität müssen die Akteure Sozialer Arbeit Rechnung tragen, indem sie sich neu strukturieren, positionieren und verstärkt in neuen Erbringungsformen formatieren und organisieren. Burkhard Müller beschreibt Soziale Arbeit als „ungeschützte Profession", der ein „schützender Apparat" fehlt, wie ihn beispielsweise Ärzte und Juristen haben (vgl. Müller 2002: 737).

Gerade hier ist jeder Einzelne gefragt, an dem Auf- und Ausbau dieses schützenden Rahmens mitzuwirken und sich zu organisieren. Ein Blick in die USA macht deutlich, wie positiv sich gerade dies auf die Selbstentwicklung Sozialer Arbeit und auf gesellschaftliche Anerkennungsprozesse auswirken kann. Obwohl auch in den USA die Ehrenamtlichkeit innerhalb der Sozialen Arbeit konstituierenden Charakter besitzt, ist die Anerkennung professionell erbrachter Sozialer Dienstleistungen, im Sinne von gewerblich erbrachter Leistung, seit jeher anerkannter, als dies in Deutschland der Fall ist. Elisabeth Reichert und Joachim Wieler führen dies vor allem auf den hohen Grad der Organisierung amerikanischer Sozialarbeiter zurück (155.000 organisierte Mitglieder in der National Association of Social Workers im Jahr 2000), die es dem Berufsverband ermöglicht, den Professionalisierungsprozess in den USA nachhaltig voranzutreiben (vgl. Reichert/Wieler 2001). Deutsche Statistiken zum Organisierungsgrad von Sozialarbeitern/Sozialpädagogen und Heilpädagogen wirken hier eher ernüchternd.

3.1.2 Finanzierungsgrundlagen

So verwundert es dann auch nicht, dass sozialpolitische Kürzungsmaßnahmen vor allem in den Bereichen zu finden sind, in denen kein oder nur geringer öffentlicher Widerstand zu erwarten ist (vgl. Bieling 2000). Insbesondere auch in Anbetracht der eher geringen Lobby der Profession, unter anderem aufgrund des äußerst geringen Organisierungsgrades der Akteure Sozialer Arbeit, die sich und Ihre Klienten dadurch einer bedeutenden Vertretungs- und Durchsetzungsstruktur berauben.

Grundsätzlich und primär sind die Leistungen Sozialer Arbeit eingebettet in das Sozialbudget der Bundesregierung. Nur ein äußerst geringer Teil wird aus den Ausgaben für Gesundheit gedeckt (vgl. Statistisches Bundesamt 2004). Als besondere Problematik Sozialer Arbeit erweist sich die Tatsache, dass sie in vielen Bereichen, wie beispielsweise innerhalb des Gesundheitswesens, der Altenarbeit, in der Organisationsentwicklung zwar erfolgreich eingesetzt wird, jedoch keinerlei rechtliche Verankerung durch den Gesetzgeber erfährt. So erfolgt die Vergütung von Sozialarbeit in der Altenhilfe immer noch überwiegend über Subventionen in Form von Personalkostenzuschüssen auf Bundes- und Landesebene, was sich in Anbetracht der leeren Kassen als zunehmend problematisch erweisen dürfte. Soziale Arbeit ist zwar aus den vielfältigen Handlungsfeldern der Altenhilfe kaum mehr wegzudenken, dennoch fehlt ihr nach wie vor die gesetzlich verankerte Sicherheit, fester Bestandteil dieses Arbeitsfeldes zu sein. Dabei zählt Sozialarbeit gerade in der Geriatrie neben der Medizin und der Pflege zu den Kernprofessionen dieses Tätigkeitsbereichs. Allerdings stellen sich für Sibylle Kraus erhebliche Diskrepanzen zwischen Selbst- und Fremdwahrnehmung bezüglich der von Sozialarbeit erbrachten Leistungen dar. Während die Akteure

Sozialer Arbeit selbst eher ihre an Lebenswelt und Lebenslage der alten Menschen orientierten Interventionen sehen, stellen andere Professionen verstärkt die administrativen Tätigkeiten Sozialer Arbeit in den Vordergrund, was zu einer Abwertung des möglichen Leistungsrepertoires führt. Ebenso verhält es sich im Gesundheitswesen. Gerade daran zeigt sich aber deutlich, welche enorme Bedeutung der Selbstdarstellung einer Profession gerade im interdisziplinären Kontext zukommt. (vgl. Kraus 2003b). Eine Tatsache, die sich vor allem auch in der Vergütung der Leistungen niederschlägt. Vornehme Zurückhaltung und falsche Bescheidenheit sind hier völlig deplatziert, vielmehr gilt es sich so vorteilhaft als möglich zu präsentieren, zu profilieren und zu konsolidieren. Diesbezügliche Kompetenzen wie beispielsweise (Selbst-)Marketing müssen bereits in den Hochschulen vermittelt werden. „Zur Manifestierung der sozialarbeiterischen Kompetenz (vor allem) im Sozial- und Gesundheitssystem ist die Darstellung des spezifischen sozialarbeiterischen Leistungsprofils dringend erforderlich, um Transparenz zu schaffen und letztendlich deutlich zu machen, welcher nachhaltige Qualitätsverlust durch den Wegfall von Sozialarbeit (bereits jetzt) entstehen würde. Sozialarbeit wird sich allerdings in ihrem Grundverständnis wandeln müssen und lernen müssen, dass die Sicherung der Refinanzierung (aber auch die Gewinnorientierung) Sozialer Arbeit selbst Teil des beruflichen Handelns ist." (Kraus 2003a: 35)

3.2 Bedarfe und Versorgungslage

„Globalisierung, Digitalisierung, Individualisierung – das sind die drei großen Schlagworte, mit denen die Epoche machenden Umbrüche unserer Zeit charakterisiert werden. Der wirtschaftliche und technologische Wandel, der sich nicht nur in unseren Breitengraden, sondern weltweit vollzieht, hat unmittelbare Auswirkungen auf das gesamte Gefüge unserer Gesellschaft." (Teufel 2001: 9) Individuen sehen sich der Notwendigkeit gegenüber, das eigene Selbst ohne prägendes und stützendes „Werte-Korsett" zu entwerfen. Selbstverwirklichung wird zur Überlebensnotwendigkeit, das alltägliche Leben wird mehr und mehr zur Belastung. Gesellschaftliche Komplexität, Kontingenz und Intransparenz überfordern immer mehr Subjekte (vgl. Bolz 2001), die gezwungen sind, zum „Planungsbüro der eigenen Lebensführung" zu mutieren (Rauschenbach 1992: 41). Das „Normalarbeitsverhältnis" gehört der Vergangenheit an, Versprechen auf Arbeit zeugen von Zynismus und Menschenverachtung (vgl. Vogel 1999), die Knappheit des Gutes Arbeit verändert dessen Bewertung (vgl. Sennett 2000). Immer seltener lässt sich bei Beruf gleichermaßen auch von Berufung sprechen, Sinnfindung oder Identitätsstiftung sind mit den Begriffen Arbeit und Beruf nur noch vereinzelt in Verbindung zu bringen.
Der moderne, jedoch krisenhaft besetzte Sozialstaat zieht auch die ihn konstituierenden Subjekte in eine Krise, deren prägende Charakteristika die zunehmende

Kurzlebigkeit von Informationen und Wissen, fortschreitende Unsicherheiten sowie ein alle Bereiche durchziehender Wettbewerb ist (vgl. Frankenberg 2001). „Ungeahnte Chancen und nicht abschätzbare Risiken sind die zwei Seiten der Medaille namens postmoderne Lebensführung" (Schubert 1999: 137). Wie sollte sich Soziale Arbeit dieser gesamtgesellschaftlichen Realität verschließen? Würde sie dies tun, käme genau das einem Gesichtsverlust gleich. Wie sollte sie mit ihrer stetig zunehmenden Zahl an Adressaten eine gemeinsame Kommunikations- und Handlungsbasis finden, wenn sie den beschriebenen Phänomenen nicht Rechnung trägt, durch eine sich den veränderten Bedarfen angepasste und veränderte Erbringungsstruktur. Die gesellschaftliche Realität muss daher als professionelle Realität erfasst, akzeptiert, integriert und in Handlungswissen transferiert werden. Auf diese Notwendigkeit wurde bereits von Beck eindringlich hingewiesen: „Aus (...) (den) Zwängen zur Selbstverarbeitung, Selbstplanung, Selbstherstellung von Biografie dürften über kurz oder lang neue Anforderungen an Ausbildung, Betreuung, Therapie und Politik entstehen." (Beck 2003: 218) Die gesellschaftlichen Veränderungstendenzen verlangen der Profession eine strukturelle und methodische Neuorientierung und Neuverortung ab und zwar „auf der Basis von gesellschaftsstrukturell angemessenen Denk- und Handlungsmodellen" (Schubert 1999: 138).

Die Zukunft „scheint eine veränderte Soziale Arbeit mit sich zu bringen, eine Soziale Arbeit, die sich rationaler, geplanter, methodisch bewusster beobachtet und auswertet, die sich eines Sozialen Managements bedient und sich nach Gütesiegeln bemisst. (...) Die Zukunft Sozialer Arbeit ist natürlich in wesentlichen Teilen von der zukünftigen Entwicklung anderer Funktionssysteme beeinflusst, aber diese Umwelt zeigt sich allein in der Art und Weise, wie dieses System Soziale Arbeit seine Umwelt wahrnimmt, d. h. wie es sich und seine Umwelt beobachtet bzw. in sich aufnimmt und für sich übersetzt" (Vogel 1999: 20-21). Fakt jedenfalls ist, dass sich durch die zunehmende Biografisierung sozialer Probleme auch soziale Hilfen stärker biografisch orientieren müssen, indem sie institutionell entstrukturiert und geöffnet werden. Soziale Arbeit muss sich wieder dazu berufen fühlen, die Menschen zu „begaben" und es als Herausforderung annehmen ihre Mündigkeit zu entwickeln (vgl. Becker 1971: 134). „Die Basis einer solchen Professionalität Sozialer Arbeit liegt (vor allem) in (der Erbringung von) Hilfe" (Vogel 1999:26) bzw. in der Erbringung helfender Dienstleistungen. Dieser Hilfe bedürfen, wie sich gezeigt hat, jedoch nicht nur marginalisierte Bevölkerungsgruppen, sondern mehr oder weniger, früher oder später alle Subjekte dieser Gesellschaft. Soziale Arbeit war, ist und wird immer eine gesamtgesellschaftliche Herausforderung sein. Sie darf sich daher nicht selbst begrenzen, indem sie postmoderne Problemlagen aus ihrem Wahrnehmungs- und Handlungsfeld ausklammert.
Technische, wirtschaftliche und politische Fortschritte treiben Globalisierungstendenzen voran und lassen die Welt zusammenrücken. Die hieraus erwachsende Komplexität unserer Umwelt macht es dem Einzelnen unmöglich, in allen Berei-

chen Herr der Lage zu sein, selbst in den Bereichen der eigenen Lebensführung nicht. Die Notwendigkeit lebenslangen Lernens, verbesserter Informationsstrategien und umfassenderer Beratungsangebote ist nicht zu leugnen. Die permanente Reizüberflutung führt unweigerlich zu einer Überforderung individuellen Entscheidungsvermögens und Autonomiegewinne sind unter heutigen Bedingungen kaum mehr zu erzielen (vgl. Dux 2006). Franz Xaver Kaufmann bezeichnet moderne Lebenswelten heute auch als eine Verurteilung zur Freiheit, wobei er kritisch anmerkt, dass eben von wahrhaftiger Freiheit nur dann die Rede sein kann, wenn dieser ein Lern- und Befähigungsprozess vorausgegangen ist, der es dem Einzelnen ermöglicht, die ihm zur Verfügung stehenden Ressourcen bewusst und zielgerecht einzusetzen und die sich bietenden Chancen wahrzunehmen und für sich zu nutzen (vgl. Kaufmann 2001).

Hans Jürgen Bieling beschreibt in diesem Zusammenhang neu entstandene soziale Ungleichheiten und Risiken, die vornehmlich alte Menschen, kinderreiche Familien und Alleinerziehende betreffen. Schwindende soziale Kohäsion und Entsolidarisierungstendenzen werden zu konstituierenden Merkmalen der neuen gesellschaftlichen Realität (vgl. Bieling 2000), worauf Elisabeth Burns eine „Neubestimmung des Verhältnisses von Solidarität und Selbstverantwortung" vorschlägt (Burns 2001:197) und Erwin Teufel, der für die aktive Bürgergesellschaft plädiert, an deren erster Stelle nicht der Staat, sondern der Bürger selbst steht, konstatiert, dass die dichotome Operationalisierung dieser Begrifflichkeiten endlich aufzugeben sei. Eigenverantwortlichkeit schließt immer auch Solidarität mit ein, weil Eigenverantwortlichkeit das Solidarsystem entlastet. Ebenso schließt Solidarität immer auch Eigenverantwortlichkeit mit ein, weil sie dem Solidarsystem dient (vgl. Teufel 2001). Auch hierbei bedarf es jedoch zunächst der Befähigung der Subjekte, sich (neue) Netzwerkstrukturen zu erschließen und individuelle Ressourcen zu erweitern. Bei der Forderung nach dem mündigen Bürger (vgl. Adorno 1971; Bolz 2001) entsteht der Bedarf zur Befähigung der Subjekte und zur Beherrschung des aufrechten Gehens zwangsläufig (vgl. Keupp 1997), damit das Phänomen der Komplexität eben nicht zum Schicksal, sondern zur Chance wird. „Nicht mehr ein Denken in Kategorien von persönlichen Defiziten und Pathologien, die therapiert werden müssen, ist gefragt, sondern eine veränderte Auffassung von Hilfe zur Selbsthilfe, und zwar im Sinne einer Befähigung zur Gestaltung der individuellen Lebenswelt und der darin eingebetteten individuellen Lebensbezüge (...)", die „unter dem Horizont der Risiken und Chancen von pluralisierten und individualisierten Lebensformen und in einer oft widersprüchlichen Vielfalt von gesellschaftlichen bzw. lebensweltlichen Sinnorientierungen und Lebensformen" erfolgen (Schubert 1999: 139). Es ist daran zu arbeiten, dass die Beteiligung, das Gewinnen für mehr Menschen möglich wird (vgl. Walter 2001) und die Zahl der „Modernisierungsverlierer" (Teufel 2001: 9) auf ein Minimum reduziert wird. Dementsprechende Bemühungen dürfen dabei jedoch nicht nur auf Schadensbegrenzung beschränkt bleiben, sondern müssen sich vielmehr auf die Eröffnung neuer und vielfältiger Lebenschancen für alle Menschen konzentrieren (vgl. Teufel 2001).

3.2.1 Gesellschaftlicher und demografischer Wandel

Eine bisher noch nicht thematisierte, von der WHO (World Health Organisation) jedoch als größte Herausforderung des 21. Jahrhunderts bezeichnete weitere gesellschaftliche Veränderung, die ihrerseits wiederum neue Herausforderungen und Erfordernisse mit sich bringt, ist die demografische Alterung unserer Bevölkerung. Seit 1955 lässt sich eine kontinuierliche Altersverschiebung innerhalb der bundesdeutschen Gesellschaft verzeichnen. Die Zahl der Geburten nimmt bei gleichzeitig steigender Lebenserwartung stetig ab, was natürlicherweise einhergehend ist mit einer sich ändernden Morbidität. Zu der „chronologisch demografischen Alterung" gesellt sich eine „forcierte funktionale Alterung" hinzu. Diese wird erzeugt, durch die Entwertung von Erfahrungen und Fähigkeiten älterer Beschäftigter (z. B. durch Ausgliederung aus dem Berufsleben), aber auch älteren Menschen generell (vgl. Boeck/Huster/Benz 2004: 306). Während in vielen anderen Kulturen Älterwerden verbunden ist mit einem Zuwachs an Anerkennung und Prestige, ist innerhalb unseres Kulturkreises eher das Gegenteil der Fall.

Diese Entwicklung lässt, obwohl lange Zeit von Politik, Gesellschaft und Fachöffentlichkeit nicht wahrgenommen (vgl. Walter/Flick/Neuber/Fischer/Schwartz 2006), sowohl ökonomische als auch humanitäre und ethische Problemlagen erwarten, die einer gesamtgesellschaftlichen Lösung bedürfen. Vor allem aber werden die Zusammenhänge zwischen Alter und Gesundheit und damit gleichermaßen die Themen der Prävention und Gesundheitsförderung stärker ins (Problem-)Bewusstsein rücken müssen (vgl. Dathe/Kreuter 2000). Das Phänomen Alter bringt aber nicht nur gesellschaftliche, sondern auch persönliche Herausforderungen mit sich. Überschriften wie „Suche nach dem Glück", „Neue Freiheiten", „Altern als Lebenskrise" und viele andere belegen dies (vgl. Riemann/Kleespies 2005: 5).
Durch sich im Alter verändernde physiologische Variablen, die begleitet werden von Kapazitäts- und Leistungsverlusten, entsteht die Notwendigkeit, dies in die alltägliche Lebensführung und -bewältigung zu integrieren. Neben diese physiologischen Veränderungen, die zunächst nicht als krankhaft einzustufen sind, gesellen sich vielfach pathologische Veränderungen und Beeinträchtigungen, wie chronisch degenerative Erkrankungen oder bösartige Neubildungen. Auch verschiedene Arten der Demenz, Osteoporose und Unfälle treten im Alter überdurchschnittlich häufig auf. Multimorbidität zählt damit zu den kennzeichnenden Charakteristiken des Alters.

Während bei jüngeren Menschen und Menschen mit Akuterkrankungen primär die Heilung im Vordergrund der Bemühungen steht, kommen bei älteren und chronisch kranken Menschen vor allem der Prävention und Gesundheitsförderung besonderer Stellenwert zu, wobei hierbei der ausgeprägten Heterogenität der Gruppe alter Menschen Rechnung zu tragen ist, um Bedarfsgerechtigkeit zu gewährleisten (vgl. Walter/Flick/Neuber/Fischer/Schwartz 2006). Hier kommt es zu einem Spannungsfeld zwischen dem nachvollziehbaren und berechtigten Wunsch nach Selbstbestimmung auf der einen Seite und den am Marktgeschehen orientierten Unterstützungs- und Hilfeleistungsangeboten auf der anderen Seite, wobei Soziale Arbeit in ihrer Vermittlungs- und Garantenfunktion gefragt ist, um genau dies zu gewährleisten (vgl. Zippel/Kraus 2003). Wie zuvor im gesamtgesellschaftlichen Kontext beschrieben, gesellt sich auch hier zu der individuellen Gestaltungsoption deren gleichzeitige Notwendigkeit mit all ihren Risiken und Chancen. Um Diskriminierungen und Negativzuschreibungen zu vermeiden, ist es zunächst jedoch sinnvoll, die durchschnittlich gestiegene Lebenserwartung als eine begrüßenswerte Errungenschaft zu betrachten und die sich hinsichtlich dieser Entwicklung erschöpfenden sozialen Sicherungssysteme als Herausforderung, die es zu verändern gilt (vgl. Kramer/Zippel 2003). Hinsichtlich des demografischen Wandels und der damit einhergehenden Zunahme chronisch degenerativer Erkrankungen gilt es Zielanpassungen vorzunehmen. Insbesondere muss die Erreichung psychosozialer Lebensqualität im Vordergrund stehen, wodurch sich auch ökonomische Ziele erreichen lassen, da es durch die Investition in Sozialkapital über ein besseres Ineinandergreifen von Wirtschaft und Gesellschaft letztlich auch zur Effizienzsteigerung kommt (vgl. Wilkinson 2001).

Alter wird innerhalb unserer Gesellschaft mehr und mehr als Massenphänomen erkannt und nicht mehr unweigerlich als Einzelschicksal abgetan, was dazu führt, dass Problemlagen erkannt und zunehmend zum Kernthema sozialpolitischer Entscheidungen werden (vgl. Kraus 2003a). Künftig wird darüber zu entscheiden sein, wie auf die wachsenden Ansprüche, auf selbstständiges Wohnen im Alter, auf den zunehmenden Betreuungsbedarf, die vermehrte Erwerbstätigkeit von Frauen sowie der damit verbundenen Notwendigkeit der Kinderbetreuung und die veränderten Anforderungen innerhalb der Gesundheitsversorgung zu reagieren ist (vgl. Boeckh/Huster/Benz 2004). Hinsichtlich der Bewältigung demografischer Problemlagen gehen Kramer und Zippel davon aus, dass diese insbesondere von Akteuren Sozialer Arbeit zu bearbeiten sind, gleichzeitig sehen sie damit allerdings die Notwendigkeit verbunden, dass entsprechende Aufgaben und Aufgabenfelder frühzeitig von diesen für sich beansprucht werden und gegenüber anderen Professionen verteidigt werden (vgl. Kramer/Zippel 2003). Kraus äußert hierzu: „Nicht zuletzt aufgrund der dargestellten demografischen Entwicklungen gewinnt die Sozialarbeit in der Arbeit mit alten Menschen zunehmend an Bedeutung – wenn sie diese Chance nutzt." (Kraus 2003a: 33) Primär geht es hier um die Geltendmachung einer gegenüber angrenzenden Professionen überlegenen psychosozialen Beratungskompetenz, welche die Lebenslagen und Bewältigungsressourcen ihrer Adressaten in ihr Denken und Handeln mit einbezieht (vgl. Crefeld 2002).

3.2.2 Morbiditätswandel

Morbiditätsveränderungen ergeben sich aber nicht nur in Folge der demografischen Veränderung unserer Gesellschaft. Grundsätzlich lässt sich in den letzten Jahren ein Morbiditätswandel verzeichnen, dessen Trend in Richtung chronisch degenerativer Erkrankungen zeigt (vgl. Köppel 2005). Richard G. Wilkinson merkt diesbezüglich jedoch kritisch an, dass die tendenzielle Überbewertung des vom derzeitigen Gesundheitsversorgungssystem geleisteten Beitrags zur Verbesserung der Lebensqualität und Verlängerung der durchschnittlichen Lebenserwartung durch zahlreiche Studien zu belegen ist und dass andererseits epidemiologische Studien verdeutlichen, dass „die nachhaltig wirksamen Gesundheitsdeterminanten sozioökonomischer und psychosozialer Natur sind und weitgehend außerhalb der Reichweite der Medizin liegen" (Wilkinson 2001: IX). Angesichts dieser Ausführungen müsste Soziale Arbeit eigentlich „Morbiditätsgewinner" im doppelten Sinne sein. Einerseits, weil die Morbiditätsentwicklung auf eine stetige Zunahme chronisch degenerativer Erkrankungen verweist, die für die Betroffenen in der Regel einhergehend sind mit der Notwendigkeit, die eigene Lebensführung vollkommen zu ändern und der Erkrankung anzupassen, andererseits, weil die Ausführungen Wilkinsons darauf verweisen, dass medizinische Maßnahmen insbesondere in diesem Zusammenhang die künftige Prognose der Betroffenen weniger positiv beeinflussen können als sozioökonomische und psychosoziale Maßnahmen, für deren Erbringung Soziale Arbeit aufgrund ihrer vielseitigen Ausrichtung und Methodenvielfalt geradezu prädestiniert ist. „Bei der Stärkung psychosozialer Ressourcen ist eine Zusammenarbeit mit Psychotherapeuten und psychologischen sowie pädagogischen Gesundheitswissenschaftlern von besonderer Bedeutung (...). Die Einbindung in ein soziales Netzwerk und die Organisation sozialer Unterstützung beinhaltet die Stärkung einer sozialen Ressource." (Hurrelmann/Klotz/Haisch 2004: 198) Chronische Erkrankungen sind in der Regel Folge physischer, psychischer und sozialer Überbelastung individueller Adaptions- und Steuerungskapazitäten und müssen damit als Ausdruck mangelnder Lebensbewältigung gewertet werden, was sie durch das biomedizinische Denk- und Handlungsmodell weder ausreichend erklärbar noch beherrschbar macht. Vielmehr bieten hier sozialwissenschaftliche Handlungskonzepte adäquate Ansatzpunkte zur Intervention (vgl. Köppel 2005).

In diesem Zusammenhang verweist der Sachverständigenrat der Konzertierten Aktion im Gesundheitswesen bereits seit Jahren darauf, dass sich „Strukturen und Grenzen" innerhalb des (Gesundheits-)Systems an den „Patienten, ihren Bedarfen und Bedürfnissen orientieren (müssen) und nicht umgekehrt" (Sachverständigenrat 2000/20001: 21). Die Experten betrachten die bedarfsgerechte Versorgung chronisch Kranker als bedeutendste und größte Herausforderung innerhalb des Gesundheitswesens, da diese Erkrankungen erhebliche direkte und indirekte Kosten verursachen. Klar ist, dass aufgrund der gestiegenen Lebenserwartung, vorherrschender Lebensstile und der demografischen Entwicklung von einer weiteren Zunahme dieser Krankheiten auszugehen ist. Insgesamt betrachten sie die Komplexität dieser Erkrankungen wie deren therapeutische Notwendigkeiten als Hauptgefahrenquelle hinsichtlich Unter-, Über- und Fehlversorgungsstendenzen, denen nur mit einer langfristigen Umsteuerung des Gesundheitssystems wirkungsvoll zu begegnen ist. Notwendig sind veränderte Strukturen und Arbeitsstile der professionellen Akteure und ihrer Institutionen (vgl. Sachverständigenrat 2000/2001). Als bedeutsam ist jedoch außerdem zu erachten, dass diese Strukturen um die Profession der Sozialen Arbeit zu erweitern sind, damit diese in die Lage versetzt werden, notwendige psychosoziale Interventionen, Befähigungs- und Empowermentprozesse als selbstständiger Leistungsanbieter durchzuführen, und dies nicht in Form deligatorischer Tätigkeiten, sondern vielmehr anhand der von Ihnen festgestellten Notwendigkeiten und aufgrund gemeinsam mit den Adressaten erarbeiteter (psychosozialer) Diagnosen.

Die Annahme, dass insbesondere die dem biomedizinischen Paradigma verpflichteten Akteure ihre Arbeitsstile dahin gehend ändern könnten, dass sie hinsichtlich der besonderen Anforderungen chronisch degenerativer Erkrankungen und bösartiger Neubildungen in die Lage versetzt werden, bedarfsgerechte Hilfe zu leisten, ist naiv und unrealistisch. Insbesondere im Hinblick darauf, dass das Curriculum für Prävention und Gesundheitsförderung im medizinischen Studium immer noch als eine so genannte „Querschnittsveranstaltung" gilt, deren Umfang im Durchschnitt unter 18 Seminarstunden beträgt (vgl. Hurrelmann/Klotz/Haisch 2004: 385). Chronischen Erkrankungen liegen multifaktorielle Ursachen zugrunde und bedürfen daher auch der multifaktoriellen Intervention. Nicht zu vernachlässigen ist außerdem, dass die Zielgruppe dieser notwendigen Interventionen Menschen sind, deren Seinszustand die vier Dimensionen der Körperlichkeit, Emotionalität, Kognition und des Sozialen umfasst. Eine Tatsache, die bislang innerhalb der Gesundheitsversorgung kaum Berücksichtigung erfuhr und die deutlich macht, dass der multifaktorielle Bedarf des Einzelfalls niemals nur durch eine (die medizinische) Profession gewährleistet werden kann. Dies ist schon deshalb nicht möglich, weil deren konstituierende Professions- und Handlungslogiken auf ganz anderen, eben primär biologisch orientierten Prämissen aufbaut. Hier wird der Bedarf nach kumuliertem Wissen mehrerer Professionen wieder deutlich, was jedoch zunächst einmal im Finanzierungs- und Leistungssystem des Gesundheitswesens Berücksichtigung finden muss.

Als äußerst problematisch erweist sich in diesem Zusammenhang die Existenz der inter- und intraprofessionellen Versäulung innerhalb des Gesundheitswesens, die durch die Logik des aktuellen Finanzierungssystems, welches beispielsweise Akteure Sozialer Arbeit als eigenständige Leistungserbringer nicht vorsieht, noch konsolidiert wird. Für die notwendige Kumulation der verschiedenen Professions- und Handlungslogiken sowie die Möglichkeit einer effektiven und effizienten, weil bedarfsgerechten Hilfeleistung, die aufgrund der veränderten Anforderungen nur im kooperativen Miteinander verschiedener Professionen erbracht werden kann, ist jedoch eine Überwindung dieser Versäulungen und eine Aufnahme der Akteure sozialer Arbeit unabdingbar, wodurch sich an dieser Stelle außerdem die Notwendigkeit eines professionell durchgeführten Kooperationsmanagements zeigt.

Kooperationsmanagement soll hier bedeuten, eine Form der Moderation, welche einerseits die individuelle Biografie der beteiligten Akteure berücksichtigt (persönliche und berufliche Sozialisation) und diesen andererseits ermöglicht, sich durch einen Perspektivwechsel auf die Handlungslogiken der anderen Professionen einzulassen und deren jeweiliges Expertenwissen, ihre Zuständigkeiten und Grenzen als gleichwertig anzuerkennen. Rangdifferenzen durch Leitprofessionen sind dadurch abzuschaffen, dass alle beteiligten Professionen im Finanzierungs- und Leistungssystem verankert sind und ihr Professionswissen entsprechend dem Bedarf autonom einbringen, woraus sich die Möglichkeit ergibt, inter- und intraprofessionelle Versäulungen zu minimieren und langfristig gänzlich aufzuheben.

3.2.3 (Wirtschafts-)ethische Implikationen Sozialer Arbeit

„Gerechtigkeit ist ein Zweifaches: Tugend und soziales Prinzip. Deshalb geht es der Gerechtigkeit um ein Doppeltes: ein gelungenes Leben und eine gute Gesellschaft. Ohne Tugend bleibt Gerechtigkeit leer und ohne gerechte Institutionen verbleibt die Gerechtigkeit gewaltlos. Gerechtigkeit formt subjektives Verhalten und ordnet objektive Verhältnisse. Gerechtigkeit erfüllt sich im Handeln. (...) (Aber) Gerechtigkeit verbleibt nicht nur in reiner Innerlichkeit und begnügt sich nicht mit Gesinnung. Verwirklicht wird die Gerechtigkeit im äußeren Tun." (Blüm 2006: 27-30)

Was aber ist Gerechtigkeit? Was ist das Ziel? Und was vielleicht noch viel wichtiger ist, wie gelangen wir dorthin?

„Was ist das Menschengemäße? Was macht den Menschen zum Menschen? Was ist unsere zweite (vernünftige) Natur, die unsere erste übertrifft? Sie zeichnet sich durch Sinnhaftigkeit aus. Mit ihr, der zweiten Natur, verbinden sich unsere Vorstellungen nach einem gelungenen Leben mit denen von einer guten Gesellschaft. Die Menschen streben nach Glück. (...) Das gute Leben ist das Leben mit anderen. Deshalb führt die Tugend der Gerechtigkeit über die einzelnen Personen hinaus und wird zum sozialen Ordnungsprinzip." (Blüm 2006: 18-28)

Das gute Leben ist das Leben mit anderen. – Aus den Konzepten des Konstruktivismus und des Symbolischen Interaktionismus wissen wir, dass jedes Individuum in seinem ureigensten Konstrukt seiner individuellen Lebensrealität lebt. Diese Grenze wird im Kontakt mit anderen und über die Abstimmung der Deutungs- und Handlungsmuster aufgelockert, bestenfalls sogar überschritten. Gleiche oder zumindest ähnliche Interpretations- und Deutungsmuster bilden die Grundlage gelungener Interaktionen und Kommunikation. Diese wiederum sind zwischen Subjekten sozialer Gruppierungen eher anzutreffen als zwischen Subjekten differenter sozialer Gruppen, wie sie in jeder Gesellschaft vorzufinden sind. Gruppen übergreifende, d. h. auch gesamtgesellschaftliche Verständigung kann daher nur dann gelingen, wenn dieser ein Befähigungsprozess vorausgegangen ist, mit dem eine gemeinsame Kommunikations- und Handlungsbasis angelegt wurde. Das gilt im Großen ebenso wie im Kleinen. Die so generierte gemeinsame Handlungsbasis wiederum ist als Grundlage selbstbestimmten und selbstverantwortlichen Lebens anzusehen und muss gesellschaftlich strukturell wie organisationell verortet und gewährleistet sein, und dies nicht nur in der inneren Einstellung, sondern auch im alltäglichen Handeln.

Zurzeit lassen sich primär zwei miteinander konkurrierende Gerechtigkeitsvorstellungen ausmachen. Dies ist zum einen eine stark markt- und wirtschaftsorientierte Gerechtigkeit und zum anderen eine an Mildtätigkeit orientierte Verteilungsgerechtigkeit (vgl. Staub-Bernasconi 2005). Aber weder das eine noch das andere scheint für sich geeignet, wahrhaftige Gerechtigkeit zu generieren. Was aber fehlt beiden Konzepte und was wäre, wenn diese im Grunde gar nicht miteinander konkurrieren, sondern das eine die jeweils fehlende Komponente des anderen darstellt?

Würde es nicht sinnvoller sein, markt- und wirtschaftsorientierte Gerechtigkeit mit einer mildtätigen Verteilungsgerechtigkeit zu verbinden und beides bedarfsgerecht jeweils dort einzusetzen, wo es notwendig ist? Wie ließe sich diese dritte Form der Gerechtigkeit benennen und wo blieben dabei ökonomische Gesichtspunkte? Michael Schramm schlägt in diesem Zusammenhang den Begriff der Befähigungsgerechtigkeit vor und betrachtet diese als das geeignete Instrumentarium für (sozialstaatliche) Forderungen und Förderungen (vgl. Schramm 2004). Diese Ausführungen sind in Zusammenhang zu bringen mit Ralf Dahrendorfs Überlegungen zu Lebenschancen (vgl. Dahrendorf 1979). Grundlegende Elemente dieses Konzeptes bilden Ligaturen und Optionen, deren Ausgewogenheit bzw. Unausgewogenheit über individuell zur Verfügung stehende Lebenschancen entscheidet (vgl. Keupp 1995). Auswirkungen dieser Ligaturen und Optionen lassen sich sehr anschaulich an dem Beispiel der von Muhammad Yunus gegründeten Grameen Bank – eine Bank für die Armen der Welt – darstellen. Yunus stellt zweifelsfrei fest, dass die Marktwirtschaft alleine keine ausreichenden Mittel zur Lösung individueller und gesellschaftlicher Problemlagen bieten kann. Sie befreit und bietet Optionen, birgt jedoch den Nachteil, die Mächtigen zu begünstigen, was „besonders an der Vernachlässigung von sozialen Bereichen, wie den wirtschaftlichen Chancen, der Gesundheitsversorgung und der Ausbildung (...) sowie dem Wohlergehen alter und behinderter Menschen deutlich (wird). (...) Der Staat (sollte) sich in seiner jetzigen Form hier völlig zurückziehen – die Gesetzgebung und Rechtsprechung, die Landesverteidigung und die Außenpolitik ausgenommen – und alles nach dem von sozialer Verantwortung getragenen Prinzip von Grameen privatisieren." (Yunus 1997: 261)

Yunus ist der Überzeugung, dass weder marktwirtschaftliche Steuerung noch wohlfahrtsstaatliche Verteilungspolitik für sich in der Lage sind, gesellschaftliche Probleme zu beseitigen. Ganz im Gegensatz zu ihrem normativen Anspruch verfestigt soziale Wohlfahrt sogar vielfach Problemlagen und beraubt deren Adressaten ihrer Würde und ihres Unternehmungsgeistes (vgl. Yunus 1997). Soziale Arbeit ist gerade nicht (nur) gütiges wohlwollendes Handeln im Sinne von Fürsorge und Wohltätigkeit, sondern vor allem gerechtes Handeln und die Sorge um Gerechtigkeit. Dies lässt sich jedoch nur verwirklichen, wenn die Starken vor dem Missbrauch ihrer Macht und die Schwachen vor der Übermacht der Starken geschützt werden (vgl. Staub-Bernasconi 2005).
Nicht die Habgier sollte der Motor des Kapitalismus sein, sondern soziales Denken und Handeln. Hierzu ist es jedoch notwendig, beide Paradigmen miteinander zu verbinden. Notwendig ist eine professionell angeleitete Ausweitung individueller Lebenschancen durch Praktiken der Befähigung.

„Dass Menschen wachsen können, ist ein schöner Ausdruck; wenn wir nur mitdenken, dass solches Wachsen mehr ist als die Öffnung des Saatkorns, der Durchbruch der ersten Triebe, die Ausfaltung und die Blüte, die Reife und der Tod; es ist vielmehr ein ständiger und ständig unvollendeter Prozess, ein Prozess zudem, in dem Mutationen stattfinden und immer neue Reifestufen, deren Samen ganz andere Ausgangsgestalten schaffen als die, die ihren eigenen Ursprung bestimmen." (Dahrendorf 1979: 25)

Ein Prozess auch, der möglicherweise einmal stagnieren wird und der professionellen Unterstützung bedarf, der professionell angeleiteten Weiterbildung. Bildung, in Form von Befähigungsgerechtigkeit ist deshalb zu begreifen als eine Praxis zur Freiheit, wobei Freiheit bedeutet, Optionen zu haben oder Handlungs- und Lebensrahmen zu erweitern, diese anders zu strukturieren oder neu zu entwerfen (vgl. Freire 1973). Bildung ist in diesem Zusammenhang aber auch zu verstehen als Befähigung zur Selbsthilfe, ein im Menschen elementar angelegtes Bedürfnis, welches sich seinerseits in krisenhaften Lebensphasen erschöpfen kann oder der partiellen professionellen Unterstützung bedarf (vgl. Thiersch 1995).

„Der öffentliche Sektor ist durch Subventionen, wirtschaftliche und politische Protektion sowie mangelnde Transparenz und die daraus hervorgegangene Bürokratisierung und Korruption (fast) zugrunde gerichtet worden. Übrig geblieben ist nur noch die Privatwirtschaft, die von Gewinnstreben und Habgier angetrieben wird. Bevor sich die Welt jedoch damit abfindet, Habgier und Korruption zu erliegen, sollten wir (das Zusammenfügen beider Paradigmen und) das soziale Engagement als mögliche Alternative prüfen." (Yunus 1997: 264)

Ausbildung, Bildung, Befähigung sind als unverzichtbare Voraussetzungen für jeden sozialen Aufstieg zu betrachten (vgl. Yunus 1997). Sie sind außerdem unverzichtbare Voraussetzungen, um krisenhafte Zeiten zu bewältigen, Lebenskrisen, wie sie beispielsweise durch Erkrankungen, den Verlust des Arbeitsplatzes oder eines geliebten Menschen hervorgerufen werden können. Befähigung sichert Beteiligungschancen und ist der sicherste Schutz vor Exklusion. Dabei ist Befähigung nicht nur ökonomisch (weil ressourcenorientiert, Verhinderung kostenintensiverer Interventionen), sondern auch sozial, weil sie Menschen integriert und ihnen ihre Selbstachtung und Menschenwürde erhält. Ökonomisches Handeln (und Führen) schafft daher Strukturen, Situationen und Anreize, die Mut machen, sich selbst zu befähigen und befähigt zu werden. Sie schafft den Raum für die Entfaltung individueller Fähigkeiten, baut auf ihnen auf und erweitert sie kontinuierlich. Sie stärkt die Kohärenz von Individuen und schafft so die Basis für ein besser gelingendes Leben. Denn die Frage, ob Menschen Ziel haben, wie sehr sie daran festhalten und ob sie diese erreichen, hängt nicht nur vom einzelnen Menschen ab, sondern auch von seinen Lebenslagen. Gelingendes Leben, als eine Form der Gerechtigkeit und des sozialen (Menschheits-)Traumes steht nicht nur in direktem Zusammenhang zum einzelnen Subjekt, sondern auch zu der Gemeinschaft, in der es lebt und unterliegt somit deren (Mit-)Verantwortung (vgl. Blüm 2006).

> Zu resümieren bleibt, dass „es (...) schwer zu denken (ist), dass das, was möglich ist, nicht auch wirklich werden sollte. Möglichkeit ist Hoffnung und Aufforderung zugleich. Wer sich beiden verschließt, mag von einem arkadischen Schäferleben fantasieren, dürfte sich aber eher in der Lage der Schafe finden, die in den Felswüsten des Jordan mühsam nach Futter suchen, und würde jedenfalls das Leere der Schöpfung in Ansehung ihres Zweckes, als vernünftige Natur, nicht ausfüllen." (in Anlehnung an Kant, Dahrendorf 1979: 27).

3.3 (Veränderungs-)Tendenzen der Sozialleistungslandschaft

Die nun bereits vielfach beschriebenen Strukturänderungen, deren „Beschleunigungsschub" auch gegenwärtig noch anhält, bleiben verständlicherweise auch nicht ohne Auswirkungen auf das „Selbstverständnis und (die) Handlungsweise von professioneller sozialer Arbeit" (Schubert 1999: 137). Leider lässt sich mit Blick auf die dringend notwendigen professionell erbrachten psychosozialen Beratungs- und Hilfeleistungsangebote feststellen, dass „die veränderten Anforderungen an die Fähigkeiten zur individuellen Lebensgestaltung bisher nur selten in theoriegeleitete Konzeptionen und konkrete Verfahren und Hilfsprozesse eingegangen sind, als ob ein althergebrachtes Selbstverständnis die Anpassung des professionellen Handelns an die gegenwärtigen gesellschaftlichen Umbrüche verhindere" (Schubert 1999: 138). Während die einen die aktuelle Entwicklung beklagen und unter den Stichwörtern Neoliberalismus, Dienstleistungsdebatte und New Public Management kritisch hinterfragen, fordern die anderen mehr Beteiligung und Selbstsorge. In den sozialwissenschaftlichen und sozialpolitischen Lagern lassen sich Meinungspluralismen und Dichotomien ausmachen, und die Profession Soziale Arbeit verharrt lamentierend und diskutierend, anstatt neue Wege der Beteiligung für sich und ihre Klientel zu suchen und zu sichern. Natürlich heben sich Professionen von herkömmlichen Berufen vor allem dadurch hervor, dass sie ihre Berufsidee reflexiv handhaben (vgl. Stichweh 1996), jedoch nimmt dies innerhalb Sozialer Arbeit Ausmaße an, welche die Profession eher lähmen und in Selbstreflexivität erstarren lässt, als dass sich hieraus Zukunftsperspektiven und Innovationen ergeben.

Nicht zu verleugnendes Faktum ist, dass der Wohlfahrtsstaat über seine ökonomischen Verhältnisse gelebt hat und dass diesbezügliche Einschränkungen unausweichlich sind. Eine zusätzliche Verschärfung dieser Situation erfolgt durch den unsere Gesellschaft durchziehenden demografischen Wandel (vgl. Boeckh/Huster/Benz 2004), aber auch durch die Globalisierung und die hieraus erwachsenden, bereits mehrfach beschriebenen Konsequenzen.

Ureigenste Intension Sozialer Arbeit war und ist die „Hilfe zur Selbsthilfe" und noch nie war der Bedarf danach so groß wie heute. Hierauf sollten sich ihre Akteure zurückbesinnen, indem sie Strukturen verstärkt öffnen und Hilfen angemessen verteilen. Das heißt da, wo es angemessen ist, nach dem Marktprinzip und da, wo es angemessen ist, nach dem Prinzip der Umverteilung und der Fürsorge. Insbesondere deshalb, weil die Frage nach dem Ob bereits entschieden ist und „der Gesetzgeber das Gesetz des Marktes (längst) eingebracht hat" (Vogel 1999: 37). Sonderstellungen von Trägern werden im Zuge der Europäisierung ihr Ende finden. „Monopolstellungen oder kartellartige Kooperationen oder korporatistische Bünde werden schon aus wettbewerbsrechtlichen Gründen nicht länger aufrechtzuerhalten sein; d. h., dass vor allem frei gewerbliche Träger auf dem Markt als Konkurrenten der herkömmlichen Träger Sozialer Arbeit auftreten werden." (Vogel 1999: 28)

Aus der Schere zwischen zunehmender Bedarfssituation auf der einen Seite (vgl. Fromm 1981; Keupp 1997; Beck 2003) und knapper werdenden ökonomischen Ressourcen auf der anderen Seite ergeben sich für Soziale Arbeit vielfache Herausforderungen, denen es adäquat und in erster Linie den Erhalt der eigenen Profession absichernd zu begegnen gilt, auch im Sinne und zum Wohle ihrer Adressaten. Gerhard Bäcker et al. verweisen hier vor allem auf die Notwendigkeit, konstruktiv in die Privatisierungs- und Ökonomisierungsdebatte einzusteigen und zu analysieren, inwieweit diese geeignet sind, die Erbringung Sozialer Leistungen auch vor dem Hintergrund der Qualitätsdebatte sicherzustellen. Sie sehen auch den durch knapper werdende ökonomische Ressourcen steigenden Druck, Qualitätsnachweise zu erbringen und den Erbringungsprozess transparenter, effizienter und effektiver zu gestalten. Dabei ist der Frage nachzugehen, inwieweit es möglich ist, in Anbetracht der Notwendigkeit effizienteren Handelns, aber

auch hinsichtlich sich wandelnder Nutzererwartungen Maßnahmen noch subjekt-
zentrierter zu gestalten und weiterhin nach bislang ungenutzten Ressourcen zu
suchen und diese in tradierte Erbringungsstrukturen zu integrieren (vgl. Bäcker et
al. 2000b). Zu denken ist in diesem Zusammenhang beispielsweise an die immer
noch zu wenig genutzten Ressourcen der Selbsthilfe und des Sozialen Kapitals,
deren professionelle Nutzung in den 80er Jahren bereits diskutiert wurde.

3.3.1 Welfare Mix und Privatisierungsbestrebungen

Die primär restriktiv ausgelegte sozialpolitische Orientierung der 80er Jahre ließ
erstmals das Konzept des Wohlfahrtspluralismus in das Zentrum des politischen
und wissenschaftlichen Interesses rücken (vgl. Heiner 2001). Allgemein lassen
sich unter dem Begriff Welfare Mix oder Wohlfahrtspluralismus Bestrebungen
zusammenfassen, welche davon ausgehen, dass zur Gewährleistung einer sozialen Wohlfahrt nicht nur Staat und Markt in der Verantwortung sehen, sondern
außerdem eine Vielzahl von intermediären Instanzen, wie Selbsthilfegruppen und
Nonprofit-Organisationen, aber auch familiäre Strukturen und soziale Netzwerke
(vgl. Nollert 2007). Demnach wird ein Pluralismus der Wohlfahrt konstatiert,
dessen Ziel in der Ergänzung etatistisch[2] bürokratischer Strukturen durch alternative Unterstützungsnetzwerke liegt (vgl. Schmid 2001). Dem gegenüberzustellen
sind Vorstellungen des Neoliberalismus[3], die den Einbezug freier Marktmecha-
nismen präferieren (siehe Prokla 2003), und der amerikanischen Kommunitaris-
musbewegung[4] als Gegenpol zu neoliberalen Bestrebungen (vgl. Schmid 2001).

Durch die Ausdifferenzierung der Trägerlandschaft zwischen Staat und Markt,
unter Einbezug von Selbsthilfe, Ehrenamt und Gemeinsinn kommt es zu einer
Praxis, die durch Einsparungen und Privatisierungen sozialer Dienstleistungen
sowohl staatlichen Interessen entgegenkommt als auch durch alternative Prob-
lemlösungen, Leistungserbringung und Selbstverantwortung individuellen Interessen (vgl. Schmid 2001). Dominiert wird dieses Prinzip jedoch zu weiten Teilen immer noch von den großen Wohlfahrtsverbänden, denen gegenüber frei gewerblichen Anbietern, insbesondere bei Preisverhandlungen, der Vorzug gegeben
wird. Eine Problematik, welche eine reale Einführung marktorientierter Prämissen vielfach noch verhindert.

Die Expertenrunde der Schaderstiftung, die den Welfare Mix grundsätzlich be-
grüßt, merkt an, dass dieser lediglich dort funktioniert, wo eine sichere Finanzie-
rungsbasis von vornherein gegeben ist (vgl. Mensch 2002). Ein Phänomen, welches von Bäcker et al. als „Rosinenpickerei" bezeichnet wird (vgl. Bäcker et al.

---

[2] ausschließlich auf das Staatsinteresse hin ausgelegte Denk- und Handlungsstrategie.
[3] Minimierung staatlicher Eingriffe, unter Forcierung von mehr Eigensorge.
[4] auf das Gemeinwohl orientierte Erneuerung der Gesellschaft und ihrer Institutionen.

2000b: 385). Auch die voranschreitenden Privatisierungsbestrebungen sehen die Experten der Schaderstiftung nicht im grundsätzlichen Gegensatz zu normativen Ansprüchen, solange diese einem fachlich qualifizierten Wettbewerb entsprechen (vgl. Mensch 2002).

Hinsichtlich der beschriebenen Privatisierungsbestrebungen unterscheiden Bäcker et al. zwischen drei möglichen Formen der Privatisierung, die sie jedoch im Widerspruch zu der Notwendigkeit einer bedarfsgerechten und gleichermaßen qualitativ hochwertigen Versorgung sehen. Sie differenzieren die formal juristische Privatisierung, zur Schaffung von mehr Flexibilität und Effizienz, die privat gewerbliche Privatisierung, bei der im Delegationsverfahren bestimmte Aufgabenbereiche outgesourct werden, und die generell einschränkende Privatisierung, bei der sich entweder die Leistungsqualität verschlechtert oder Leistungen komplett entfallen. Problematisch betrachten sie den Wandel von der Objektförderung (Sachleistungsprinzip) zur Subjektförderung, den sie als neoliberale Bestrebung bewerten. Auch einen Welfare Mix (Wohlfahrtspluralismus) sehen sie kritisch, wobei vor allem die Forderung nach einer stärkeren Vernetzung in den Vordergrund gerückt wird (vgl. Bäcker et al. 2000b). Aus normativer Sicht ist dem jedoch entgegenzuhalten, dass sich diesbezüglich nur die Frage nach der optimalen Gestaltung einer im Welfare Mix erbrachten Wohlfahrt stellt. Sinnvoll erscheint in diesem Zusammenhang eine professionell koordinierte und initiierte Mischung aus staatlichen Leistungen, marktwirtschaftlichen Leistungen und naturwüchsigen, möglicherweise reaktivierten Solidarnetzen, bei vorangegangener und wenn notwendig begleitender Befähigung der Subjekte.

3.3.2 New Public Management und Vermarktlichung

Als ein mögliches Modell zur Steigerung von Effektivität, Effizienz und mehr Subjektzentrierung wurde in bundesdeutschen Verwaltungen Anfang der 90er Jahre mithilfe der Kommunalen Gemeinschaftsstelle für Verwaltungsmanagement (KGST) das Neue Steuerungsmodell eingeführt. Es gilt als die deutsche Variante des aus Neuseeland und Australien stammenden und sich nachfolgend über die USA und Großbritannien ausbreitenden New Public Management (NPM). Konstituierende Elemente und Prinzipien dieses Modells sind Verantwortungsteilung zwischen Politik und Verwaltung, Dezentralisierung der Verantwortlichkeiten bei zentraler Steuerung, durch Kontraktmanagement und Controlling, Outputorientierung sowie Wettbewerbsorientierung statt Monopolisierung. Verschiedene Krisen, wie etwa die Finanzkrise der öffentlichen Haushalte, die Legitimationskrise gegenüber den Bürgerinteressen und die Anpassungskrise angesichts der dynamischen gesellschaftlichen und wirtschaftlichen Entwicklung legten diese Modernisierungsbestrebungen nahe (vgl. Deutscher Verein für öffentliche und private Fürsorge 1997).

Hellmut Wollmann bezeichnet diesbezügliche Modernisierungstendenzen als einen Prozess, durch den die öffentliche Verwaltung dazu befähigt werden soll, politischen und sozioökonomischen Anforderungen gerecht zu werden. Bundesdeutsche Bemühungen bezeichnet er hinsichtlich dieser Zielsetzung als eher ambivalenten Fall. Zwar verfügt die BRD über eine Verwaltungsstruktur, die im internationalen Vergleich bezüglich der Erfüllung ihrer Aufgaben mit an der Spitze liegt und auch in der Vergangenheit als tendenziell innovativ galt, dennoch betrachtet er sie nun an einen Punkt gekommen, an dem bisherige Modernisierungsansätze unzureichend seien und auf neue Ansätze zurückzugreifen sei. Die von ihm formulierte Ambivalenz führt er auf die in der Reformdebatte entstandenen unterschiedlichen Diskursgemeinden zurück, deren Handlungsempfehlungen differieren. Als ebenso ambivalent betrachtet er jedoch verwaltungspolitische Reaktionen, die darin bestehen, mangels eigener Innovationsideen tradierte Modernisierungsansätze mit Elementen des NPM zu vermischen (vgl. Wollmann 1996).

Grundsätzlich lassen sich innerhalb des Modernisierungsdiskurses drei Diskursgemeinden ausmachen. Dies sind zum einen die „NPM-Modernisierer", deren Ziel in einem Paradigmenwandel, von der bürokratischen Steuerung nach Max Weber zu einer markwirtschaftlichen Steuerung, liegt, dann die traditionellen Modernisierer, die trotz vielfacher Kritikpunkte am NPM auch die Einführung ökonomischen Denkens in die Verwaltung befürworten, und schließlich die alternativen Modernisierer, deren Ziel die Ablösung traditioneller Kernstrukturen des Staates zugunsten bürgerschaftlicher Teilhabe in Form des Bürgerstaates ist (vgl. Wollmann 1996).

Die relativ späte Aufnahme des NPM ist vor allem darauf zurückzuführen, dass die deutsche Verwaltungsstruktur bis in die späten 80er Jahre hinsichtlich ihrer Leistungsfähigkeit und aufgrund vorangegangener Reformwellen auch im internationalen Vergleich immer verhältnismäßig gut abgeschnitten hat. Außerdem hat bis in die späten 80er Jahre ein Glaubenssystem vorgeherrscht, bei dem vor allem Rechtswissenschaften und in abgeschwächter Form Politikwissenschaften den Mainstream bestimmt haben, sodass ökonomische Gedanken erst relativ spät in die Modernisierungsdebatte mit einfließen konnten. Letztendlich führte jedoch die zunehmende Verschuldung der öffentlichen Haushalte, aber auch die deutlich auszumachende „Dienstleistungslücke" doch dazu, ökonomische Strategien in die Modernisierungsbestrebungen mit einfließen zu lassen. Unterstützende Wirkung kam sicherlich auch den Debatten um den Standort Deutschland und die Bestrebungen, ökonomische Standortbedingungen im internationalen Vergleich attraktiver zu gestalten, sowie der fortschreitenden europäischen Integration zu (vgl. Bönker, Wollmann 2003).

Kai Dröge merkt bezüglich der beschriebenen Entwicklungstendenzen an, dass gerade die nicht marktorientierte Organisation professionellen Handelns lange Zeit als zentrales Abgrenzungsmerkmal zu anderen personenbezogenen

Dienstleistungs- und Expertenberufen galt und das auch heute eine vollständige Vermarktlichung sowohl unter berufsethischen Gesichtspunkten als auch unter Aspekten der gesellschaftlichen Anerkennung kritisch zu betrachten sei. Aktuelle Tendenzen verweisen jedoch auch lediglich auf eine Durchsetzung und Ergänzung tradierter Strukturen durch marktwirtschaftlich orientierte Elemente. Er betrachtet die aktuelle Notwendigkeit der Profession, sowohl ökonomische Effizienz als auch Gemeinwohlorientierung miteinander verbinden zu müssen, als Dilemma (vgl. Dröge 2003). Dem ist jedoch entgegenzuhalten, dass es sich hierbei lediglich um eine Frage der Organisationsvielfalt und der Bedarfsgerechtigkeit handelt. So kann die Aufgabe sämtlicher tradierter Erbringungsstrukturen Sozialer Arbeit auch nicht Ziel einer Neustrukturierung und Neuverortung sein, wohl aber die Öffnung zu einer Erbringungsvielfalt, die sowohl fürsorgliche Gemeinwohlorientierung als auch marktorientierte Dienstleistungserbringung ermöglicht. Wobei auch der marktorientierten Dienstleistungserbringung die Gemeinwohlorientierung keinesfalls abzusprechen ist.

Am Beispiel der ärztlichen Profession versucht er zu belegen, dass deren Berufsprestige mit Einzug der Ökonomisierung ärztlichen Handelns gesunken sei (vgl. Dröge 2003). Dieser Vortrag erscheint jedoch wenig überzeugend, da es hier zu einer Verknüpfung falscher Kausalitäten kommt. Viel möglicher erscheint in diesem Zusammenhang die Annahme, dass die Abnahme der gesellschaftlichen Wertschätzung mit der bereits beschriebenen unzureichenden Effektivität ärztlicher Interventionen hinsichtlich einer sich verändernden Morbidität der Bevölkerung in Verbindung zu bringen ist und dass diese trotz vielfältiger Belege ihrer als nicht mehr ausreichend zu erachtenden Leistungserbringung nach wie vor durch ein Leistungssystem gesichert ist, welches ihr eine Monopolstellung garantiert, die für die Dauer ihres Fortbestehens eine effiziente und bedarfsgerechte Gesundheitsversorgung verhindert.

3.3.3 Besonderheiten sozialer und gesundheitsbezogener Dienstleistungen

Die Besonderheiten, die im Erbringungsverhältnis sozialer und gesundheitsbezogener Dienstleistungen liegen (Unu-actu-Prinzip, Klient als Koproduzent, fehlende Kundensouveränität etc.), dürften mittlerweile hinlänglich bekannt sein und sollen hier im Einzelnen nicht mehr diskutiert werden. Dennoch bleibt bei aller Marktorientierung zu berücksichtigen, „dass es sich um einen besonderen Markt handelt, der der Unterstützung von Marktteilnehmern bedarf, die in ihrer Teilnahme, in ihrer Form des Vergleichens, Bewertens, Überblickens nicht geübt oder behindert sind. Die Kunden dieses Marktes bedürfen eines Schutzes." (Vogel 1999: 37) Sie müssen sich durch den Erwerb und den Erhalt von Handlungskompetenzen ontogenetisch in die Gesellschaft (re-)integrieren (vgl. Dux 2005) und dazu bedürfen sie befähigender Hilfen und Konzepte Sozialer Arbeit.

Die Abstimmung von Verteilungs-, Befähigungs- und Beteiligungsgerechtigkeit sind als zentrale Herausforderung zu betrachten (vgl. Cremer 2006). Soziale Arbeit kann diesbezüglich durch ihr umfangreiches Methodenrepertoire von Individuen nicht wahrgenommene oder noch nicht erschlossene Lösungsalternativen erarbeiten, die von diesen selbstständig oder mit Unterstützung zur Problembewältigung eingesetzt werden (vgl. von Gropper 1999). Dabei nimmt sie das Verhältnis und Wechselspiel zwischen autonomen Subjekten und ihren Lebenslagen in den Blick und beschreibt es mit den Begriffen „Handlungsfähigkeit" und „Handlungsmöglichkeit". Durch die Erweiterung von Optionen und die Stärkung von Eigenverantwortung gelingt es, schwierige und krisenhafte Lebenslagen zu bewältigen und eine langfristige Kohärenzstärkung und Kompetenzerweiterung zu erzielen. Peter Pantucek beschreibt diese Form der Intervention auch als Lernhilfe zur Bewältigung schwieriger Alltagssituationen (vgl. Pantucek 1998). Zentraler Aspekt dieser Hilfen bildet grundsätzlich die Ressourcenorientierung, wobei vorhandene Ressourcen dem Subjekt selbst nicht immer bewusst sind. Daher bedeutet Intervention im Rahmen Sozialer Arbeit Aktivierung, Generierung und Schaffung bislang brachliegender oder noch nicht vorhandener Fähigkeiten und Möglichkeiten (vgl. Bamberger 2005).

3.3.4 Marktmechanismen versus Strukturkonservatismus

Angesichts des Phänomens zunehmender ökonomischer Restriktionen bei gleichzeitig wachsender Bedarfssituation wird die Notwendigkeit neuer oder bislang ungenutzter Ressourcen immer deutlicher. Zu denken wäre in diesem Zusammenhang etwa an die Möglichkeit der professionell induzierten Netzwerkaktivierung und -nutzung. Die positiven Effekte, die sich hieraus beispielsweise für den Bereich der Gesundheitsversorgung ergeben, wurden von Bernhard Borgetto zusammenfassend und übersichtsartig erarbeitet (siehe Borgetto 2004). Der hieraus zu ziehende soziale Nutzen bliebe dabei nicht nur auf eine Entlastung öffentlicher Kassen beschränkt, sondern hätte gleichzeitig eine größere Autonomie der beteiligten Subjekte zur Folge, worauf sich die Erschließung einer weiteren, bislang wenig genutzten Ressource anschließen würde, die professionelle und gezielte Aktivierung Sozialen Kapitals, einem relationalen Gut, welches sich aus den Beziehungsstrukturen von Individuen und Gruppen ergibt. Unter funktionalistischen Aspekten lässt sich Soziales Kapital aktivieren und von Subjekten oder Gruppen einsetzen, um eigene Interessen durchzusetzen und sich positive Effekte aus Netzwerkstrukturen zu sichern (vgl. Coleman 1988 und 1990). Zur Übersicht sei hier auf die Arbeiten von Monika Jungbauer-Gans verwiesen, welche die positiven Effekte Sozialen Kapitals im Bereich der Gesundheitsentwicklung und -versorgung herausgearbeitet hat (vgl. Jungbauer-Gans 2002). Es ist davon auszugehen, dass sich diese positiven Effekte durchaus auch auf andere Bereiche des sozialen Dienstleistungssektors übertragen lassen. So konnten Prusak und Cohen feststellen, dass die Nutzung und Investition in Soziales Kapital Unternehmen effizienter arbeiten lässt und dass sich die Mehrung Sozialen Kapitals in einer Mehrung ökonomischen Kapitals niederschlägt. Ergebnisse, die beispielsweise für den Bereich der Organisationsentwicklung von Bedeutung sind. Die Einbeziehung dieser „aktiven und aktivierenden" Ressourcen könnte möglicherweise zu einem Paradigmenwandel führen, von einem fürsorglich paternalistischen Verständnis sozialer Dienstleistungen zu einem durchgehend selbstverantwortlich-partizipativen Verhältnis.

Richard Sennett beschreibt, dass das Scheitern nicht länger ein Problem marginalisierter Bevölkerungsgruppen ist, sondern insbesondere im Leben der Mittelschicht zum Massenphänomen geworden ist. „Der Markt, auf dem der Gewinner alles bekommt, wird von der Konkurrenz beherrscht, die eine große Zahl von Verlierern erzwingt." (Sennett 2000: 159) Dennoch nützt es wenig, an alten Strukturen festzuhalten, wenn diese ihre Wirksamkeit verloren haben und aktuellen (globalen) Anforderungen nicht mehr genügen. Vielmehr besteht die Notwendigkeit der Adaption. Dies war schon immer die andere Seite der Weiterentwicklung und des Fortschritts. Menschen müssen befähigt werden, sich den veränderten Lebensanforderungen anzupassen. Um es nach Hans Thiersch zu benennen, sie müssen professionelle Unterstützung erhalten, um ihnen ein „gelingenderes Leben" zu ermöglichen (vgl. Thiersch, Grunwald 2001). Die Stichwörter sind auch hier wieder „Hilfe zur Selbsthilfe", „Netzwerkmanagement" sowie „Aktivierung und Nutzung Sozialen Kapitals".

„Selbsthilfe, der Wille, sich selbst zu helfen, ist im Menschen elementar, gleichsam natürlich angelegt." (Thiersch 1995: 199) Menschen wollen und müssen sich selbst helfen, um kohärenzstärkende Erfahrungen zu machen, sich als bewusste und wirksame Gestalter ihrer eigenen Lebens zu erfahren. „Selbsthilfe aber, so als Zuständigkeit des Menschen für sich verstanden, ist eine Dimension, aber nur eine. Der Mensch ist er selbst mit und unter anderen; er hat seine Identität im sozialen Kontext; Selbsthilfe als Zuständigkeit des Menschen für sich wird im sozialen Kontext verstanden und praktiziert. – Menschen helfen sich gegenseitig und lassen sich helfen." (Thiersch 1995: 200) Die so verstandene Selbsthilfe komme jedoch immer wieder an ihre Grenzen, erschöpft sich oder stagniert. Dann sind professionelle Aktivierungs- und Interventionsbemühungen notwendig, Subjekte und Gruppen (wieder) zu befähigen. „So entsteht als Antwort auf die sozialen Probleme und auf die Lebensschwierigkeiten der modernen Gesellschaft ein Hilfesystem, das versucht, allen in gleicher Weise rechtlich gesicherte, verlässlich abrufbare, sachlich qualifizierte und darin wissenschaftlich fundierte Hilfen anzubieten – ein System, das durch Institutionen, Programme und professionelle Kompetenzen bestimmt ist." (Thiersch 1995: 202-203)

Die Gesellschaft, in der wir leben, in der wir uns verorten müssen, ist (auch) eine Marktgesellschaft, ob wir das nun begrüßen oder nicht (vgl. Dux 2006). Dieser

Realität muss Rechnung getragen werden. Sie muss als Herausforderung betrachtet werden, die es zu bewältigen gilt, und eben hier kann sich Soziale Arbeit Gewinn bringend für die Subjekte dieser Gesellschaft, aber auch (und das ist durchaus legitim) für sich selbst einbringen. Sie muss hinsichtlich ihres in der Öffentlichkeit geprägten Bildes einen Imagewandel erfahren, der durch qualitative hochwertige und autonom erbrachte Leistungen sowie durch die deutliche Herausstellung des enormen gesamtgesellschaftlichen Nutzens ihrer Arbeit geprägt ist. Sie darf sich nicht länger nur überwiegend marginalisierten Gruppen zuwenden und muss sich strukturell besser im Leistungs- und Entlohnungssystem der verschiedensten Funktionssysteme verorten (vgl. Köppel 2005).

3.4 Zusammenfassung

Es konnte festgestellt werden, dass Subjekte sich heute mit tief greifenden gesellschaftlichen Veränderungs- und Wandlungsprozessen konfrontiert sehen, die unter den Stichworten Modernisierung, Globalisierung und Individualisierung zusammenzufassen sind. Die hieraus erwachsenden Anforderungen überfordern in zunehmendem Maße die individuellen Adaptions- und Kompensationsfähigkeiten immer mehr Subjekte, jeder kann irgendwann im Laufe seines Lebens zum Adressat sozialer Dienstleistungen werden. Dies hat einen wachsenden Bedarf psychosozialer Unterstützungsleistungen und Befähigungspraktiken zur Folge. Weitere Bedarfe professioneller Intervention und Unterstützung sind auf den demografischen Wandel und die damit verbundene Überalterung unserer Gesellschaft sowie den sich abzeichnenden Morbiditätswandel zurückzuführen. Auch die zunehmende Flexibilisierung des Arbeitsmarktes und die Notwendigkeit professionsübergreifender Leistungserbringungen, verbunden mit dem Bedarf, Kooperationen zu initiieren und anzuleiten, lassen auf die Notwendigkeit schließen, dass Soziale Arbeit hier mit ihrem Wissen und ihren Kompetenzen befähigende und vermittelnde Unterstützungsleistungen bieten kann. Verschärft werden die beschriebenen Entwicklungen durch die tief greifende Krise des Sozialstaates, der nicht länger in der Lage ist, sämtliche Bedarfe mit öffentlichen Geldern abzudecken.
Hier lässt sich ein Schnittpunkt zu den Leistungen und Erbringungsmöglichkeiten Sozialer Arbeit ausmachen, der von der Profession jedoch bislang, unter den sich bietenden Gesichtspunkten, noch keine oder nur unzureichende Beachtung gefunden hat. Soziale Arbeit avanciert unter den sich darstellenden Veränderungstendenzen zum Risiko-, Demografie- und Morbiditätsgewinner. Dabei eröffnet sich der Profession eine ökonomische Komponente, die es ihr ermöglicht, einerseits ihrer ureigensten Aufgabe der Inklusionssicherung und Exklusionsprävention nachzukommen und andererseits ihren eigenen, bislang wenig erfolgreichen Professionalisierungsprozess entscheidend voranzutreiben. Zwar lassen sich in der Vergangenheit schon vielfache Modernisierungs- und Veränderungsten-

denzen erkennen, doch sind diese bislang noch nicht tief greifend genug, um die Profession in geeigneter Weise gesellschaftlich zu positionieren und die eigenen Leistungsstrukturen zur Abdeckung der Bedarfe sicherzustellen. Meinungspluralismen, Dichotomien und übersteigerte Selbstreflexivität lähmen die Profession und verhindern, dass sie ihren eigenen Professionalisierungsprozess zum Wohle ihrer Nutzer vorantreibt. Die Akteure Sozialer Arbeit müssen begreifen, dass Gemeinnutz und Eigennutz keine Dichotomien sind, sondern sich gegenseitig bedingen. Gewinnorientierung eröffnet Handlungsspielräume. Dabei ist Professionalisierung ein Prozess, der beim einzelnen Akteur beginnt. Jeder muss sich diesbezüglich in der Pflicht sehen.

Soziale Arbeit muss ihre Chance erkennen und wahrnehmen, indem sie ihre tradierten Strukturen öffnet, neue Erbringungsformen, wie die der selbstständigen Leistungserbringung, zulässt und gemeinsam mit politischen Entscheidungsträgern einen Welfare Mix fördert, der die Erbringung bedarfsgerechter effektiver und effizienter Hilfen ermöglicht. Dabei muss sie lernen, in Kategorien sozialer Funktionssysteme zu denken und sich in Netzwerken und Kooperationen professionsübergreifend zusammenschließen, um ihre eigene Existenz zu sichern und ihre politische Durchsetzungskraft zu stärken. Aus berufspolitischer Sicht ist eine stärkere Solidarisierung und Organisierung anzustreben, um professionseigene Interessen durchzusetzen und sich langfristig auf dem Markt der Gesundheits- und Sozialdienste zu behaupten. Normative und ethische Zielsetzungen sind mit ökonomischen Zielsetzungen zu verknüpfen, um der innerhalb der Gesellschaft vorherrschenden Logik des Geldes Rechnung zu tragen. Soziale Dienstleistungen sind zu weiten Teilen (auch) marktfähige Güter, die, werden sie nicht überwiegend marginalisierten Bevölkerungsgruppen vorgehalten, durchaus dazu geeignet sind, entsprechend marktwirtschaftlicher Logik produziert und veräußert zu werden.

Der wesentliche Betrag, den Soziale Arbeit vor dem Hintergrund beschriebener Entwicklungen exklusiv leisten kann, ist die Schaffung von Befähigungsgerechtigkeit durch die Schaffung von Entscheidungs- und Teilhabespielräumen, ohne die Selbstachtung der Subjekte in Frage zu stellen oder zu gefährden. Sozialstaatliche Aufgabe ist es, die notwendigen Befähigungsstrukturen bereitzustellen, Aufgabe der Subjekte, diese Strukturen zu ihrer Befähigung zu nutzen und Eigenverantwortung zu übernehmen. Soziale Arbeit muss sich den Anforderungen des markttechnischen Wettbewerbs selbstbewusst stellen und durch die Qualität ihrer Leistungen überzeugen.

4 Soziale Arbeit als selbstständiger Leistungserbringer

Die vorangestellten Ausführungen haben deutlich gemacht, dass selbstständige Leistungserbringung innerhalb Sozialer Arbeit nicht nur unter berufspolitischen Aspekten und aus Gründen der Eigensicherung von Bedeutung ist, sondern dass es sich hierbei auch aufgrund gesellschaftsstruktureller Veränderungen und damit einhergehender veränderter Bedarfe um eine dringende Notwendigkeit handelt, um den an Soziale Arbeit gestellten Anforderungen bedarfsgerecht und nutzerorientiert zu begegnen. Der DBSH, als größter Berufsverband innerhalb Sozialer Arbeit, verweist daher auf die Notwendigkeit, zu einem Denken zu finden, das an den Interessen derjenigen anknüpft, die keine Experten Sozialer Arbeit sind (vgl. DBSH 2007). Das bedeutet, dass nicht nur die Dienstleistungen, sondern auch die Erbringungsstrukturen für die Nutzer Sozialer Dienstleistungen transparent und übersichtlich, vor allem aber auch, in Anlehnung an den Settingansatz, in den individuellen Lebenswelten der Klienten vorgehalten werden müssen, damit diese möglichst wenig Hürden überwinden müssen, um die benötigte Hilfe in Anspruch zu nehmen. Das gelingt am besten durch die Öffnung tradierter Erbringungsstrukturen und den Einbezug neuer Formen der Leistungserbringung in Form von Einzel- oder Kleinniederlassungen in den Lebenswelten der Klienten und Kunden, aber auch in Kooperation mit tradierten Anbietern und anderen Professionen. Positiver Nutzen hieraus wäre mehr Flexibilität, um auf die vielfältigen Bedarfe einzugehen, bessere Möglichkeiten der professionsübergreifenden Leistungserbringung und schließlich ein weiterer Schritt zur Normalisierung Sozialer Arbeit innerhalb der Gesellschaft, verbunden mit einem Zuwachs an Anerkennung und Prestige. In den nun folgenden Abschnitten wird daher Schritt für Schritt aufgezeigt, welche Aspekte bei einer Existenzgründung im Sozial- und Gesundheitswesen, als eine mögliche Erbringungsform zu berücksichtigen sind, damit diese möglichst erfolgreich verläuft.

Grundsätzlich bedeutet die Aufnahme einer in Selbstständigkeit erbrachten Tätigkeit eine äußerst wichtige und weitreichende Entscheidung und bedarf daher der gründlichen Vorbereitung. Friedrich von Collrepp bezeichnet die Orientierungsphase, die der Existenzgründung vorgestellt ist, als eine der wichtigsten Phasen auf dem Weg in die Selbstständigkeit. Von der Sorgfalt und Authentizität, die dieser Phase gewidmet wird, kann nicht zuletzt das Gelingen oder Scheitern des Vorhabens abhängen, da Chancen und Risiken einer selbstständigen Existenz oft dicht beieinander liegen (vgl. Collrepp 1998). Nicole Manz und Ekbert Hering sprechen deshalb in diesem Zusammenhang auch von dem Schritt des „fremdbestimmten abhängigen Mitarbeiter(s) eines Unternehmens hin zum unabhängigen, selbstständigen Unternehmer" (Manz/Hering 2000: 1).

Es hat sich gezeigt, dass viele Hochschulabsolventen ihre Selbstständigkeit zunächst über eine Nebenerwerbsgründung beginnen und diese dann sukzessive ausbauen (vgl. BMWi 2006a). Diese Möglichkeit kann sich auch für Akteure anbieten, die zunächst die Sicherheit einer Festanstellung nicht komplett aufgeben wollen und erst ihre Eigenmotivation, ihr Durchhaltevermögen oder auch ihr unternehmerisches Geschick testen wollen, bevor sie den Schritt in die vollständige Selbstständigkeit wagen. Auch für Frauen oder Männer, die noch mit der Kinderbetreuung und -erziehung beschäftigt sind, eignet sich dieses Modell, z. B. in Form einer flexibel organisierten Beratungstätigkeit in eigener Praxis, in der Arbeitszeiten und familiäre Verpflichtungen flexibel aufeinander abgestimmt werden können. Allerdings sollte sich jeder Akteur, der sich zunächst für diese Form der selbstständigen Leistungserbringung entscheidet, von vornherein darüber klar sein, dass er zwar unter Umständen geringere Arbeitszeiten hat, welche die Selbstständigkeit betreffen, der Aufwand für die Existenzgründung an sich jedoch, wie auch für die sich anschließende Vermarktung der eigenen Tätigkeit, der Gleiche bleibt. Von daher bietet diese Form der „Teilselbstständigkeit" zwar einige Vorteile, verlangt dem Betroffenen aber ein noch höheres Maß an Zeit- und Selbstmanagement ab, als dies unter Umständen in einer „Vollzeitselbstständigkeit" der Fall ist.

In der Regel handelt es sich bei Existenzgründungen im Sozial- und Gesundheitsbereich um so genannte Kleingründungen, deren Finanzierungsbedarf unter 25.000 Euro liegt. Diese bieten oft nicht nur zu Beginn, sondern dauerhaft ausschließlich ihrem Gründer einen Arbeitsplatz. Die Vorteile der Kleingründung liegen vor allem in der Risikominderung, entsprechend dem Finanzierungsbedarf, jedoch bedürfen auch diese einer ebenso sorgfältigen Planung und Konzepterstellung wie größere Unternehmen. Kreditaufnahmen sind meist einfacher und ohne umfangreiche Sicherheiten möglich, dies kommt den Existenzgründern zwar generell entgegen, birgt jedoch auch die Gefahr, dass die unternehmensbezogenen Daten hier nicht so kritisch geprüft werden, wie dies bei größeren Darlehen der Fall wäre. Damit verliert der Existenzgründer eine wichtige Kontrollinstanz, die gegebenenfalls durch anderweitige Beratungs- und Coachingangebote zu ersetzen ist (vgl. BMWi 2006b).

4.1 Voraussetzungen auf Unternehmerebene / Existenzgründerprofil

Die Gründe für das Anstreben einer Selbstständigkeit sind äußerst vielfältig. Fachliche Kompetenz, Disziplin und Arbeitsbeflissenheit sind keine Garanten mehr für berufliche Karrieren in Anstellungsverhältnissen, sodass viele Professionelle aufgrund beruflicher Frustrationen, mangelnder Anerkennung ihrer Leistungen, aufgrund geringer Einkommen oder nach durchlebter und durchlittener innerer Kündigung schließlich den Schritt in die Selbstständigkeit wagen (vgl. Collrepp 1998). Andere wiederum fühlen sich aufgrund langer Arbeitslosigkeit mehr oder weniger gezwungen, sich durch die Existenzgründung quasi den eigenen Arbeitsplatz selbst zu erschaffen und machen aus der Not eine Tugend, sodass ein regelrechter Strukturwandel auszumachen ist, dessen Trend in Richtung selbstständiger Leistungserbringung zielt. (vgl. Köppel/Reichl 2007). Zu differenzieren sind hier „Schmerzvermeidung" und „Lustgewinn" als stimulierende Motive (vgl. Manz/Hering 2000), wobei Jörg Löhr in diesem Zusammenhang feststellt, dass die „Schmerzvermeidung" mehr Menschen lähmt, als der „Lustgewinn" sie antreibt (vgl. Löhr 2002). Ob die eher aus negativen Vorerfahrungen entstandenen Beweggründe hilfreich und Erfolg versprechend sind, bleibt abzuwarten. Unbestritten positiver und erfolgversprechender dürften jedoch motivationale Aspekte wie der Wunsch, sein eigener Chef zu sein, eigene Ideen umzusetzen, das soziale Prestige zu verbessern, die eigene Flexibilität und Selbstverwirklichung sein, um eine dauerhafte und erfolgreiche Selbstständigkeit zu gewährleisten.

Grundsätzlich werden vom Gesetzgeber neben der üblichen akademischen Ausbildung keine festgelegten Qualifikationen für eine Existenzgründung vorgeschrieben. Dennoch ist es für den erfolgreichen Verlauf einer solchen unumgänglich, über ein gewisses Fachwissen und unternehmerische Kompetenzen zu verfügen (vgl. IHK 2006). So verweist das Bundesministerium für Wirtschaft und Technologie (BMWi) darauf, dass Hochschulabsolventen als Existenzgründer in der Regel zwar über ein großes Fachwissen verfügen, hinsichtlich der zusätzlich notwendigen kaufmännischen Kenntnisse und der eigenen Vermarktung jedoch große Lücken aufweisen (vgl. BMWi 2006a). Hier ist es notwendig, diese Lücken zu schließen, wozu sich das Studium geeigneter Literatur, Beratungen, Seminare und Existenzgründernetzwerke anbieten. Dabei sollte dieser Aspekt jedoch auch nicht überbewertet werden oder gar abschrecken. So ist beispielsweise kein Betriebswirtschaftsstudium notwendig, um sich erfolgreich selbstständig zu machen und dauerhaft auf dem Markt zu behaupten. Ein solides Fachwissen und ein guter Steuerberater reichen hier vollkommen aus. Die Praxis belegt, dass „erfolgreiche Firmengründer nicht notwendigerweise Betriebswirtschafts- oder Marketingexperten sind." (McKinsey & Company 2002: 5) Dennoch sollten Existenzgründer neben einem soliden Fachwissen vor allem auch unternehmerische Qualitäten mitbringen, auf die in den folgenden Abschnitten näher eingegangen werden soll. Insbesondere im Sozial- und Gesundheitsbereich kommt aufgrund der facettenreichen Problemlagen und Hilfebedarfe dem Aspekt der Methodenvielfalt besondere Bedeutung zu, der lebenslanges Lernen und die stetige Erweiterung der bereits vorhandenen Theorie- und Methodenkompetenz unumgänglich macht.

Zu beachten ist, dass den vielen Chancen und Vorteilen einer selbstständigen Existenz sicherlich ebenso viele Risiken gegenüberstehen. So müssen beispielsweise Rücklagen für Krankheit, Unfall, Rente oder auch für „schlechte", weil weniger frequentierte Zeiten eigenverantwortlich kalkuliert und geschaffen werden. Entscheidungen und Auseinandersetzungen müssen grundsätzlich alleine bewältigt werden. Bestenfalls stehen hier Supervisor oder Coach unterstützend zur Seite. Auch in schwierigen Zeiten muss immer wieder die Kraft aufgebracht werden, sich selbst zu motivieren und möglicherweise arbeitsintensive Zeiten zu überwinden, die nicht direkt den gewünschten wirtschaftlichen Erfolg mit sich bringen. Als entscheidender Erfolgsfaktor ist hier sicherlich das individuell zur Verfügung stehende soziale Netzwerk zu verstehen, welches sich durchaus als motivationaler Erfolgsfaktor erweisen kann (vgl. Collrepp 1998). Andererseits ist zu bemerken, dass Existenzgründern noch nie so viele materielle und immaterielle Unterstützungsleistungen vorgehalten wurden, wie dies aktuell der Fall ist, sodass hierdurch nicht nur neue Unternehmen, sondern eben auch neue Arbeitsplätze entstehen. Zu resümieren ist nicht zuletzt aus diesen Gründen, dass trotz der Risiken, die eine selbstständige Leistungserbringung mit sich bringt, diese nicht höher einzuschätzen sind als die aktuellen Risiken einer in Abhängigkeit erbrachten Beschäftigung, ausgenommen möglicherweise die in Beamtenverhältnissen erbrachten Leistungen (vgl. Manz/Hering 2000).

4.1.1 Motivation und Identifikation

Zunächst sind daher die persönlichen Hintergründe einer geplanten Selbstständigkeit genauestens zu prüfen. Welche Motivation, welcher Antriebsmotor verbergen sich hinter dem Wunsch der Selbstständigkeit und sind diese als stark und dauerhaft genug einzuschätzen, den hohen Arbeitsaufwand und die zu Beginn einer selbstständigen Leistungserbringung oftmals hinzunehmenden finanziellen Einbußen und Frustrationen zu überwinden? Gelingen oder Scheitern des Vorhabens stehen zu weiten Teilen in engem Zusammenhang mit der Person des Existenzgründers. Collrepp weist der Person des Existenzgründers bzw. seinen unternehmerischen Qualitäten sogar einen höheren Stellenwert zu als seiner fachlichen Qualifikation, bei der seiner Meinung nach Defizite durchaus durch Fleiß und Ausdauer ausgeglichen werden können. Als bedeutendste Komponente beschreibt er in diesem Zusammenhang den festen Glauben an den eigenen Erfolg, der auch als starkes Kohärenzgefühl zu umschreiben wäre (vgl. Collrepp 1998). Manz und Hering stellen vor allem die Notwendigkeit von „Kraft, Steh- und Durchsetzungsvermögen" in den Vordergrund (vgl. Manz/Hering 2000), während Löhr die Fähigkeit zur ständiger Veränderung, Bewegung und Wachstum hervorhebt. „Wenn wir aufhören zu wachsen (...) hören wir auf), das Leben zu erleben, lassen es an uns vorüberziehen, sind Zuschauer, statt Akteur im Spiel des Lebens zu sein." (Löhr 2002: 165) Es gilt, die „Komfortzone" zu verlassen und sich den zum Teil unangenehmen, unbequemen und riskanten Entscheidungen zu stellen. Der Mensch als adaptives Wesen passt sich seinen äußeren Anforderungen an. Dieses Phänomen gilt es, bei sich selbst beginnend, zu nutzen. Negative (Selbst-)Überzeugungen sind durch positive zu ersetzen, Herausforderungen sind zu erhöhen und Probleme als Möglichkeiten des Wachstums anzunehmen. Die Emotion der Begeisterung, für die Umsetzung einer Vision, ist der Schlüssel zum Erfolg, der nicht nur die eigene Motivation aufrechterhält, sondern auch andere mitreißt und eine potenzierende Wirkung entfaltet. Selbstdisziplin als Fähigkeit, die eigenen Gedanken, das Verhalten und das Handeln bewusst zu steuern, ermöglicht erfolgsförderndes Verhalten auch dann, wenn äußere und innere Zustände eher blockieren als unterstützen. All dies schließt die Verantwortungsübernahme für das eigene Denken und Handeln mit ein und schließt Schuldzuweisungen gegenüber äußeren Umständen, Dritten oder gar dem Schicksal aus. Motivation wird damit zur dauerhaften zielorientierten Bewegung im Denken und Handeln und das Ziel zum Erfolgsmagneten (vgl. Löhr 2002).

Ob es nun eine tatsächliche Unternehmerpersönlichkeit gibt oder nicht, ist wie bei allen Typologisierungen strittig. Unbestritten hingegen ist die Tatsache, dass sowohl förderliche als auch hinderliche Persönlichkeitsfaktoren im Hinblick auf eine angestrebte Existenzgründung existieren, wobei auch diese wieder in Korrelation zum jeweiligen Kontext stehen. So ist beispielsweise bei einer Geschäftsübernahme die Persönlichkeit des Vorgängers als Richtschnur zu werten, wohingegen bei einer Neugründung die Branche, in der eine Existenzgründung angestrebt wird, ausschlaggebend ist. Grundsätzlich sind Persönlichkeitsmerkmale wie Innovationsfähigkeit, Selbstbewusstsein, Risikobereitschaft, Durchsetzungskraft, Führungskraft, Willenskraft, Begeisterungsfähigkeit und Verantwortungsbewusstsein als eher förderlich einzustufen, während ein zu ausgeprägtes Sicherheitsbedürfnis, Introvertiertheit, Ängstlichkeit und eine pessimistische Grundhaltung sich als eher hinderlich erweisen dürften (vgl. Kaschny 2002). Entscheidend ist, dass die individuellen Qualifikationen des Existenzgründers mit den spezifischen Anforderungen seines Vorhabens möglichst weitgehend übereinstimmen. Collrepp, der die spezifischen Qualifikationen des idealen Unternehmers übersichtsartig zusammengestellt hat, differenziert diese in fachliche, unternehmerische und physische Qualifikationen. Unter den fachlichen Qualifikationen subsumiert er berufliche und akademische Ausbildungen entsprechend der Branche, in der die Existenzgründung geplant ist, Branchenerfahrungen, praktische Erfahrungen, Führungs- und Vertriebserfahrungen. Unter den unternehmerischen Qualifikationen fasst er soziale Kompetenz, Organisations- und Improvisationstalent, Verhandlungsgeschick, Entscheidungs- und Überzeugungskraft, Aufgeschlossenheit und Adaptionsvermögen zusammen und unter physischen Qualifikationen versteht er körperlich, geistige und seelische Fitness (vgl. Collrepp 1998).

4.1.2 Risikomanagement

Den Übergang von den unternehmerrelevanten Aspekten zu den unternehmensrelevanten Aspekten bildet das Risikomanagement, hier verstanden als Möglichkeit, unternehmens- und unternehmerbezogene Risiken einzuschätzen und entsprechend ihrer potenziellen Gefährdung gegenüber dem Unternehmer oder dem Unternehmen abzuwälzen bzw. zu versichern. Diesbezügliche Entscheidungen sind an den Unternehmenszielen und den individuellen Präferenzen des Existenzgründers auszurichten, wobei rechtliche Vorschriften und Auflagen zu beachten sind. Grundsätzlich gilt es abzuwägen, ob es sich bei den zu versichernden Risiken um Bagatell- oder Kleinstrisiken, oder aber um existenzgefährdende Risiken handelt. Während sich die Versicherung von Bagatell- und Kleinstrisiken in der Regel nicht lohnt, weil die zu leistenden Versicherungsprämien höher ausfallen als der zu erwartende Schaden, müssen existenzgefährdende Risiken auf jeden Fall versichert werden. So erscheinen beispielsweise Versicherungen gegen Glasschäden oder Einbruch und Diebstahl nur in den seltensten Fällen angemessen zu sein, während der Selbstabsicherung und der Absicherung von Mitarbeitern ein weitaus höherer Stellenwert zukommt (vgl. Dowling/Drumm 2003). Da die eigene Arbeitskraft als wichtigstes Kapital von Existenzgründern anzusehen ist, bedarf deren Absicherung besonderer Sorgfalt. Die Frage nach dem Bedeutungsgehalt einer Versicherung lässt sich daher über den Umfang ihrer existenzsichernden Wirkung beantworten. Als existenzbedrohende Risiken sind zunächst die Risiken Krankheit und Unfall einzustufen, deren Absicherung in jedem Fall unumgänglich sind (vgl. BMWi 2006c). Im Rahmen der Existenzgründung kann zwischen gründerbezogenen (und mitarbeiterbezogenen) Absicherungen, wie Unfall-, Kranken-, Hinterbliebenenversicherung und Altersvorsorge, und unternehmensbezogenen Absicherungen, wie Haftpflicht-, Sachversicherung und Rechtschutz differenziert werden. Zu beachten ist dabei, dass diese zusätzlich zu vorhandenen privaten Versicherungen abzuschließen sind (vgl. Dowling/Drumm 2003). Verständlicherweise müssen diese unternehmensbedingten Ausgaben in die spätere Preiskalkulation mit einfließen. Risikomanagement muss außerdem als fester Bestandteil der Existenzgründung entsprechend im Businessplan verankert sein, da sie auch Aussagen über die Persönlichkeit und die Professionalität des Existenzgründers zulässt.

4.2 Konzeption und Umsetzung der Unternehmensebene

Der Verlauf einer Existenzgründung lässt sich in der Regel in vier Phasen differenzieren. In der ersten Phase kommt es zur Entwicklung einer Geschäftsidee, einer neuen oder an dem gewünschten Standort noch nicht vorhandenen Dienstleistung. Denkbar ist auch die Innovation einer bereits bestehenden Leistung, die möglicherweise effektiver oder effizienter angeboten werden kann. Aufgaben, die hierbei vom Existenzgründer zu bewältigen sind, bestehen zunächst in der groben (gedanklichen) Überprüfung der Markttauglichkeit, denn nur wenn diese gegeben ist, kann aus der Idee ein ökonomischer Gegenwert erzeugt, eine Wertschöpfung generiert werden. Außerdem ist der für die Umsetzung der Geschäftsidee notwendige finanzielle Rahmen und die zur Verfügung stehenden oder zu beschaffenden Mittel zu prüfen. Unter Umständen kann es sinnvoll sein, bereits in dieser frühen Phase mögliche Investoren von der grundsätzlichen Finanzierungswürdigkeit zu überzeugen. Dies verfestigt nicht nur die eigene Idee, sondern übt gleichermaßen die Argumentation des Existenzgründers.

In Phase zwei wird die erste, möglicherweise noch recht flüchtige Idee in Form eines Businessplans konkretisiert und konzeptionell wie finanziell auf ihre Realisierbarkeit hin überprüft. In dieser Phase steht vor allem die Finanzierung des Vorhabens im Vordergrund, egal ob diese nun durch eigene Mittel, in Form eines Darlehens und/oder durch Zuschüsse erfolgen soll. Bei der Aufnahme von Darlehen oder der Akquise von Zuschüssen kommt neben der Stimmigkeit des Businessplanes auch der Person des Existenzgründers besondere Bedeutung zu. Kreditgeber und/oder Investoren werden niemandem finanzielle Mittel zur Verfügung stellen, der nicht selbst von seiner Idee und seinem Können überzeugt ist. Wichtig sind in diesem Zusammenhang vor allem selbstbewusstes, überzeugendes und mitreißendes Auftreten. Investoren müssen von der Idee, ihrer Umsetzbarkeit und von den Fähigkeiten und dem Durchhaltevermögen des Existenzgründers überzeugt werden. Alle Risiken müssen durchdacht und mögliche Lösungen bereitgehalten werden. Budgetpläne müssen erstellt und Zielgruppen festgelegt werden. Preise müssen kalkuliert und mögliche Kooperationspartner oder Mitarbeiter zumindest ihrem Profil nach festgelegt werden. Auch andere Experten müssen in dieser Phase kontaktiert und deren Wissen einbezogen werden. Hierzu zählen beispielsweise Steuerberater, Rechtsanwälte und Marketingfachleute. Unter Umständen kann bereits Kontakt zu möglichen Lieferanten aufgenommen werden, um Preise und Lieferungskausalitäten zu klären. Mögliche „Marktkenner" sind zu befragen und auf ihren Kooperations- oder Konkurrenzwillen hin zu überprüfen. Der Businessplan ist die letzte Möglichkeit der (Selbst-)Überprüfung, die Generalprobe vor dem Eintritt in das reale Geschäftsleben, und genau als solches sollte er angenommen und genutzt werden, indem sämtliche Eventualitäten und Risiken durchgespielt und nach Möglichkeit bewältigt werden sollten.

Phase drei ist die Start-up Phase. Hier müssen sich die theoretischen und praktischen Planungen und Vorarbeiten als handfest und realistisch genug erweisen, um aus einer Gründungsidee ein erfolgreiches Unternehmen aufzubauen. Von nun an entscheidet primär der Markt über Erfolg oder Misserfolg der Existenzgründung. Wesentliche Aufgaben, neben der Gründung selbst, sind Positionierung, Markteinführung, Aufbau und Expansion, Marketing und natürlich Kostendeckung und Gewinnstreben.

Die dauerhafte Etablierung des Unternehmens auf dem Markt bildet die vierte Phase der Existenzgründung. Sie dauert in der Regel ca. fünf Jahre. In diesem Zeitraum sollte das Unternehmen über die Kostendeckung hinausgehende Gewinne abwerfen (vgl. McKinsey & Company 2002).

Wie bereits angesprochen wurde, bezieht sich die Firmen- und Praxispräsentation in der Gründungsphase primär auf den Businessplan, der sich vor allem aus den Aspekten der Investoreninteressen, der Fokussierung der Unternehmensziele sowie der strategischen und überzeugenden Dokumentation relevanter Daten zusammensetzt. In der späteren Etablierungsphase wird der Fokus dann mehr und mehr auf das Marketing und Outcome des Unternehmens gelegt (vgl. Steuck 1999). Da eine höchstmögliche Transparenz und konzeptionelle Stimmigkeit als wichtigste Aspekte für die Akquise finanzieller Mittel anzusehen sind, sollte jeder Unternehmer in der Lage sein, die wichtigsten Zahlen und Fakten hinsichtlich des Bedarfs und des geeigneten Standortes, der Zielgruppe und des bereitzuhaltenden Angebotes, des individuellen Wettbewerbsvorteils sowie der Finanzierung und zu erwartenden Rentabilität einem Außenstehenden schlüssig vermitteln zu können (vgl. BMWi 2006f). Methodisch bietet sich hierzu der Businessplan als ein Gründungskonzept an, welches über alle wesentlichen Aspekte der Geschäftsgründung klar und prägnant Auskunft gibt. Er dient der internen und externen Verständnis- und der Erkenntnissteigerung durch die systematisierte Fokussierung der Geschäftsidee, die Darstellung des Risikomanagements, der Nutzbarkeit für Steuerungs- und Evaluationszwecke und als Kommunikationsbasis (vgl. Steuck 1999). Die formale Ausgestaltung des Businessplanes richtet sich nach den Kriterien der Aussagefähigkeit, der klaren Strukturierung, der Verständlichkeit, Prägnanz und Zielgruppenorientierung (vgl. McKinsey & Company 2002). „Er muss sowohl vom Erfolg als auch vom Nutzen des Vorhabens überzeugen, indem er die Chancen und Risiken klar und deutlich beschreibt." (BMWi 2006g: 1)

In der Regel besteht der Businessplan aus ca. zehn Abschnitten, die jedoch in ihrem Umfang und ihrer Schwerpunktsetzung durchaus variieren können. Diese Abschnitte werden gebildet aus (1) dem Executive Summary, (2) der gewählten Rechtsform, (3) der Dienstleistung, (4) der Markt- oder Branchenbeschreibung, (5) der Marketing- oder Vertriebsstrategie, (6) der Unternehmensführung, (7) der Chancen und Risiken, (8) einer Drei-Jahres-Planung, (9) dem Kapitalbedarf und (10) den Unterlagen zur Vervollständigung des Businessplans.

Zur vertiefenden Erklärung werden die Abschnitte (2) Rechtsform, (3) Dienstleistung, (4) Markt- oder Branchenbeschreibung sowie (5) Marketing- oder Vertriebsstrategie in den nachfolgenden Kapiteln detailliert behandelt, sodass an dieser Stelle zunächst die verbleibenden Abschnitte kurz erläutert werden.

Der Executive Summary steht dem Businessplan als Zusammenfassung voran. Er beschreibt kurz und prägnant die zugrunde liegende Geschäftsidee, die Geschäftsziele der ersten Jahre und die zu erwartenden Chancen und Risiken. Dem Leser soll damit ermöglicht werden, sich einen schnellen, aber umfassenden Überblick über das Vorhaben zu verschaffen. Das dort dargestellte Destillat der gesamten konzeptuellen Planung soll den Leser animieren und motivieren und

53

bedarf daher der besonders sorgfältigen Ausarbeitung unter der Prämisse der Zielgruppenorientierung. Alle anschließenden Abschnitte des Businessplanes dienen lediglich der Vertiefung der dort genannten Thematiken. Neue Aussagen oder Aspekte werden nicht mehr aufgeworfen.

Im Abschnitt Unternehmensführung werden die besonderen Qualifikationen und Fähigkeiten des Existenzgründers hervorgehoben, um deutlich zu machen, was diesen zur Führung seines Unternehmens befähigt. Differenziert werden sollten dabei fachliche und unternehmerische Fähigkeiten. Da akademische Ausbildungsgänge hinsichtlich der Vermittlung unternehmerischer Fähigkeiten leider oftmals noch Defizite aufweisen, können an dieser Stelle externe Seminare, Beratungsgespräche, die partielle oder dauerhafte Begleitung durch einen Coach oder Mentor, aber auch ein ausreichend dokumentiertes Literaturstudium angeführt werden. Deutlich werden sollte, aus welchen Einzelleistungen sich das Dienstleistungsangebot zusammensetzt und wie diese strukturiert und koordiniert werden. Dabei muss sowohl der kunden- als auch der unternehmensbezogene wirtschaftliche Nutzen herausgestellt werden. Auch die Frage, ob und in welchem Beschäftigungsverhältnis Mitarbeiter beschäftigt werden sollen, wird in diesem Abschnitt behandelt und es ist darzustellen, wie sich dies auf die Organisation des Unternehmens auswirken wird. Die Planung sollte sich dabei über einen Zeitraum von ungefähr drei Jahren erstrecken.

Die Darstellung der Chancen und Risiken vermitteln möglichen Finanzgebern einen Eindruck über den Realitätsbezug der Gründungsplanung. Risiken sind grundsätzlich vorhanden und sollten daher insbesondere vom Existenzgründer selbst realistisch wahrgenommen und eingeordnet werden. Dies vermittelt nach außen ein gewisses Bild der Seriosität und Professionalität. Dargestellt werden sollten „Worst case"- und „Best case"-Betrachtungen, wobei beide mit belegbaren Fakten und Zahlen zu untermauern sind. Günstig ist es auch, geplante Gegenmaßnahmen direkt mit anzuführen, um den negativen Einfluss möglicher Risiken bereits im Vorfeld zu minimieren.

Die Entwicklungsmöglichkeiten des Unternehmens werden in einer Drei-Jahres-Planung dargestellt. Differenziert wird zwischen Eigenkapital, Fremdkapital, Rentabilitätsrechnung, Plan-Gewinn- und Verlustrechnung und der Liquiditätsvorschau. Die zuvor dargestellten Aspekte werden hier quantifiziert. Die Liquidität des Unternehmens muss dabei jederzeit gewährleistet sein. Der formale Aufbau kann sich an dem eines Projektplans orientieren. Aufgaben oder Vorhaben sollten in Arbeitspakete aufgeteilt werden, für die Meilensteine bestimmt werden. Zusammenhänge und Abhängigkeiten sollten ebenso deutlich werden, wie der kritische Pfad. Möglicherweise lassen sich für die einzelnen Arbeitspakete Fachleute finden, die befragt werden können oder das gesamte Arbeitspaket übernehmen. Die realistische Planung erhöht nicht nur die Erfolgschancen des Unternehmens, sondern steigert auch die Glaubwürdigkeit bei Finanzgebern und möglichen Kooperationspartnern.

Da die meisten Unternehmen nicht alle benötigten Mittel mit Eigenkapital abdecken können, muss der Kapitalbedarf ermittelt und dargestellt werden. Hierzu gehört vor allem die Darstellung der Mittelherkunft. Möglich sind Förderungen, staatliche Unterstützungsleistungen, Hypotheken und Kredite. Die Verwendung von Eigenkapital und Fremdkapital sind aufzuschlüsseln, wobei auch Reserven für außerplanmäßige Ausgaben Berücksichtigung finden müssen. Zum Abschluss wird der Businessplan durch persönliche Unterlagen des Existenzgründers vervollständigt. Hierzu gehören alle aussagekräftigen Unterlagen, wie beispielsweise der tabellarische Lebenslauf, Nachweise über Ausbildungen und Zusatzausbildungen, Empfehlungsschreiben und Gutachten, die Aussagen über die Persönlichkeit und Qualifikation des Existenzgründers zulassen (vgl. BMWi 2006g; McKinsey & Company 2002).

4.2.1 Positionierung des Unternehmens

Die erfolgreiche Positionierung eines Unternehmens, einer Dienstleistung oder eines Produktes zählt zu den Schlüsselqualifikationen erfolgreicher Existenzgründer. Die Darstellung oder schriftliche Fixierung der Positionierung erfolgt im Businessplan in den Abschnitten „Dienstleistung" und „Marketing", wobei auch die Abschnitte der „Markt- und Branchenbeschreibung" und der „Marketing- und Vertriebsstrategie" in engem Zusammenhang stehen. Die grundlegende Frage, die zu beantworten ist, ist die nach dem Kundennutzen. Warum sollten Kunden gerade dieses Angebot wahrnehmen und nicht das eines anderen Anbieters? Welche Besonderheit weist es für den Kunden auf, die Angebote möglicher Konkurrenten nicht bieten können?

Um die Positionierung vorzunehmen, ist es notwendig, den Markt in Segmente einzuteilen, beispielsweise nach dem Alter möglicher Zielgruppen: Kinder, Jugendliche, Erwachsene, Senioren. In einem nächsten Schritt ist zu entscheiden, welche Kundensegmente angesprochen werden sollen. In der Regel ist es nicht sinnvoll, gleichzeitig alle Segmente anzusprechen, es sei denn als Teil eines Netzwerkes. Im Sozial- und Gesundheitsbereich bietet es sich an, eine Positionierung über die Art und Weise der Kommunikation zu forcieren, da gerade in diesem Bereich anderen Leistungsanbietern oft Zeitmangel und fehlende Kompetenz nachgesagt wird. Generell sollte sich das Dienstleistungsangebot direkt an einen am Marktgeschehen oder potenziellen Kunden orientierten, nicht oder noch nicht ausreichend gedeckten Bedarf richten. Der besondere Nutzen, in Abgrenzung zu möglichen anderen Anbietern der Dienstleistung muss vorhanden und klar erkennbar sein. Bei der entsprechenden Beschreibung innerhalb des Businessplans empfiehlt es sich zunächst, mit einem Problemaufriss beginnend, die Dienstleistung als bestmögliche oder alleinige Lösung dieses Problems darzustellen, was selbstverständlich auch der Realität entsprechen sollte. Klar und deutlich muss der Kundennutzen herausgestellt werden. Was sollte potenzielle Kunden dazu bewegen, die angebotene(n) Dienstleistung(en) in Anspruch zu nehmen? Die Quantifizierbarkeit des Kundennutzens (die im Sozial- und Gesundheitsbereich nicht immer gegeben ist) kann die gemachten Aussagen verstärken und unterstützen. Wichtig ist außerdem die Frage nach der Dauer des Bedarfs. Handelt es sich um einen kurzfristigen Bedarf, der in absehbarer Zeit wieder vom Markt verschwindet, oder handelt es sich um einen langfristigen Bedarf, der einen langfristigen Markt verspricht (hier sind Sozial- und Gesundheitsbereiche gegenüber anderen Märkten klar im Vorteil, was dementsprechend argumentiert und dokumentiert werden sollte). Auch Entwicklungs- oder Expansionsmöglichkeiten und -ziele sollten eruiert werden.

Dabei ist herauszuarbeiten, wie und worüber in der anvisierten Branche ökonomisches Kapital generiert werden soll. Wer soll der potenzielle Käufer der Dienstleistung sein? Welche Entwicklung liegt der Branche zugrunde und welche zukünftigen Entwicklungsverläufe sind zu erwarten? Sind ausgeprägte Konkurrenzen zu erwarten oder lassen sich Dienstleistungen möglicherweise im multiprofessionellen kooperativen Miteinander erbringen?
Hieraus ergibt sich die Wahl der Angebotsstrategie für die Erstellung eines Marketingplans. Wieder steht der Kundennutzen klar und deutlich im Vordergrund. Wie hebt sich das Angebot von der Konkurrenz ab bzw. inwiefern ergänzt es die Angebote der Kooperationspartner in sinnvoller Weise? Welche Preisstrategie soll verfolgt werden, wie soll die Vertriebsstrategie aufgebaut sein und mit welchen Marketingmitteln soll die Dienstleistung wo beworben werden? Die Befriedigung der Kundenbedürfnisse muss transparent und klar erkennbar sein. Innerhalb des Businessplans ist der Marketingplan als dessen Kernstück einzustufen. Sowohl der Markt als auch die Vertriebsstrategie und der Nutzen müssen unverkennbar sein (vgl. McKinsey & Company 2002).

4.2.2 Bedarfsanalyse und Standortwahl

Zu einer der Grundsatzentscheidungen der Existenzgründung zählt sicherlich die Frage nach dem geeigneten Standort eines Unternehmens, da dieser großen Einfluss auf Erfolg oder Misserfolg der Unternehmensgründung ausübt. „Die Entscheidung für oder gegen einen Standort berührt alle wichtigen Faktoren eines Unternehmenskonzeptes: Kunden, Lieferanten, Konkurrenz, Arbeitskräfte, Kosten, Verkehrsanbindungen, Infrastruktur usw. Das bedeutet: Man muss einen Standort finden, der das Konzept des Unternehmens am besten unterstützt." (BMWi 2006h: 1) Die beste Geschäftsidee nutzt wenig, wenn an dem ausgewählten Standort kein entsprechender Bedarf vorhanden ist. Vorausgehende Untersuchungen der Standortwahl sind die Markt- und Standortanalyse. Beide sind hinsichtlich ihrer Darstellung schwer zu trennen, da sie sich gegenseitig beeinflussen (vgl. Manz/Hering 2000). Ausschlaggebende Größen bei der Standortwahl sind daher standortabhängige Aufwendungen (wie beispielsweise Mieten) und standortabhängige Erträge (wie sie sich durch einen hohen Kundenzulauf erwarten lassen). Kosten- und Absatzvorteile müssen gegenübergestellt werden. Die Wahl des Standortes ist dann gut, wenn die Differenz zwischen den beiden Größen maximal ausfällt. Hinsichtlich der Marktanalyse lassen sich Absatzmarkt, Beschaffungsmarkt, Konkurrenz und Arbeitsmarkt unterscheiden (vgl. Manz/Hering 2000). Stärken und Schwächen der Konkurrenten sollten genauestens analysiert werden, um mögliche Marktnischen zu eruieren und nutzbar zu machen (vgl. McKinsey & Company 2002). Als relevante Standortfaktoren im Sozial- und Gesundheitsbereich sind aufzuführen: Absatzorientierung/Settingansatz (Kunden/Klienten im direkten Einzugsgebiet), Verkehrsanbindung, Kooperationspartner/Einweiser, Konkurrenz, Raummieten, Erweiterungsmöglichkeiten und möglicherweise Kundenparkplätze.

Grundsätzlich ist zwischen harten und weichen Standortfaktoren zu differenzieren. Zu den wichtigsten harten Faktoren zählen die Kunden (Erreichbarkeit des Unternehmens), Konkurrenten (Alleinstellungsmerkmal), gewerblich nutzbare Fläche, Kosten (Miete, Pacht etc.), Verkehrsanbindung und Umfeld (Zulieferer, Arbeitskräfte, Kooperationspartner etc.) und zu den wichtigsten weichen Faktoren zählen die zuständige kommunale Verwaltung (Gründerfreundlichkeit), Image und möglicherweise die Wohnqualität (vgl. BMWi 2006h).

4.2.3 Zielgruppenanalyse / Definition der Angebote

Zeitgleich mit der Standortwahl, möglicherweise auch in deren Abhängigkeit, sind, wie bereits erläutert wurde, die Kundensegmente auszuwählen, deren Bedürfnisse mit der angebotenen Dienstleistung am besten abzudecken sind (vgl. McKinsey & Company 2000). Die Definition der Angebotspalette und damit die Festlegung der Zielgruppe positioniert das Unternehmen auf dem Markt und hat identitätsstiftende Wirkung. Die Eingrenzung und Festlegung der angebotenen Dienstleistungen ermöglicht dem Existenzgründer neben der exakten Bestimmung seiner Zielgruppe (vgl. Manz/Hering 2000) außerdem die Differenzierung gegenüber anderen Anbietern. Die Zielgruppenanalyse verhilft dazu, den klaren Kundennutzen zu konkretisieren und diesen nach Möglichkeit zu quantifizieren. Hilfreich kann es sein, klar zu formulieren, welches (Kunden-)Problem mit der erbrachten Dienstleistung gelöst oder verbessert werden kann (vgl. McKinsey & Company 2000).

„Gute Kenntnis der Kunden und ihrer Bedürfnisse ist Basis eines jeden Geschäftserfolgs; erst die Kunden geben einer Firma ihre Daseinsberechtigung. Letztlich sind sie es, die mit dem Kauf (oder Nichtkauf) Ihres Produktes oder Ihrer Dienstleistung entscheiden, ob und wie erfolgreich Ihre Firma sein wird. Es werden nur diejenigen Kunden Ihr Produkt kaufen, die sich davon einen höheren

Nutzen versprechen als vom Kauf eines Konkurrenzproduktes oder vom Verzicht auf einen Kauf." (McKinsey & Company 2000)

Im Bereich der Sozial- und Gesundheitsdienste ist diese Prämisse noch um den Aspekt des Auftraggebers zu erweitern, der beispielsweise das Jugendamt, eine Krankenkasse oder eine Wohnungsbaugesellschaft sein kann. Hier müssen dann Kundennutzen und Auftraggebernutzen klar formuliert und transparent gemacht werden, ebenso wie die Vorzüge der angebotenen Dienstleistung gegenüber den Dienstleistungen anderer Professionen, aber eben auch gegenüber professionsinternen Konkurrenten. Hier muss Soziale Arbeit im Besonderen lernen, ihre Dienstleitungen selbstbewusst zu positionieren. Wenn sie etwa im Bereich der Altenhilfe nutzerorientiertere und bedarfsgerechtere Hilfe anbieten kann als beispielsweise Medizin oder Pflege, muss sich dieser Vorteil sowohl in der Markteinschätzung als auch in der Preiskalkulation niederschlagen. Auf keinen Fall jedoch kann es hingenommen werden, dass „bessere", im Sinne von bedarfsgerechtere Leistungen preiswerter einzukaufen sind.

Zusammenfassend lässt sich der Weg einer erfolgreichen Positionierung und Zielgruppendefinition mit den folgenden Überschriften belegen: (1) relevante Kundenbedürfnisse und Problemlagen analysieren und transparent machen, (2) eindeutige, aber nicht zu kleine Kundensegmente benennen, (3) Angebotspalette entsprechend der Kundenbedürfnisse ausarbeiten, (4) Alleinstellungsmerkmal gegenüber Konkurrenten und Kooperationspartnern herausstellen, (5) Kunden auch auf subjektiver Ebene ansprechen und (6) die Kundenzufriedenheit als oberste Prämisse kontinuierlich evaluieren (vgl. McKinsey & Company 2000).

4.3 Finanzierung und Rentabilität

Die Finanzplanung stellt einen sehr wesentlichen Teil der Existenzgründung dar und ist daher innerhalb des Businessplans transparent und schlüssig darzustellen. Die Anfertigung erfolgt in der Regel mithilfe rein objektiver Inputfaktoren und intersubjektiv nachprüfbaren Rechnungsmethoden. Rein intuitive Variationen von Annahmen führen die Planungsanstrengungen ad absurdum. Dennoch ist „ein solches Verhalten recht häufig, insbesondere bei Gründern, die ihr eigenes Geschäft planen, zu beobachten. Der Misserfolg ist damit zwar nicht notwendigerweise bereits vorprogrammiert, doch die risikominimierenden Funktionen der Businessplanung werden damit (...) aufgegeben." (Steuck 1999: 129) Trotz dieses eindeutigen Stellenwertes einer faktengestützten Finanzplanung ist für den Bereich der Sozial- und Gesundheitsdienste festzustellen, dass eben dies häufig nur in eingeschränktem Maße möglich ist. Erfreulicherweise lässt sich aber auch feststellen, dass „die Betriebswirtschaftslehre (und dieser entspringt die hier geforderte Finanzplanung) (...) kein Regelkatalog (ist), sondern (...) mögliche Antworten bereit(stellt), unter denen diejenige auszuwählen ist, die für die Zielerreichung möglichst optimal ist." (Nicolini 2001: 116-117) So verstanden wird auch die Betriebswirtschaftslehre insgesamt, insbesondere aber die betriebswirtschaftliche Kosten- und Leistungsrechnung, trotz aller Übertragungsschwierigkeiten zu einem sinnvollen Instrument sozialarbeiterischer Praxis, deren Grundkenntnisse neben der traditionellen Methoden- und Theorievielfalt zu den (künftigen) Kernkompetenzen Sozialer Arbeit zu gehören hat (vgl. Nicolini 2001). Einige dieser Grundlagen, aber auch die damit verbundenen Schwierigkeiten der Übertragung und Notwendigkeiten der verstärkten Bemühungen, vorhandene Übertragungsmöglichkeiten weiter auszubauen und breitere Adaptionsmöglichkeiten zu finden, werden daher im Folgenden skizziert.

Nicht alle Konzepte und Methoden der Betriebswirtschaftslehre eignen sich gleichermaßen zur Anwendung in den Bereichen der Sozialen Arbeit und des Gesundheitswesens. Allerdings ist dies auch häufig bei Klein- und Mittelbetrieben der gewerblichen Wirtschaft der Fall. Dennoch erweisen sich manche betriebswirtschaftlichen Maßnahmen als unumgänglich. Schon aus Gründen des Selbstkostendeckungsprinzips und der wirtschaftlichen Effizienz, vor allem aber aufgrund der für die eigene Existenzsicherung anzustrebenden ökonomischen Gewinne besteht die Notwendigkeit einer engen Orientierung am Wirtschaftlichkeitsprinzip. Da von der Knappheit der Ressourcen auszugehen ist, und dies gilt sicherlich im besonderen Maße für Existenzgründer, ist es notwendig, für die Erreichung der vorher definierten Leistungen und Ziele Mittel bereitzuhalten, die dieses sichern (vgl. Pracht 2002).

4.3.1 Kapitalbedarf und Finanzierung

Das Finanzmanagement als grundlegender Teilbereich genereller Unternehmensführung dient dem Zweck, die finanzielle Stabilität und Liquidität des Unternehmens zu sichern. Dies ist dann der Fall, wenn das Unternehmen zahlungsfähig ist und die Finanzstrukturen so geordnet sind, dass sie die unternehmerischen Zieloptionen, wie Gewinnstreben, Wettbewerbsfähigkeit, Arbeitsplatzsicherheit etc., positiv beeinflussen. Notwendig ist in diesem Zusammenhang die Ermittlung des Kapitalbedarfs, die Kapitalakquise, die Planung und Steuerung der Zahlungsprozesse und die profitable Nutzung der Zahlungsmittelbestände, die nicht zur Aufrechterhaltung der Unternehmensliquidität benötigt werden (vgl. Wollenberg et al. 2000).

Betriebswirtschaftlich betrachtet entsteht ein Kapitalbedarf aus der zeitlichen Differenz zwischen leistungswirtschaftlichen Auszahlungen zur Durchführung des leistungswirtschaftlichen Prozesses und leistungswirtschaftlichen Einzahlungen. Das bedeutet, dass der Existenzgründer zunächst einmal Kapital benötigt, um geeignete Räumlichkeiten, möglicherweise benötigtes Material und Personal für die Erstellung der Dienstleistung zu beschaffen, um dann die Dienstleistung(en) zu erstellen und durch deren Verkauf die zuvor geleisteten Kapitalaufwendungen an den oder die Kunden wieder in das Unternehmen zurückfließen zu lassen und bestenfalls dabei Gewinne zu erwirtschaften. In der Regel ist der Kapitalbedarf in der Phase der Existenzgründung höher als nach erfolgreicher Etablierung. Ziel ist es dennoch, die Kapitalbindung und deren zeitliche Verteilung so gering wie möglich zu halten, ohne dabei die Qualität der zu erbringenden Dienstleistungen zu vernachlässigen. Durch den Begriff des Cashflow wird beschrieben, wie viel Kapital für den laufenden Leistungsprozess benötigt wird und wie viel Rückfluss zu erwarten ist. Generell sollte der Cashflow daher immer positiv und so hoch ausfallen, dass neben den Investitionen auch Ersatzinvestitionen, Steuern und Gewinne abgedeckt werden, was in der Gründungsphase jedoch kaum umsetzbar ist (vgl. Wollenberg et al. 2000).

So könnte sich beispielsweise der Kapitalbedarf einer Existenzgründung innerhalb der Sozial- und Gesundheitsdienste mit dem Ziel allgemeiner Beratungstätigkeiten aus folgenden Komponenten zusammensetzen: Mietkosten für die benötigten Räumlichkeiten, Renovierungskosten zur Herstellung der Räumlichkeiten, Mittel zur Beschaffung des benötigten Inventars (Schreibtisch, Computer, Telefon-/Internetanschluss und entsprechende Endgeräte, Fax, Sitzgelegenheiten etc.), Mittel für Marketing und Werbung usw. Deutlich wird an dieser Stelle, dass der zugrunde gelegte Kapitalbedarf in enger Verbindung zur bereitzustellenden Dienstleistung, aber auch zu den individuellen Vorstellungen des Existenzgründers steht. Aufgabe zukünftiger Forschungsarbeiten wird es in diesem Zusammenhang sein müssen, Datenmaterial bereits durchgeführter Existenzgründungen im Bereich der Sozial- und Gesundheitsdienste zu erheben, um künftigen Existenzgründern richtungs- und handlungsleitende Mittelwerte und Kennzahlen an die Hand geben zu können, aber auch um möglichen Kapitalgebern Vergleichswerte als Entscheidungsgrundlage zu bieten.

Nachdem der für die Existenzgründung individuell veranschlagte Kapitalbedarf ermittelt ist, sollte dieser sinnvollerweise dem zu erwartenden Kapitalrückfluss gegenübergestellt werden. Auch hier stehen Existenzgründer und mögliche Kapitalgeber wieder vor dem Problem, dass diesbezüglich verlässliche Vergleichszahlen erst noch zu erheben sind. So lange aber muss sich mit mehr oder weniger aussagekräftigen Bedarfsschätzungen beholfen werden. Möchte z. B. ein Existenzgründer im Bereich der Beratung von Menschen mit chronisch degenerativen Erkrankungen tätig werden, wäre es sinnvoll zu prüfen, welche Einrichtungen in dem entsprechenden Einzugsgebiet chronisch degenerativ Erkrankte behandeln oder betreuen und inwiefern sich hieraus Kooperationen und/oder Zuweisungen ergeben könnten. Der hieraus abzuschätzende Bedarf ließe dann in Zusammenhang mit der Preiskalkulation Wahrscheinlichkeitsaussagen über den zu erwartenden Kapitalrückfluss zu. Eine sicherlich nicht restlos befriedigende Alternative, bis zur Erhebung geeigneten und umfangreichen Datenmaterials jedoch ein durchaus gangbarer Weg.

Zur Deckung des Kapitalbedarfs ist zu prüfen, welche Möglichkeiten der Eigen- und Fremdfinanzierung vorhanden sind. Bei Existenzgründungen im Bereich der Sozial- und Gesundheitsdienste handelt es sich in der Regel um Kleingründungen mit einem Finanzierungsbedarf unter 25.000 Euro, sodass viele Existenzgründer diesen Kapitalbedarf aus Eigenmitteln bestreiten können (vgl. BMWi 2006b). Ist dies nicht der Fall, müssen geeignete Möglichkeiten der Fremdfinanzierung geprüft werden. Dies kann sich unter Umständen aus den zuvor geschilderten „Schwachstellen" in der Finanzplanung als schwierig erweisen. Jedoch bestehen durchaus Möglichkeiten, Finanzierungswege und Förderungsmöglichkeiten zu finden. So bietet beispielsweise die KfW Mittelstandsbank (früher: Kreditinstitut für Wiederaufbau) für Kleingründer verschiedene zinsgünstige Möglichkeiten der Finanzierung an. Möglich sind außerdem Kleinstkredite bis zu einer Höhe von 5.000 Euro von so genannten Microlending-Anbietern. Sie bieten neben Stufenkrediten, die sich an Bedarf und Zahlungsfähigkeit des Existenzgründers orientieren, auch die Möglichkeit der Krisenintervention, indem sie bei Krisen gemeinsam mit dem Existenzgründer nach unternehmenserhaltenden Lösungen suchen. Zu prüfen sind außerdem Möglichkeiten der Förderung, beispielsweise über die Agentur für Arbeit, wozu allerdings zuvor eine positive fachliche Stellungnahme erforderlich ist, in welcher bestätigt wird, dass die Darstellungen des Businessplanes solide sind und realistische Erfolgsaussichten der Unternehmung bestehen (vgl. BMWi 2006b).

4.3.2 Rentabilität, Liquidität und Gewinn

Um eine Existenzgründung auf sichere Füße zu stellen und einen langfristigen Unternehmenserfolg sicherzustellen, ist es notwendig, sämtliche Finanzgeschäfte so weit wie möglich im Voraus zu planen und zu dokumentieren. Grundsätzlich existieren innerhalb eines Unternehmens zwei Kreisläufe. Dies ist zum einen der güterwirtschaftliche Bereich der Produktion von Gütern und/oder Dienstleistungen unter der Voraussetzung der Kapitalbeschaffung und zum anderen der finanzwirtschaftliche Bereich, bestehend aus Finanzierung (Kapital- und Sachmittelbeschaffung) und Investition (zeitliche Bindung des Kapitals). Ein Unternehmen ist dann als gesund zu bezeichnen, wenn ein güter- und finanzwirtschaftliches Gleichgewicht besteht.

Allgemein umfasst die Finanzplanung die aktive Gestaltung zukünftiger finanzieller Ereignisse nach den Kriterien der Liquidität, Rentabilität und Wirtschaftlichkeit. Bedarfe müssen frühzeitig ermittelt und sichergestellt, Defizite und Überschüsse angezeigt werden, sodass die Liquidität des Unternehmens jederzeit gewährleistet ist. Basisgrundlagen bieten während der Existenzgründung in der Regel Vergleichswerte in Form von branchenüblichen Kennzahlen (die innerhalb Sozialer Arbeit noch zu erheben sind) und nach erfolgreicher Etablierung die Bilanz der jeweils letzten beiden Geschäftsjahre des Unternehmens. Die Dimensionen der Basisanalyse umfassen die Leistungen (Entwicklung, Auslastung), Kosten (Fallkosten) und Erlöse (Fallerlös, Entwicklung), Investitionen (Bedarf, Nutzungsgrad), Qualität (Soft Facts wie Image) und allgemeine Marktentwicklung (Potenziale, Einzugsgebiet). Die Daten werden mithilfe von Kennzahlen quantifiziert und operationalisierbar gemacht (vgl. Wollenberg et al. 2000; Schultz 2006).

Grundlage aller Kosten- und Leistungsrechnungen bieten interne (Materialausgaben etc.) und externe (Zahlungsverpflichtungen) Daten der Finanzbuchhaltung. Hier existieren verschiedene Rechnungssysteme zur permanenten Kontrolle der Wirtschaftlichkeit und Liquidität, zur Ermittlung des Betriebsergebnisses und der Erstellung weitergehenden Datenmaterials zur Erfüllung von Planungs-, Kontroll-, Steuerungs- und Entscheidungsaufgaben.

4.3.3 Kennzahlen und Controlling

Eng verknüpft mit Finanzplanung und Rechnungswesen ist das Controlling, hier verstanden als wertegeleitetes Führungs- und Steuerungsinstrument. Ziel des Controllings ist die Koordination unternehmensinterner Abläufe zur Planung, Kontrolle und Informationsversorgung. Zur Durchführung eines effektiven und effizienten Controllings stehen eine Vielzahl von Verfahren und Techniken zur Verfügung, die in diesem Rahmen nicht im Einzelnen vorgestellt werden können. Beispielhaft wird daher im Folgenden auf das Konzept der Balanced Score Card eingegangen, einem kennzahlenbasierten Informations- und Steuerungsinstrument, welches es ermöglicht, die Umsetzung der Unternehmensstrategie aufgrund von Ursache-Wirkungs-Analysen darstellbar zu machen. Dargestellt werden (1) die finanzielle Dimension in Form von monetären Kennzahlen zur Steuerung der Ressourcen und Überprüfung von Profitabilität, Liquidität und Finanzstruktur der Investitionen, (2) die Markt- und Kundendimension, bei der die Erreichung der Kundenzufriedenheit als wichtiges Indiz für die Abdeckung der Marktbedürfnisse gewertet wird, (3) die Prozess- und Ressourcendimension zur Analyse und Überwachung der Geschäftsprozesse, wobei Innovations-, betriebliche- und Kundenprozesse differenziert werden und schließlich (4) die Innovations- und Mitarbeiterdimension, bezogen auf die Sicherung und Entwicklung der Mitarbeiterqualifikation und -motivation, was durchaus auf die Person des Unternehmgründers übertragen werden kann.

Ziele der Balanced Score Card sind die Schaffung von Transparenz und Kommunikation der Unternehmensstrategie. Hierunter fallen Zielgruppen- und Angebotsschwerpunkte, wettbewerbsorientierte Schwerpunkte sowie der Auf- und Ausbau von Wettbewerbsvorteilen. Außerdem fallen hierunter Anspruchsgruppenziele (Werden Zielgruppenerwartungen erfüllt?), Prozessziele (Sind die Leistungsprozesse wettbewerbsfähig gestaltet?), Potenzialziele (Wird die Leistungsfähigkeit vorhandener Potenziale gänzlich ausgenutzt?) und Finanzziele (Werden die gestellten Finanzziele erreicht?). Durch die exakte Zielsetzung, die kontinuierliche Messung der Zielerreichung und die Überführung in operationalisierbare Kennzahlen ermöglicht das Konzept der Balanced Score Card die zielführende Strategieumsetzung im Tagesgeschäft und bildet dabei gleichermaßen die Grundlage neuer Zielvereinbarungen auf der Grundlage gesicherter Daten. Vision, Strategie und Leistungsmodell des Unternehmens werden klar und transparent dargestellt und können kommuniziert werden. Besondere Bedeutung hat dabei die ausgewogene Wertung finanzieller und nichtfinanzieller Daten und Kennzahlen (harte und weiche Faktoren) sowie der Früh- und Spätindikatoren.

Zur Implementierung des Konzeptes ist es notwendig, zunächst strategische Ziele zu formulieren und für diese Kennzahlen zu erarbeiten. Ausgangssituationen müssen analysiert und Zielwerte definiert werden (vgl. Wollenberg et al. 2000; Schultz 2006).
Dass dies in der Vergangenheit im Bereich der Sozial- und Gesundheitsdienste noch nicht geschehen ist, wird auch von Arnold Pracht, der den Versuch unternommen hat, betriebswirtschaftliches Denken auf das Sozialwesen zu übertragen, kritisch angemerkt (vgl. Pacht 2002). Hier obliegt es künftigen Praktikern und Forschern, die Datenlage zu verdichten und Kennzahlen zu schaffen, die künftigen Existenzgründern Steuerungs- und Handlungsrichtlinien aufweisen.

4.4. Kooperations- und Netzwerkmanagement

Nicht nur unter ökonomischen, sondern auch unter fachlichen Aspekten gewinnen kooperative und netzwerkartige Zusammenschlüsse und Leistungserbringungen heute mehr und mehr an Bedeutung. Sowohl die Forderung nach effektiveren und effizienteren Hilfeleistungen als auch finanzielle Regressionen machen es notwendig, intra- und interprofessionelle Versäulungen zu überwinden, um gemeinsames bedarfsgerechtes Handeln zu gewährleisten. Selbst der Markt funktioniert letztlich nur, weil dort nicht nur konkurrierendes, sondern mindestens ebenso viel kooperierendes Handeln gelebt wird, auch wenn dieses Handeln im Hinblick auf die zu erwartende Kooperationsrendite erfolgt. Ökonomische Verhältnisse zeichnen sich ebenso wie alle anderen menschlichen Verhältnisse sowohl durch Konkurrenz als auch durch Kooperation aus. Hieraus lässt sich schließen, dass beide als generelle marktorientierte Beteiligungskriterien zu werten sind. Kooperationen sind koordinierte, arbeitsteilige und wertegeleitete menschliche (unternehmerische) Interaktionen, mit dem Zweck, ein anvisiertes Ziel durch die Kumulation der unterschiedlichen Vorerfahrungen, internalisierten Einstellungen und Wissenskorpora (besser) zu erreichen und gleichzeitig allen Beteiligten eine aus dieser Interaktion erwachsende Kooperationsrendite zu sichern (vgl. Deller 2007a).

Unter ökonomisch wirtschaftlichen Gesichtspunkten eignen Kooperationen sich dazu, unternehmerische Chancen zu erhöhen und Risiken zu verteilen (vgl. BMWi 2006i). Unter nutzerorientierten oder aber bedarfsorientierten Gesichtspunkten, wie sie beispielsweise von dem Sachverständigenrat der konzertierten Aktion im Gesundheitswesen eingefordert werden (vgl. Sachverständigenrat für die Konzertierte Aktion im Gesundheitswesen 2000/2001) eignen Kooperationen sich dazu, effektivere und effizientere, weil bedarfsgerechtere Hilfen anzubieten, womit sich auf den ökonomischen Nutzen noch der ethische Mehrwert aufaddieren lässt. Kooperationen können dabei auf einen fest definierten Zeitraum, etwa für die Erbringung einer bestimmten Dienstleistung, begrenzt sein oder aber auf unbegrenzte Dauer das individuelle Angebotsspektrum erweitern.

Ähnlich verhält es sich mit Netzwerken. Hierbei handelt es sich um Knotenpunkte in Form von Individuen, Gruppen oder Organisationen, die keine Zentren, sondern weitere Anbindungspunkte darstellen und daher beliebig erweiterbar sind. Auch hinter dem Netzwerkgedanken verbirgt sich die Hoffnung, Synergieeffekte zu nutzen, sowohl für Einzelne als auch für Organisationen. Die Notwendigkeit hierzu erwächst vor allem aus wachsenden Konkurrenzen, veränderten Kommunikationsbedingungen aufgrund zunehmender Informationstechnologien sowie der daraus resultierenden Produktivitätssteigerung (vgl. Dahme/Wohlfahrt 2000).

Der Begriff des Netzwerkes wird je nach wissenschaftlicher oder praktischer Ausrichtung unterschiedlich operationalisiert. Auffällig ist die Netzwerkeuphorie der letzten Jahre, die sich vor allem dadurch erklären lässt, dass es aufgrund zunehmender finanzieller Regressionen immer notwendiger wird, staatliche Vor- und Versorgungssysteme durch Selbsthilfesysteme zu ersetzen. Die so hervorgebrachte Kooperation innerhalb dieser Netzwerke fokussiert Tausch und Aushandlung anstelle von Wettbewerb und Hierarchie. Dieser Vorteil lässt sich auch für Unternehmen nutzen.

Grundsätzlich sind Netzwerke soziale Gebilde eigener Qualität. Sie sind diskursiv, meist mittelfristig angelegt, in ihrem Zugang begrenzt, nutzen komplementäre Stärken, sind reziprok und interdependent, richten sich nach formalen Regeln und weisen Statushierarchien auf. Diese Besonderheiten, ihre Vor- und Nachteile, müssen den beteiligten Akteuren bekannt sein, um deren Nutzen ausschöpfen zu können (vgl. Deller 2007b).

Gerade im Sozial- und Gesundheitsbereich besteht die Notwendigkeit, strategische Netzwerke einzugehen schon lange, da personengebundene Leistungen erbracht werden müssen, die dem Menschen als biologisches, psychisches, soziales und kognitives Wesen gerecht werden müssen. Dabei versteht es sich (fast) von selbst, dass diese in kooperativem Einvernehmen und in Abstimmung auf die Bedarfe der Subjekte hin ausgelegt sein müssen. Effektive und effiziente (bedarfsgerechte) Hilfeleistungen (sozial und medizinisch) können nur so erbracht werden. Verstärkt wird diese Notwendigkeit durch die bereits dargestellte zunehmende Verschärfung der Leistungserbringungssituation in Form wachsender finanzieller Regressionen, in deren Zusammenhang sicherlich auch an die Nutzung privater Netzwerke zu denken ist.

Um den geschilderten Veränderungen Rechnung zu tragen, müssen die Professionen des Sozial- und Gesundheitswesens ihr Wissen zum Wohle ihrer Nutzer kooperativ und damit bedarfsgerecht vernetzen. Dem multifaktoriellen Bedarf des Einzelfalles kann eine Profession alleine nicht gerecht werden. Gefragt ist professionsübergreifendes Netzwerkdenken statt Segmentierung. Denkbar wären in diesem Zusammenhang etwa professions- und organisationsübergreifende Quasi-Internalisierung in strategischen Allianzen zur optimalen Nutzung der Stärkepotenziale der Allianzpartner (z. B. innerhalb der Versorgung chronisch degenerativ Erkrankter: medizinische Versorgung durch Ärzte und Pflegepersonal, psychosoziale Versorgung durch Akteure der Sozialen Arbeit) oder die Schaffung von Joint-Venture-Programmen / strategischen Allianzen oder Value Added Partnerships zur bedarfsgerechten Versorgung von Subjekten. Denkbar wären aber auch Quasi-Externalisierungen, wie Subcontractings und Outsourcings, etwa wenn niedergelassene Sozialarbeiter Dienstleistungen für Krankenhäuser übernehmen, z. B. Angliederung der sozialarbeiterischen Praxis an ein medizinisches Leistungszentrum (z. B. Brustkrebszentrum). Letzteres hätte zwar nicht unbedingt eine direkte Kostensenkung zur Folge (wohl aber indirekt durch eine bedarfsgerechtere Versorgung). In jedem Falle aber würde sie eine höhere Flexibilität nach sich ziehen, auf die Bedarfe des Einzelfalls konkret einzugehen, was eine Zieloptimierung zur Folge hätte.

Existenzgründer, die sich die positiven Effekte von Kooperationen und Netzwerken zunutze machen wollen, müssen auch deren Besonderheiten Rechnung tragen, wie beispielsweise der hohen Fragilität und Eigendynamik von Netzwerken, der einzunehmenden funktionsübergreifenden, strategischen Perspektive, der gezielten Partnersuche, die anschließende Bestimmung der erforderlichen Bindungsintensität und dem Bedarf an „indirect management" (d. h. Schaffung von Bindungen und Vertrauen etc.). Gefragt ist außerdem ein „Human Ressource Management" zur bestmöglichen Ausschöpfung der vorhandenen Stärkepotenziale. Die Kontrollinstrumente innerhalb des Netzwerkmanagements setzen sich zusammen aus direkter Kontrolle, kontrollierter Autonomie und Marktkontrolle. Notwendig ist außerdem die Verknüpfung unterschiedlicher Ebenen, wie etwa der Netzwerkumwelt, -struktur und -kultur sowie die Ausbalancierung etwaiger Divergenzen (vgl. Deller 2007b).

4.4.1 Auswahl und Gewinnung der Kooperationspartner

Die sich bietenden Möglichkeiten der Kooperations- oder Netzwerkgestaltungen sind nahezu unbegrenzt. Erste Anlaufstellen zur Kontaktaufnahme bieten sicherlich die Berufsverbände, Kammern oder die Industrie- und Handelskammer. Auch Krankenkassen und kommunale Behörden können hilfreiche Partner sein. Die Industrie- und Handelskammer bietet sogar eine eigene Kooperationsbörse an. Messen oder Kongresse eignen sich, um professionsinterne, aber auch professionsübergreifende Kontakte zu knüpfen. Sinnvoll ist es sicherlich, primär Netzwerke in der näheren Region der Existenzgründung einzugehen. Hier kann es beispielsweise hilfreich sein, Anzeigen zu schalten oder mögliche Kooperationspartner direkt anzusprechen und entsprechende Vorschläge und Konzepte zu unterbreiten (vgl. BMWi 2006i).

Zur Initiierung von Netzwerken ist zunächst der Aufbau eines stabilen Kerns erforderlich, der dann sukzessive ausgebaut und erweitert wird. Die Phasen verlaufen über die Idee (Initiierung), den Aufbau, die Konstituierung, die Arbeitsphase, das Controlling, mögliche Metamorphosen und den evtl. Abschluss. Denkbar sind im Sinne des Wissensmanagements Erfahrungs-, Lern- und Qualifizierungsverbünde, Modernisierungsverbünde, Infrastrukturverbünde (eher heterogen) und Geschäftsverbünde (eher homogen, jedoch unter Nutzung spezifischer Stärkepotenziale) (vgl. Deller 2007b).

4.4.2 Initiierung von Kooperations- und Netzwerkverbünden

Die Schaffung und dauerhafte Stabilisierung von Kooperations- und Netzwerkverbünden erfordern viel Fingerspitzengefühl und professionsübergreifendes Denken. Vor allem aber bedürfen sie der Berücksichtigung und vorsichtigen Annäherung der unterschiedlichen Wissenskorpora und der daraus resultierenden Realitätskonstruktionen der beteiligten Akteure. Da in subjektiv wahrgenommene Wirklichkeiten individuelle Vorstellungen, Einstellungen und Interpretationsmuster einfließen, wird deutlich, wie sehr diese sich von anderen Wirklichkeiten unterscheiden können. Gemeinsame (gelingende) Verständigung kann daher nur als Resultat gleicher oder ähnlicher Sozialisationserfahrungen gelingen (vgl. Berger/Luckmann 2001). Von einer solchen ist jedoch aufgrund der unterschiedlichen Sozialisationsstrukturen verschiedener Professionen, zum Teil aber auch innerhalb der Professionen nicht auszugehen. Tendenzen zunehmender Individualisierung, Flexibilisierung und Globalisierung sowie eine immer kürzer werdende Halbwertzeit von Wissen wirken solch ähnlich verlaufenden Sozialisationen entgegen. Eine Tatsache, die hinsichtlich multidisziplinärer Kooperationen von größter Bedeutung ist, da hier eine gemeinsame Kommunikations- und Handlungsbasis erst aufzubauen ist.

Gesellschaftlich, organisationell oder auch familiär geteiltes Wissen kommt vor allem dadurch zustande, dass alle objektiven Bedingungen, denen Menschen ausgesetzt sind, zwangsläufig auch deren Denken und Handeln beeinflussen. Über Aushandlungsprozesse kommt es zur Ausbildung gemeinsamer Bedeutungs- und Sinnstrukturen, dem so genannten Kollektivwissen (vgl. Berger/Luckmann 2001).

Hieraus lassen sich Kausalitäten ableiten, die Existenzgründern und Kooperationsmanagern dazu verhelfen können, kooperative Prozesse erfolgreicher zu gestalten. Unter konstruktivistischen Gesichtspunkten lässt sich festhalten, dass es verschiedene Möglichkeiten gibt, Dinge zu betrachten. „(Es) (...) ist, dies kann (...) auch mit Blick auf (...) Arbeit (gesagt werden) (...), allein die Frage ausschlaggebend, welche Konstruktion sich als die nützlichste und menschlichste erweist." (Watzlawick 2001: 222) Das Zitat von Paul Watzlawick fokussiert den zentralen Aspekt konstruktivistischer Denkweise, dass es die eine, absolute Sicht auf die Dinge nicht gibt und dass normative Zuschreibungen wie „richtig" und „falsch" unangebracht sind. Dies gilt auch für Fragen, Antworten und Meinungen innerhalb kooperativer oder netzwerkartiger Zusammenschlüsse. Im Vordergrund aller Betrachtungen steht grundsätzlich die Zielorientierung, verbunden mit der Frage, welche Sichtweise der Zielerreichung am dienlichsten ist (brauchbar/unbrauchbar). Dabei sind ethische Zielsetzungen und ökonomische Zielsetzungen gleichermaßen zu berücksichtigen. Ökonomische Ziele deshalb, weil Unternehmen und Unternehmer in der Regel Gewinnmaximierung anstreben, und ethische Ziele, um den konstituierenden Subjekten die Wertschätzung entgegenzubringen, die sie für ihre Entfaltung und Entwicklung benötigen. Dabei ist die Entwicklung des Individuums als lebenslanger Prozess zu respektieren und zu unterstützen (vgl. Lumma 2006), was konsequenterweise die Frage nach den bestmöglichen Strukturen für diese Entwicklung impliziert.

Unter konstruktivistischen und systemischen Gesichtspunkten sind daher alle beteiligten Akteure grundsätzlich in die Schaffung von Rahmenbedingungen und Erbringungsstrukturen zu integrieren. Zu denken ist in diesem Zusammenhang beispielsweise an die Möglichkeit der partizipativen Leitbilderstellung, um den kooperierenden oder durch ein Netzwerk verbundenen Akteuren deutlich zu machen, dass sie Teil eines großen Ganzen (dem System) sind, unter den gegebenen Rahmenbedingungen und Zielsetzungen aber dennoch selbstorganisiert und selbstverantwortlich agieren können und müssen.

Festzuhalten bleibt, dass unter Berücksichtigung dieser Erkenntnisse jeweilige Kooperationspartner und Netzwerkbeteiligte aufgrund ihrer beruflichen Sozialisation unterschiedliche „Wirklichkeitskonstrukte" haben müssen, die sich in unterschiedlichen (systemischen) Strukturen manifestieren. Daher ist es notwendig, die individuellen Biografien der beteiligten Akteure hinsichtlich ihrer persönlichen und professionellen Sozialisation zu berücksichtigen, um inter- (Binnendifferenzierung) und intraprofessionelle Versäulungen aufzulösen und kooperatives Miteinander zu ermöglichen. Da die Handlungsmuster der Fach- und Leitungskräfte in direktem Zusammenhang mit den Konzepten und Strukturen der Institution stehen, in denen diese arbeiten, muss auf Kooperation hin angelegtes Handeln darauf ausgelegt sein, Rahmenbedingungen (Strukturen) für Veränderungen zu schaffen. Kooperationsmanagement bedeutet in diesem Zusammenhang eine Form der Moderation, die es den beteiligten Akteuren ermöglicht, einen Perspektivwechsel vorzunehmen und sich auf die Handlungslogiken der anderen Professionen einzulassen, deren jeweiliges professionelles Expertenwissen, die Grenzen und Zuständigkeiten anzuerkennen und professionsübergreifend entsprechend dem Bedarf zu kooperieren. Der Lohn für diese Mühen wird sich in einem Zugewinn äußern, der beispielsweise wettbewerbstechnischer Natur ist oder den Bereich der Kundenakquise in Form von Zuweisungen betrifft.

4.5 Wettbewerbsvorteil, Kundenakquise und Marketing

Generelle Grundprämisse einer erfolgreichen Kundenakquise ist es, diese in den Mittelpunkt jedweden unternehmerischen Denken und Handelns zu stellen. Alle Fragen müssen darauf hinauslaufen, was der Kunde zur Befriedigung seiner Bedürfnisse braucht und erwartet, da unzureichende Kunden- und Marktorientierung oftmals zum Scheitern von Unternehmen führt. Der Begriff des Marketings subsumiert dabei all jene Handlungen, die sich am gründungsrelevanten Marktgeschehen orientieren. Von besonderer Bedeutung für die erfolgreiche Etablierung eines neuen Unternehmens ist es daher, gegenüber möglichen Konkurrenten klare Wettbewerbsvorteile herauszustellen und diese beispielsweise in der Werbung strategisch einzusetzen (vgl. BMWi 2006j). Als mögliche allgemeine Vorteile im Bereich der Sozial- und Gesundheitsdienste können dies beispielsweise Aspekte wie höchstmögliche Bedarfsorientierung, gute Erreichbarkeit, flexible Terminvereinbarungen, besonderer Service, gepflegtes Praxisambiente, Methodenvielfalt des Existenzgründers, Vielfältigkeit durch einen Kooperationsverbund, besonderes Image des Anbieters und Ähnliches sein.

Wichtige Fragen bei der Umsetzung des Marketing sind: Welche Leistungen sollen verkauft werden? Welche Kunden sollen angesprochen werden? Welche Kundenbedürfnisse sollen mit den bereitgehaltenen Dienstleistungen befriedigt werden? Welchen direkten und indirekten Nutzen hat der Kunde/Auftraggeber? In welchem Umfang sollen die Leistungen bereitgehalten und erbracht werden?

Zur Beantwortung dieser Fragen ist es notwendig, permanent über die aktuelle Marktsituation informiert zu sein. Die Bewertung der eigenen Leistungsfähigkeit erfolgt im Hinblick auf die festgestellte Marktsituation. Reichen die vorhandenen Kapazitäten aus? Soll expandiert werden? Müssen möglicherweise anderweitige Fachkräfte mit einbezogen werden? Wichtig ist es, immer wieder Ziele, unterteilt in kurz-, mittel- und langfristige Ziele, zu formulieren.

Wie sollen sich Absatz, Umsatz und Gewinn entwickeln? Welches Image soll mit dem Unternehmen verbunden werden? Im Hinblick auf die festgelegten Ziele ist es schließlich möglich, geeignete Marketinginstrumente einzusetzen und Maßnahmen zu ergreifen, um diese umzusetzen. Dabei sollte auch selbstkritisch hinterfragt werden, welche Hürden zur Zielerreichung zu überwinden sind und wie viel Kapital tatsächlich für Marketing investiert werden kann. Auch die Evaluation der eingesetzten Marketingstrategien darf dabei nicht vernachlässigt werden, um unwirksame Strategien möglichst frühzeitig zu erkennen und durch geeignetere Maßnahmen zu ersetzen, was beispielsweise zu erreichen ist, indem Kunden bei Kontaktaufnahme direkt befragt werden, wie sie auf das Unternehmen aufmerksam wurden.

Der gängige Marketingmix setzt sich aus vier Elementen zusammen, dem Angebot, welches so „kundennah" wie möglich konzipiert sein sollte, dem Preis, dem Vertrieb oder der Bereitstellung der Dienstleistung und schließlich der Schaffung geeigneter (den Kunden erreichenden) Kommunikationskanäle (vgl. BMWi 2006j). Dabei werden drei Prozessschritte eingehalten: (1) Markt und Wettbewerb müssen so genau wie möglich analysiert werden, (2) Kundensegmente bzw. Zielmärkte müssen ausgewählt werden und (3) entsprechend dieser Auswahl muss ein Marketingmix festgelegt werden (vgl. McKinsey & Company 2002).

4.5.1 Marktanalyse

Grundlage bildet eine gründliche Marktanalyse, die als Schlüssel einer maximalen Kundennähe zu betrachten ist. Notwendig ist eine Analyse der externen Umwelt (Gesamtmarkt, erschließungsfähige Marktsegmente, Zahlungsbereitschaft/-fähigkeit der Marktsegmente, Entwicklungsspielräume, Konkurrenzen, Kooperationsmöglichkeiten, Netzwerkerschließung) und der internen Umwelt (unternehmensinterne Ressourcen und Entwicklungsmöglichkeiten). Um die internen Ressourcenpotenziale des Unternehmens bestmöglich zu nutzen, empfiehlt sich eine zusätzliche Differenzierung zwischen möglichen (Markt-)Chancen und Risiken. Hierunter fallen beispielsweise Veränderungen im Kundenverhalten, steigende

Bedeutung von Zusatzdienstleistungen oder von einem Dienstleistungsmix, Servicebewusstsein der Kunden (Kritikäußerungen an bisherigen Anbietern) und Ähnliches. Ob die einzelnen Aspekte nun eher als Chancen zu verstehen sind oder aber Risiken darstellen, muss im Einzelfall anhand der vorhandenen Ressourcen oder Ressourcenerweiterungsmöglichkeiten untersucht werden (vgl. Meffert/Bruhn 1997; Manz/Hering 2000).

Entscheidende Fragen zur Marktanalyse sind daher: Wie groß ist das Marktpotenzial für die angebotene Dienstleistung? Welche Kundenbedürfnisse müssen befriedigt werden? Welche Angebote existieren bereits auf dem Markt und inwiefern lassen diese sich von dem eigenen Angebot differenzieren? Welche Schwächen und Stärken haben die bereits etablierten Angebote/Anbieter? Welche Möglichkeiten der Ergänzung gibt es? Welchen maximalen Preis zahlen die Kunden? Welche Entwicklungsmöglichkeiten bietet der Markt zukünftig? Ziel eines Unternehmens muss es immer sein, die Kundenbedürfnisse zu kennen und besser zu befriedigen, als dies der Konkurrenz möglich ist.

Wer sich mit seinen Leistungen dem Markt stellt und sich auf diesem behaupten will, muss sich auf Wettbewerb und Konkurrenz einstellen. Um hierbei nicht zu unterliegen, ist es wichtig, Mitanbieter und Konkurrenten möglichst genau zu kennen, das heißt, ihre Stärken und Schwächen zu nutzen, um das eigene Angebot so zu gestalten, dass die Schwächen der Wettbewerber als eigene Stärken herausgestellt werden und deren Stärken durch das eigene Angebot noch verbessert werden können (vgl. McKinsey & Company 2002). Auch hier bieten sich wieder Möglichkeiten, Kooperationen einzugehen, um die auf dem Markt angebotenen Dienstleistungen generell zu verbessern und dem Kunden den Service zu bieten, alles aus einer Hand (dem Kooperationsverbund) zu erhalten.

4.5.2 Werbestrategien

Einer der häufigsten Irrtümer von Existenzgründern und Jungunternehmern ist die synonyme Verwendung der Begrifflichkeiten Marketing und Werbung. Tatsächlich aber ist Werbung lediglich ein Teilaspekt einer Vielzahl von Marketinginstrumenten (vgl. BMWi 2006j), die zusammen den Marketingmix ergeben, bestehend aus Produktpolitik (Gestaltung, Sortiment), Preispolitik (Preisgestaltung, Angebote etc.), Kommunikationspolitik (Werbung) und der Distributionspolitik (Absatzwege) (vgl. Wollenberg et al. 2000).

Da Werbung oftmals sehr kostspielig ist, empfiehlt es sich, diese wohl überlegt und wohl dosiert einzusetzen. Nur die wenigsten Existenzgründer werden sich zu Beginn ihrer beruflichen Karriere direkt die professionelle Unterstützung von Werbefachleuten einholen können. Verständlicherweise ist auch bei der Werbung immer der Kunde im Blickfeld zu halten. Welche Kunden sollen erreicht werden und welche Formen der Werbung werden diese am ehesten ansprechen (vgl.

BMWi 2006j)? Sinnvoll ist es, den Wiedererkennungswert zu steigern, etwa durch ein eingängiges Praxislogo und/oder eine eingängige Praxisbezeichnung. Sämtliche Geschäftspapiere, Veröffentlichungen oder Flyer sollten mit diesem Logo respektive dieser Praxisbezeichnung versehen werden. Nach einer Weile brauchen Kunden nur noch dieses Logo oder diese Praxisbezeichnung zu sehen und wissen direkt, um welchen Anbieter es sich handelt. Dies ist insofern von Bedeutung, als dass in der Regel nie nur die angebotene Dienstleistung gesehen wird, sondern ein komplexes Ganzes, welches dann mit der inneren Bewertung in Verbindung gebracht wird (vgl. BMWi 2006j). Welche Formen der Werbung (Anzeigen in Tages-/Wochenzeitungen, Flyer o. Ä.) von dem gewünschten Kundenkreis am ehesten wahrgenommen werden, variiert sehr stark. Es empfiehlt sich daher, bereits etablierte Branchenkenner nach ihren Werbeerfolgen, aber auch nach ihren Misserfolgen zu befragen, um unnötige Ausgaben zu verhindern. Auch bei der Werbung ist es möglich, Netzwerke und/oder Kooperationspartner mit einzubringen. Etwa wenn über die Möglichkeit des Direktmarketing Flyer, Programmhefte o. Ä. über Kooperationspartner an potenzielle Kunden gebracht werden.

In die Neukundengewinnung muss in der Regel mehr investiert werden als in die Erhaltung eines bereits vorhandenen Kundenstammes. Da dieser jedoch eine gewisse Sicherheit und Planbarkeit mit sich bringt, ist es notwendig, die Kundenbindung durch persönliche Bindungen und Vertrauen dauerhaft zu festigen. Insbesondere für den Bereich der Sozial- und Gesundheitsdienste ist der Satz „people buy from people" (Menschen kaufen von Menschen) von besonderer Bedeutung (vgl. Manz/Hering 2000; BMWi 2006k). Gerade im Gesundheitswesen, wo fehlende Menschlichkeit oftmals beklagt wird, werden potenzielle Kunden ein „Mehr" an Empathie und Nutzerorientierung sicherlich bereitwillig aufnehmen. Ein wichtiger Bestandteil gelingender Kundenpflege ist das Anlegen einer Kundendatei, in der unter anderem das Geburtsdatum des jeweiligen Kunden vermerkt ist. Wirksames Marketinginstrument zur Erhöhung der Kundenbindung kann in diesem Zusammenhang beispielsweise sein, jedem Kunden zu seinem Geburtstag eine Gratulationskarte zu senden und damit gleichzeitig das eigene Unternehmen positiv in Erinnerung zu rufen (vgl. Manz/Hering 2000). Hierdurch ist eine langfristige Positionierung zu erreichen, die es ermöglicht, sich im Kopf potenzieller Kunden zu verankern, was letztlich Ziel jeder Werbestrategie ist.

4.5.3 Selbstüberzeugung und Selbstwirksamkeit

Dass der Person bzw. der Persönlichkeit des Existenzgründers und dessen Fähigkeiten besondere Bedeutung zukommt, versteht sich von selbst und wurde bereits vielfach angesprochen. Marketing bezieht sich daher nicht nur auf die Unternehmensebene, sondern muss auch das Selbst-Marketing des Unternehmers mit umfassen. Dafür allerdings ist es notwendig, dass dieser zunächst einmal von sich selbst, seiner Person und der Wirksamkeit seiner Person überzeugt ist, um dies in einem zweiten Schritt glaubhaft und authentisch nach außen zu transportieren. Auch wenn das Vorhandensein einer expliziten „Unternehmerpersönlichkeit" umstritten ist, gibt es dennoch Persönlichkeitsattribute, die für einen Existenz-gründer unerlässlich sind und die, falls nicht vorhanden, geübt und antrainiert werden sollten. Erfolg kommt nicht von alleine, und so gehören neben markt-wirtschaftlich orientierten Managementkompetenzen auch Kompetenzen der Selbstreflexion, der Persönlichkeitsentwicklung und der Selbstvermarktung mit zum gängigen Repertoire erfolgreicher Existenzgründer. Dabei ist es nicht von Bedeutung, ein (unrealistisches) Ideal wie etwa die bereits erwähnte multipotente Unternehmerpersönlichkeit anzustreben, sondern sich der Wirksamkeit des eige-nen Handelns bewusst zu werden und diese dann selbstbewusst für sich zu nut-zen.

So ist es zunächst einmal wichtig, klare Ziele zu haben und von der eigenen Fä-higkeit, diese auch zu erreichen, überzeugt zu sein. In der Managementlehre ist dies bekannt unter dem Konzept des Management by Objectives (MbO), womit deutlich wird, dass in diesem Zusammenhang Managementqualitäten gefragt sind, konkret eben in Form des effektiven Selbstmanagements, wobei diese Fä-higkeiten immer auch im Umgang mit Kunden, Kooperationspartnern, innerhalb von Netzwerken und anderen Interaktionen erfolgreich zu nutzen sind. Als wich-tige und übertragbare Prämissen des MbO sind hier hervorzuheben, dass die Kenntnisse der Ziele und die Überzeugung, diese erreichen zu können, immer auch den Grad der Identifikation und damit gleichermaßen die (intrinsische) Mo-tivation positiv beeinflussen. Erfolgsfördernd wirkt sich dabei außerdem die Möglichkeit der Selbstkontrolle bezüglich der Zielerreichung aus (vgl. Wunderer 2003). Wird dies realisiert, kommt es zu einem sich selbst verstärkenden Kreis-lauf, da diese das Kohärenzgefühl des Akteurs durch das Erleben der Selbstwirk-samkeit nachhaltig stärkt. Es ist jedoch notwendig und vor allem arbeitsintensiv, diese Ziele so zu konkretisieren und zu präzisieren, dass sie sich als praktisch brauchbar und funktionell erweisen. Grundsätzlich sind diese dabei zu unter-scheiden nach ihrer zeitlichen Wirkung (kurz-, mittel-, langfristig), nach inhaltli-chen Aspekten (strategische oder operativ) und nach ihrem Gültigkeitsbereich (persönlich oder das Unternehmen betreffend). Um sich nicht zu verzetteln, ist es wichtig, wenige, dafür aber bedeutende Ziele zu formulieren, da sie es sind, wel-che die persönliche Entwicklung von Menschen fördern und die sie motivieren, ihre eigenen Grenzen zu überschreiten. Immer mitzudenken sind dabei die Mit-tel/Ressourcen und Maßnahmen zur Zielerreichung. Das schafft realistische Grundlagen und dient der weiteren Konkretisierung. Wichtig ist in diesem Zu-sammenhang auch, die Ziele schriftlich zu fixieren. Schriftlich niedergelegte Zielformulierungen können sich nicht „verflüchtigen" und haben einen deutlich höheren Bindungs- und Motivationscharakter als nur gedanklich fixierte Ziele (vgl. Malik 2001). Sinnvoll ist es außerdem, so genannte „Meilensteine" oder

„Etappenziele" zu definieren und diese bei Erreichung entsprechend zu würdigen. Dadurch werden eigene Kompetenzen und Fähigkeiten bewusst gemacht und stärken das Selbstwertgefühl. Auch dieser Prozess lässt sich durch die schriftliche Fixierung noch intensivieren. Dabei aufkeimende Gefühle von Stolz sollten zugelassen und genossen werden, denn Stolz, im Gegensatz zur Arroganz, entsteht aus der Fähigkeit, den eigenen Anteil am Erfolg zu erkennen (vgl. Asgodom 2002).

Ein weiterer wichtiger Baustein ist die (Selbst-)Organisation. „Effektive Menschen warten nicht darauf, bis sie organisiert werden, sie tun es selbst, für sich und ihre unmittelbar persönliche Aufgabe und für ihre Verantwortungsbereiche." (Malik 2001: 191) Dies gilt natürlich für Selbstständige im Besonderen. Hierbei sollte das Ziel vor allem darin liegen, (1) den Kunden als Existenzsicherungsgaranten in den Mittelpunkt der Aufmerksamkeit zu stellen und diesen Zustand aufrechtzuerhalten, (2) Phasen der Ruhe und Stabilität zu gewährleisten, um produktive Leistungen zu erbringen (vgl. Malik 2001), (3) Phasen der Ruhe und Besinnung zu gewährleisten, um kreative und innovative Leistungen zu erbringen und schließlich (4) Phasen der Entspannung und des Ausgleichs zu gewährleisten, um vorhandene Kraftreserven zu erhalten und neue zu schöpfen.

Zu den wichtigsten und entscheidendsten Aufgaben eines Existenzgründers und Unternehmers gehört das Treffen von Entscheidungen, solche von geringer Reichweite und solche von existenziellen Ausmaßen. Daher sollten Techniken der Entscheidungsfindung und -methodik erlernt und trainiert werden. So beginnt beispielsweise das Treffen einer Entscheidung zunächst mit einer Fakten- und Tatsachensammlung als Grundlage eines möglichst umfassenden Problem- oder Entscheidungsverständnisses, denn richtige Entscheidungen gründen immer auf einer umfassenden und sachverständigen Erfassung der bestehenden Problematik oder Sachlage. Entscheidungen sind wohlüberlegt und gut durchdacht zu treffen, da sie immer Konsequenzen haben und mit Risiken verknüpft sind. Lohnenswert ist es, nach Alternativen zu forschen und vor einer Entscheidung möglichst viele Entscheidungsvarianten kognitiv durchzuspielen. Fredmund Malik schlägt in diesem Zusammenhang sieben Prozessschritte zur Entscheidungsfindung vor: „(1) die präzise Bestimmung des Problems, (2) die Spezifikation der Anforderungen, (3) das Herausarbeiten aller Alternativen, (4) die Analyse der Risiken und Folgen für jede Alternative und die Festlegung der Grenzbedingungen, (5) der Entschluss selbst, (6) der Einbau der Realisierung in die Entscheidung, (7) die Etablierung von Feedback: Follow-up und Follow-through" (Malik 2001: 212).
An die Notwendigkeit, Entscheidungen zu treffen, schließt sich die Notwendigkeit der Kontrolle an. Und hier zeigt sich für den Existenzgründer eine Problematik der besonderen Art, weil es neben der Kontrolle möglicher Kooperationspartner, Zulieferer oder sonstiger Personen darum geht, die eigene Leistung, deren Qualität und Nutzen zu kontrollieren und zu bewerten. Objektivität und Subjektivität vermischen sich unweigerlich. Hierzu gesellt sich noch ein weiteres Prob-

lem, denn „Kontrolle ist dort problemlos, wo und solange man sie messen kann (...) sie wird dort schwierig, wo man nicht im üblichen Sinne messen kann" (Malik 2001: 242), und eben dies ist sicherlich in keinem anderen Bereich so häufig der Fall wie im Bereich der Sozial- und Gesundheitsdienste. Ein Trugschluss wäre es jedoch, aus diesem Phänomen den Rückschluss zu ziehen, dass mangelnde Messbarkeit gleichermaßen mangelnde Kontrollierbarkeit bedeutet. Lediglich das Verfahren ändert sich, sodass Urteilskraft, auf der Basis von Erfahrungen und Vergleichsmöglichkeiten, mangels anderer Alternativen an dieser Stelle herkömmliche Messverfahren ersetzen muss (vgl. Malik 2001). Jedoch ganz gleich, ob bei Kontrollen nun Messverfahren oder Bewertungen mittels individueller Urteilskraft vorgenommen werden, die Tatsache, dass hierbei unweigerlich Möglichkeiten der Verbesserung aufgedeckt werden, ist bei beiden vorhanden, sodass sich aus der Kontrolle die Notwendigkeit der Förderung ergibt. Zu denken ist in diesem Zusammenhang auch an die Lessons-Learned-Methode, ein Instrument zur Nutzbarmachung gemachter Erfahrungen.

Vorangegangene Tätigkeiten und Erfahrungen werden unter der Perspektive verbesserungswürdiger Ergebnisse dokumentiert, aufgearbeitet und systematisch genutzt, um neue, erfolgversprechendere Strategien zu entwickeln. Hierdurch lassen sich außerordentlich hohe Lerneffekte erzielen (vgl. Reinmann-Rothmeier et al. 2001). Stärken werden weiterentwickelt und Schwächen minimiert und/oder kompensiert, was als ein lebenslanger Prozess, eine spannende Herausforderung und Bereicherung anzusehen ist, da gerade für Existenzgründer, deren eigene Persönlichkeit mit all ihren Fähigkeiten und Facetten als wichtigstes und wertvollstes Kapital zu betrachten ist, welches es kontinuierlich auszubauen gilt.

4.6. Personalauswahl

Die Frage der Personalauswahl ist für den größten Teil der Existenzgründer im Sozial- und Gesundheitsbereich bei dem eigentlichen Gründungsakt in der Regel noch nicht relevant, sondern ergibt sich erst nach erfolgreicher Etablierung des Unternehmens und mit beginnender Expansion. Die Thematik soll in diesem Rahmen dennoch kurz angeschnitten werden, da es gerade auch in Zeiten der Gründung und des Aufbaus eines Unternehmens derart stark frequentierte Phasen geben kann, die eine, zumindest vorübergehende Beschäftigung von Mitarbeitern notwendig machen. In diesem Falle ist es erforderlich, Selektionsinstrumente für Bewerber zu kennen, um eine möglichst optimale Passung zwischen arbeitsbedingten Anforderungen und den Fähigkeiten und Bedürfnissen potenzieller Mitarbeiter zu erreichen. Vor allem aber ist eine gewissenhafte Personalplanung deshalb wichtig, weil die Beschäftigung von Mitarbeitern einen nicht unerheblicher Kostenfaktor darstellt und weil gute, im Sinne von zum Unternehmen passende Mitarbeiter neben dem ökonomischen Kapital eine äußerst bedeutsame

Humanressource darstellen, die insbesondere im Dienstleistungsbereich das „Gesicht" des Unternehmens mitbestimmen (vgl. Manz/Hering 2000).

Zunächst empfiehlt es sich für den Unternehmer, eine möglichst genaue Arbeitsanalyse durchzuführen und festzulegen, für welche Aufgaben oder Aufgabenbereiche der neue Mitarbeiter eingestellt werden soll. In einem weiteren Schritt sind hieraus Eigenschaftskriterien zu konstruieren, die zur Erfüllung dieser Aufgaben benötigt werden, sodass unterschiedliche Bewertungskriterien für die Auswahl der Bewerber vorliegen. Die Einforderung von Arbeitsproben potenzieller Mitarbeiter ermöglichen es, diese Kriterien einer Realitätsprüfung zu unterziehen (vgl. Hoyos/Frey 1999).

Um zu prüfen, ob ein Bewerber zum Unternehmen passt und ob er die notwendigen Qualifikationen mitbringt, eignet sich insbesondere das Vorstellungsgespräch, auf das sich auch der Unternehmer vorbereiten sollte, indem er zuvor einen geeigneten, anhand des Anforderungsprofils orientierten Frageleitfaden erstellt und die Bewerbungsunterlagen gründlich analysiert. Das Vorstellungsgespräch selbst gliedert sich in der Regel in die Phasen: (1) Gesprächsvorbereitung (Sichten der Bewerbungsunterlagen, Auswahl eines geeigneten, möglichst störungsfreien Raums, genügend Zeit), (2) Gesprächseinstiegsphase (Erklären der Ablaufstruktur), (3) Eröffnungsphase/Bewerbungsgespräch, (4) Motivationsphase (Vorstellen des Unternehmens), Abschlussphase (Hinweise zum weiteren Vorgehen) und schließlich der (5) Auswertung und die Auswahl eines geeigneten Bewerbers (vgl. Manz/Hering 2000).

4.6.1 Mitarbeiterkompetenzen und Führungsoptionen

Insbesondere im Bereich der Sozial- und Gesundheitsdienste, wo eigenverantwortliches und innovatives Denken und Handeln notwendig sind, bietet sich das Konzept des Mitunternehmertums zur Mitarbeiterführung an. Hierbei handelt es sich um ein Konzept der Motivations-, Identifikations- und Entwicklungsförderung der Mitarbeiter, welches diesen den kooperativen und netzwerkorientierten Einbezug in das Unternehmen ermöglicht. Durch problemlösendes, sozial kompetentes und umsetzendes Denken und Handeln sollen Mitarbeiter eigenverantwortlich, im Sinne der Unternehmensziele handeln. Hierzu ist es notwendig, dass diese sich maximal mit den gesetzten Zielen identifizieren. Konstituierende Elemente dieses Konzeptes sind das Mit-wissen und Mit-denken, Mit-entscheiden und Mit-handeln, Mit-verantworten, Mit-fühlen und Mit-erleben, Mit-entwickeln, Mit-verdienen und Mit-beteiligen. Schlüsselkompetenzen, die von den Mitarbeitern zur Umsetzung dieses Konzeptes mitgebracht werden müssen, sind vor allem Gestaltungskompetenz (kontinuierliche Verbesserung durch strategie- und innovationsorientierte Problemlösung), Sozialkompetenz (kooperative

Selbstorganisation) und Umsetzungskompetenz (effiziente Umsetzung durch Ü-
berzeugung und Durchsetzung). Die individuelle Ausprägung dieser Kompetenzen sollte gerade in kleineren Unternehmen möglichst hoch sein. Die Aufgabe
des Unternehmers, der in der Regel selbst aktiv in die „Dienstleistungsproduktion" eingebunden ist, besteht vor allem darin, die Qualifikationen und Motivation
für internes Mitunternehmertum bei den Mitarbeitern langfristig zu stabilisieren,
gemeinsame Zielgrößen zu erarbeiten und Demotivatoren so weit wie möglich zu
vermeiden (vgl. Wunderer 2003). Die Sinnhaftigkeit dieser Vorgehensweise lässt
sich auch durch die gewonnenen Erkenntnisse innerhalb der Kooperationsforschung bestätigen. Durch die Einigung auf übergeordnete Ziele, deren Erreichung für alle Beteiligten positive Auswirkungen hat, lassen sich sowohl Motivation als auch Eigeninitiative und Kooperationsbereitschaft der Mitarbeiter steigern (vgl. Bierhoff 1998). Aus ehemals reaktiven Mitarbeitern werden somit pro-
aktive Mitarbeiter. Führen wird in diesem Zusammenhang nicht verstanden als
Wechselspiel zwischen Anordnung und Gehorsamkeit, sondern als Wechselspiel
zwischen Management by Objectives (Führung durch Ziele) und Aufforderung
zur Gestaltung. MbO bedeutet gerade für den oder die Führenden eine besondere
Herausforderung, die nicht nur in der Informationsvermittlung, dem Instruieren
und der Delegation liegen, sondern in der aktiven Begleitung, der letztlichen
Festlegung operativer Ziele und der Bewertung der Ergebnisse. Letztlich trägt
dies dazu bei, das insbesondere in der Erbringung sozialer Dienstleistungen unumgängliche eigenständige, zielorientierte Denken und Handeln jedes einzelnen
Mitarbeiters sicherzustellen und zu erhöhen (Berkel/Lochner 2001). Erika Spieß
bezeichnet diese Form der Mitarbeiterführung auch als „zielbezogene Einflussnahme", die Mitarbeiter unterstützt, Hilfe anbietet dort, wo sie notwendig ist und
dadurch kooperatives und zielorientiertes Handeln in einem Unternehmen sicherstellt. Generiert wird eine Unternehmenskultur, die auch wenn sie nicht direkt
bewusst ist, dennoch den darin Eingebundenen Sinn und Orientierung bietet (vgl.
Spieß 1998 und 2003: 61 ff.). Wunderer beschreibt daher den Aspekt der Unternehmenskultur auch als unsichtbare Führungsdeterminante, welche indirekten
Einfluss auf die Organisationsmitglieder ausübt (vgl. Wunderer 2003). Deutlich
wird angesichts einer solchen Beschreibung der äußerst hohe Anspruch an die
Schaffung einer tragfähigen, allseits akzeptierten und gelebten Management- und
Unternehmenskultur.

4.6.3 Management- und Unternehmenskultur

Allgemein beschreibt die Unternehmenskultur die „Wertehaltungen, Wahrneh-
mungs- und Verhaltensmuster, Gebräuche und Umgangsformen der Organisationsmitglieder" (Wunderer 2003: 154). Legt man diese Prämissen der zu schaf-
fenden Managementkultur zugrunde, so impliziert dies die Notwendigkeit der
Internalisierung festgelegter Werte und Haltungen durch möglichst viele der be-

teiligten Akteure. Cube beschreibt die so zu generierende „Lust an Leistung" als intrinsische Motivation, die vor allem dem Phänomen Rechnung trägt, dass Menschen nicht nur auf „Anstrengung programmiert sind, sondern auch auf Lustgewinn und Bedürfnisbefriedigung" (Cube 2005: 76). Diese Lust gilt es durch die installierte Unternehmenskultur zu wecken und aufrechtzuerhalten.

Menschen konstruieren arbeitend ihre eigene Geschichte, im positiven wie im negativen Sinne (vgl. Daheim 2001). Hieraus lassen sich Notwendigkeiten und Triebfaktoren ableiten. Die generelle Notwendigkeit beruflicher Produktivität zur Sicherung des Lebensunterhalts und die Lust zur kreativen Gestaltung dieses umfassenden Lebensbereichs. Lustgewinne im Bezug zur eigenen Produktivität lassen sich vor allem durch drei im Menschen angelegte Triebmotive begründen. Dies ist zum einen der Flow, eine Form des Lustgewinns, die sich während der Produktivität selbst einstellt, beispielsweise durch die Befriedigung monetärer Bedürfnisse oder durch kohärenzstärkende Erfahrungen, und zum anderen das relativ stark ausgeprägte menschliche Streben nach Anerkennung und der Wunsch nach Bindung bzw. dem Eingebundensein (vgl. Cube 2005). Weitere Aspekte sind das Erleben von Handhabbarkeit und Sinnhaftigkeit, die Subjekten dazu verhelfen, ein höheres Maß an Lebensqualität, Zufriedenheit und Gesundheit zu erreichen (vgl. Antonovsky 1997). Phänomene, aus denen sich letztlich auch Leistungsfähigkeit und Effizienz im Handeln ableiten lassen (vgl. Köppel 2003).

Ganz praktisch bedeutet dies, eine Management- und Unternehmenskultur zu generieren und zu leben, die einzelne Akteure ihren Ressourcen und Stärken entsprechend einsetzt, sodass diese kohärenzstärkende Erfahrungen machen und sich in ihren Schwächen gegenseitig kompensierend unterstützen können. Besonderes Augenmerk ist dabei auf bereits vorhandene Stärken zu legen, anstatt die Notwendigkeit zu erzeugen, neue zu entwickeln (vgl. Malik 2001). Der generelle Umgangston sollte geprägt sein durch empathisches und wertschätzendes Entgegenkommen, was nicht zu verwechseln ist mit Unreflektiertheit oder mangelnder Kritik- und Konfliktfähigkeit. Hierarchische Eingriffe sollten grundsätzlich erst bei drohender Dysfunktionalität zum Tragen kommen. Strategien der Befähigung und Motivation sind vorrangig einzusetzen.

In gleichem Maße, wie der operativen Ebene Aufmerksamkeit geschenkt wird, muss auch der Beziehungsebene Aufmerksamkeit zukommen. Aus den Erkenntnissen der Didaktik ist bekannt, dass funktionelle Beziehungsebenen Grundlage jedweden Austauschs auf der Sachebene bilden (vgl. Schilling 1995). Funktionale Beziehungsebenen bilden damit einen bedeutenden Bestandteil effektiver Zusammenarbeit und Leistungserbringung, wobei hier nochmals an die Arbeiten von Prusak und Cohen zu erinnern ist. Vertrauen erwächst aus Vertrauen, in einem sich selbst verstärkenden Prozess, dies muss von der Führungsebene ausgelebt werden, womit der Glaubhaftigkeit des Managements bei der Schaffung Sozialen Kapitals und damit der Schaffung von Effizienz zentrale Bedeutung zukommt (vgl. Prusak/Cohen 2001).

4.6.4 Visionen, Leitbild und Zielvereinbarungen

Die so in einem gemeinsamen Prozess geschaffenen Visionen sind in Leitbildern und Zielvereinbarungen zu verankern, um für alle sichtbar und zugänglich Bilder einer wünschenswerten Zukunft zu zeichnen (vgl. Graf/Spengler 2004). Visionen verfügen über eine ihnen innewohnende Dynamik, es handelt sich um Motoren, die Verstand und Emotionen gleichermaßen ansprechen, zukunftsweisend sind und einzelne Subjekte zu einem leistungsstarken Team vereinen (vgl. Bösebeck-Hoffmann 2001). Sie können den, der sie verfolgt, zu enormen Anstrengungen und Leistungen motivieren. Bedeutsam ist es daher, Visionen transparent zu machen. Alle beteiligten Akteure müssen sich von ihr „infizieren" lassen, damit diese ihre motivationale Kraft voll entfalten kann. Wunderer beschreibt Visionen auch als „attraktive Zukunftsbilder, die Kräfte für eine kreative Zukunft freisetzen (...). Die Fähigkeit, überzeugende Visionen zu entwickeln und deren Konsequenzen begeisternd zu kommunizieren, kennzeichnet effiziente Führungskräfte und ist insbesondere in der transformationalen Führung relevant" (Wunderer 2003: 623).

Leitbilder verfestigen Visionen. Sie stellen eine Motivations- und handlungsleitende Orientierungshilfen dar und dienen extern als Repräsentationsinstrument und als ein Versprechen gegenüber den Kunden. Als organisatorisches Regelwerk stellen sie das Handeln im Rahmen der übergeordneten Ziele sicher und verfestigen die gewünschte Organisationskultur langfristig (vgl. Freese 2005). Gleichermaßen erzeugen Leitbilder bei entsprechender Formulierung eine Kultur der vermehrten Kundenorientierung ohne Vernachlässigung organisationsinterner Ziele. Damit sind sie als Grundlage eines effizienten, im Sinne von zielgerichteten Handelns anzusehen.

Klemens Konermann äußert hierzu, dass Interessen und Erwartungen anderer nur dann abgeglichen und austariert werden können, wenn man sich seiner eigenen Werte bewusst ist und diese kommuniziert hat. Dabei ist es notwendig, die angestrebten Ziele und Werte in eine „lebbare Form unserer Zeit" zu transportieren, da diese nur dann handlungsleitende Kräfte entwickeln können, wenn sie in einer direkten Verbindung zum Alltag stehen (vgl. Konermann 2001).

Zielvereinbarungen schließlich finden ihre Grundlage in dem Leitbild einer Organisation. Sie reglementieren, wann, mit welchen Mitteln, mit welchem Ziel und in welchem Zeitraum Ziele zu erreichen sind. Damit bilden sie zusätzlich die Grundlage jedes Controllings und Qualitätsmanagements.

4.7 Rechtsformwahl

Ein separates Kapitel der Existenzgründung bildet die Rechtsformwahl. Da sich diese auf den individuellen Einzelfall bezieht, erhebt die nachfolgende Darstellung keinerlei Anspruch auf Vollständigkeit. Es werden jedoch Möglichkeiten aufgezeigt, die sich aufgrund ihrer Merkmale für die Selbstständigkeit von Sozialpädagogen, Sozialarbeitern, Heilpädagogen und sonstiger Angehörigen Freier Berufe im Besonderen anbieten. Die außerordentliche und weitreichende Bedeutung der gewählten Rechtsform einer Organisation wird dabei insbesondere in den Bereichen der Haftung, des zur Verfügung stehenden Handlungsrahmens sowie der steuerrechtlichen und finanziellen Auswirkungen deutlich. Da die zugrunde liegende Rechtsform sowohl den inneren als auch den äußeren Rahmenbedingungen angemessen sein muss, bedarf sie nicht nur bei der Gründung eines Unternehmens gründlicher Überlegungen, sondern auch bei Wachstum, Fusionen und Kooperationen, Gesetzesänderungen und Änderungen der Gesellschaftsverhältnisse (vgl. Fleschütz 2007a). Die folgenden Ausführungen bilden die Grundlage solcherlei Entscheidungsprozesse. Grundsätzlich muss zwischen Personalunternehmen (Einzelunternehmen, Personengesellschaft) und Kapitalgesellschaften unterschieden werden, da diese sich hinsichtlich des für die Gründung geforderten Mindestkapitals, des Haftungsrahmens und der Größe des zur Verfügung stehenden Handlungsrahmens unterscheiden. Jede Rechtsform besitzt spezifische Vor- und Nachteile, die dem Einzelfall angemessen entsprechen müssen. Für den Bereich der Sozial- und Gesundheitsdienste ist festzuhalten, dass das Phänomen der Gewinnorientierung nichts Verwerfliches ist, sondern im Gegenteil auch hier anzustreben ist. Fraglich ist jedoch, ob dies durch die Wahl einer Kapitalgesellschaft als Rechtsform zur Schau gestellt werden muss. Legitim ist es jedoch allemal, mit der bereitgestellten und geleisteten Hilfe selbst Gewinne zu erzielen, wie medizinische und psychologische Professionen bereits erfolgreich demonstrieren. Zwar werden auch hier hinsichtlich der Haftungsbeschränkungen standesrechtliche Bedenken laut, dennoch ist die Zahl so genannter Heilbehandlungs-GmbHs steigend. Die dargestellten Instrumentarien legen nahe, dass auch im Sozial- und Gesundheitsbereich unternehmerisches Denken und Handeln immer bedeutender wird.

4.7.1 Freie Berufe und ihre Besonderheiten

„Freie Berufe haben im Allgemeinen auf der Grundlage besonderer beruflicher Qualifikationen oder schöpferischer Begabung die persönliche, eigenverantwortliche und fachlich unabhängige Erbringung von Dienstleistungen höherer Art im Interesse der Auftraggeber und der Allgemeinheit zum Inhalt." (Institut für Freie Berufe 2006a: 2)

Das heißt, es handelt sich hierbei um Berufe, denen eine besondere Qualifikation mit hoher gesellschaftlicher Bedeutung zugesprochen wird, auf deren Grundlage qualitativ hochwertige Dienstleistungen erbracht werden und für deren Erbringung die volle fachliche Entscheidungsfreiheit notwendig ist. Qualitätsmanagement und Preisgestaltung müssen dabei vom Erbringer selbstständig festgelegt werden. Oftmals richtet sich die Preisgestaltung jedoch nach berufsgruppenspezifischen Gebührenordnungen (vgl. BMWi 2006d).

Bislang zählen zu den Freien Berufen so genannte Katalogberufe, katalogähnliche Berufe und künstlerisch-wissenschaftliche Tätigkeitsberufe. Nachzulesen sind diese im Einzelnen in § 18 Abs. 1 Nr. 1 EstG (Einkommenssteuergesetz). Bislang erfolgte dort noch keine gesonderte Aufführung von Sozialpädagogen, Sozialarbeitern, Heilpädagogen u. a. Nach der Rechtsprechung des Bundesfinanzhofes ist eine Zuordnung zu einer dieser aufgeführten Berufe oder die bereits erwähnte Analogie für die Anerkennung einer freiberuflichen Tätigkeit notwendig (vgl. Bundesverband der Freien Berufe 2004). Einordnungskriterium hierbei ist vor allem die ausgeübte Tätigkeit. Verbindliche Auskünfte bezüglich der Zuordnung erteilen im Einzelfall die zuständigen Finanzämter oder die Oberfinanzdirektion. Zwar existiert kein förmliches Anerkennungsprozedere durch die Finanzbehörden, dennoch muss eine formlose Anmeldung spätestens vier Wochen nach Aufnahme der Tätigkeit erfolgen (vgl. Bundesverband der Freien Berufe 2004, BMWi 2006d). Informationen und Auskünfte über bisherige gerichtliche und außergerichtliche Auseinandersetzungen zum Thema „Freiberuflichkeit und Soziale Arbeit" sind außerdem über den Deutschen Berufsverband Soziale Arbeit e.V. (DBSH), Bundesfachgruppe Selbstständige zu erhalten. Als wesentliches Abgrenzungsmerkmal zur gewerblichen Tätigkeit ist jedoch die leitende und eigenverantwortliche Dienstleistungserbringung anzusehen (vgl. Institut für Freie Berufe 2006a). Im Gegensatz zu dieser Einordnung als Freiberufler steht die Einordnung als Gewerbetreibender im Sinne des Handelsrechts (vgl. Münster 2006). Grundsätzlich sind Freiberufler nicht gewerbesteuerpflichtig, sodass keine Verpflichtung zur doppelten Buchführung besteht. Je nach Höhe der erzielten Gewinne sind Einkommenssteuer und Umsatzsteuer abzuführen.

Hinsichtlich der Rechtsformwahl ist festzuhalten, dass Attributionen wie „die Beste" in diesem Zusammenhang grundsätzlich nicht getroffen werden können. Vielmehr geht es darum, den konkreten und aktuellen Einzelfall möglichst genau zu analysieren und entsprechend dieser Analyse die geeignetste Rechtsform auszuwählen. Betrachtet werden müssen dabei Innenverhältnisse (Geschäftsführung, Entscheidungsgewalt etc.) Außenverhältnisse (Außendarstellung, Vertretung etc.), das zu erwartende Haftungsrisiko, die Finanzierung, rechtsformspezifische Steuer- und Kostenbelastungen sowie die gewünschte Gewinn- und Verlustbeteiligung.

Berücksichtigt werden sollte neben dem aktuellen Ist-Zustand außerdem die in der Zukunft geplante und erwartete Entwicklung, wie etwa Kooperationsvorhaben oder die Aufnahme weiterer Gesellschafter. Grundlegende Kenntnisse über die Art und Wirkungsweise der zur Verfügung stehenden Rechtsformen sind dabei unerlässlich, wobei anzuraten ist, die individuelle Entscheidungsfindung abschließend mit einem Rechtsanwalt oder Steuerberater zu besprechen und zu evaluieren. (vgl. Fleschütz 2007a). Als typische Rechts- und Kooperationsformen für Freiberufler lassen sich festhalten: Büro- oder Praxisgemeinschaften ohne eigene Rechtsform, BGB-Gesellschaften/GbR/Sozietäten sowie GmbH und Partnerschaftsgesellschaften (vgl. BMWi 2006d).

4.7.2 Einzelniederlassungen

Als Einzelunternehmen oder Einzelniederlassungen werden solche Unternehmen bezeichnet, die von einer einzelnen natürlichen Person geführt werden, wobei der Geschäftszweck hierbei keine Rolle spielt (vgl. Fleschütz 2007a). Generell zählen Einzelniederlassungen sicherlich zu den häufigsten Formen selbstständiger Leistungserbringung innerhalb der Freien Berufe. Sie bieten sich besonders für Existenzgründer an, die noch nicht über genügend finanzielles Kapital verfügen, sich einer anderen Rechtsform zu bedienen oder die noch keine(n) geeigneten Kooperationspartner finden konnten. Die Optionen separierter Niederlassungen sind recht übersichtlich. Zur Wahl stehen die weitestgehend formlose Einzelpraxis oder die Ein-Mann-GmbH (vgl. Münster 2006).

So lässt sich bei der Einzelpraxis oder -firma auch als größter Vorteil sicherlich die Tatsache anführen, dass für die Gründung einer Einzelniederlassung kein Eigenkapital notwendig ist. Als positiv ist außerdem der (fast) uneingeschränkte Handlungs- und Gestaltungsspielraum hervorzuheben, da Entscheidungen mit niemandem abzusprechen sind und lediglich von gesetzlichen und/oder steuerlichen Vorgaben eingegrenzt werden. Die Gründungskosten lassen sich gut steuern und begrenzen, es müssen keinerlei Gründungsvorschriften beachtet werden, Gewinne müssen nicht geteilt werden und auf Marktbedingungen kann jederzeit schnell und unbürokratisch eingegangen werden. Als schwierig kann sich jedoch die hohe Eigenverantwortung und die enorme Arbeitsbelastung erweisen, da beides alleine bewältigt werden muss (vgl. Institut für Freie Berufe 2006b). Vordergründig ist daher in diesem Zusammenhang die Frage nach der eigenen „Unternehmerpersönlichkeit" zu stellen (vgl. Münster 2006). Fleschütz fasst dies treffend mit dem Satz zusammen: „Wer selbstständig ist arbeitet selbst, und zwar ständig." (Fleschütz 2007a) Bezüglich der Handhabbarkeit, der zu erfüllenden Formalitäten und des individuellen Handlungsrahmens erweist sich die Einzelniederlassung jedoch sicherlich am günstigsten (vgl. Münster 2006). Aufgrund dieser Tatsache eignet sie sich auch in besonderer Weise für Frauen oder Männer, für die aufgrund ihrer familiären Verhältnisse die eigene Flexibilität ein besonders wichtiger Aspekt ist.

Die Erweiterung der geschäftlichen Kapitalbasis richtet sich jedoch lediglich nach dem eigenen Vermögen des jeweiligen Akteurs, der sowohl mit seinem Geschäfts- als auch mit seinem Privatvermögen für etwaige Regressansprüche voll haftbar ist. Ein Risiko, an dem die Ein-Mann-GmbH anknüpft (vgl. Institut für Freie Berufe 2006b).

Die Vorteile der Ein-Mann-GmbH, als einfachste Form der Kapitalgesellschaften (vgl. BMWi 2006e) liegen vor allem in der beschränkten Haftung begründet, die sich auf das Gesellschaftsvermögen beschränkt und damit das Privatvermögen aus der Haftung ausschließt. Auch das vorhandene Sachkapital wird in den Haftungsrahmen mit eingerechnet. Der Gründer einer Ein-Mann-GmbH kann sein eigenes „Geschäftsführergehalt" als Betriebsausgabe steuerlich geltend machen und arbeitet so als sein eigener Angestellter. Zur Gründung bedarf es einer notariellen Beurkundung, der Eintragung ins Handelsregister und eines Mindeststammkapitals von zurzeit 25.000 Euro (vgl. Institut für Freie Berufe 2006b). Nachteilig kann sich insbesondere innerhalb der Sozial- und Gesundheitsdienste, die in der Regel personengebundene Dienstleistungen erbringen, die Tatsache auswirken, dass der Akzent der GmbH primär auf dem Unternehmen und weniger auf der Person liegt, was nicht immer zum Image dieses speziellen Erbringungsverhältnisses passt (vgl. Fleschütz 2007b). Theoretisch besteht die Ein-Mann-GmbH aus den gleichen Organen wie eine GmbH, die sich aus mehreren Gesellschaftern zusammensetzt, da diese jedoch immer nur von einer Person gebildet werden, ist es notwendig, sämtliche Beschlüsse aus Gründen der Rechtssicherheit schriftlich zu fixieren. Grundsätzlich empfiehlt sich dies jedoch bei jeder Form der GmbH (vgl. Fleschütz 2007c). Deutlich wird damit, dass die Gründung einer Ein-Mann-GmbH zumindest zurzeit noch mit erheblichem formalem Aufwand verbunden ist.

4.7.3 Gesellschaftsformen

Charakteristisches Merkmal von Gesellschaften ist die Tatsache, dass diese nicht nur von einer Person, sondern von mehreren getragen werden. Zu unterscheiden sind Personengesellschaften und Kapitalgesellschaften. Abzugrenzen von diesen Gesellschaften sind so genannte Gemeinschaften wie beispielsweise Praxisgemeinschaften, die sich zwar, meist aus Gründen der Kostenersparnis, Güter zur gemeinsamen Nutzung teilen, bei denen jedoch jeder sein „eigener Unternehmer" bleibt (vgl. Münster 2006). Da Eigeninteressen dem Gesellschaftsinteresse unterzuordnen sind, regelt das Gesellschaftsrecht diesbezüglich differierende Interessen gegenüber Drittinteressen (Außenverhältnis) oder bei Interessenskonflikten der Gesellschafter untereinander (Innenverhältnis) (vgl. Stehle/Stehle 2005). Im

Folgenden werden wieder solche Gesellschaftsformen vorgestellt, die sich insbesondere für Geschäftsgründungen im Sozial- und Gesundheitsbereich anbieten. Selbstverständlich handelt es sich auch hierbei um eine Auswahl, deren Passung im Einzelfall genauestens zu prüfen ist.
Bei der Gesellschaft bürgerlichen Rechts handelt es sich um das Ur-Modell aller Gesellschaftsformen. Aus ihr haben sich alle anderen Gesellschaften entwickelt. Es handelt sich hierbei um einen zweckgebundenen Zusammenschluss mehrerer Gesellschafter, wobei der Zweck von den beteiligten Akteuren selbst zu definieren ist (vgl. Delheid 2007).
Im Gegensatz zur GmbH, die wie bereits erwähnt mit einigen Formalien verbunden ist, dafür aber auch bereits von einer einzigen Person gegründet werden kann, bedarf die Gründung einer Sozietät keiner Eintragung ins Handelsregister. Auch die notarielle Beurkundung und das Mindestkapital entfallen, sodass es sich um eine relativ einfach zu gründende, mit wenig Aufwand verbundene Rechtsform handelt. Auch wenn die Anfertigung eines Gesellschaftsvertrages bei Gründung nicht gesetzlich vorgeschrieben ist, empfiehlt es sich jedoch schon aus Gründen der Klarheit, dennoch einen solchen aufzustellen (vgl. Münster 2006).

Aufgrund der höheren Anzahl an Mitgesellschaftern (mindestens zwei) genießt die BGB-Gesellschaft bei Kreditinstituten ein höheres Ansehen als eine Einzelunternehmung. Da es sich um eine Personengesellschaft handelt, haftet hierbei auch jeder Gesellschafter einschließlich seines Privatvermögens (vgl. BMWi 2006d, Institut für Freie Berufe 2006b) unabhängig von Verschuldungsfragen. Diese Haftung kann auch durch den Zusatz „mit beschränkter Haftung" nicht außer Kraft gesetzt werden. Der Haftungsrahmen erstreckt sich so weit, dass eintretende Gesellschafter auch für Verbindlichkeiten vor ihrem Eintritt haften und ausscheidende Gesellschafter bis maximal 5 Jahre nach ihrem Ausscheiden. Wenn vertraglich keine anderweitigen Reglementierungen festgelegt wurden, werden Gewinne und Verluste zu gleichen Teilen unter den Gesellschaftern aufgeteilt, unabhängig von deren Einlagen (vgl. Delheid 2007). Daher ist es von immenser Bedeutung, im Vorfeld nicht nur die zu erwartenden Haftungsrisiken genauestens abzuwägen, sondern auch die Verlässlichkeit und das Verantwortungsbewusstsein der Mitgesellschafter. Vor allem ist in diesem Zusammenhang auf die Gefahr äußerst existenzbedrohender Auseinandersetzungen untereinander hinzuweisen (vgl. BMWi 2006d, Institut für Freie Berufe 2006b, Münster 2006). Grundsätzlich wird die GbR, als Gesamthandgemeinschaft, von allen Gesellschaftern gleichermaßen geführt. Da dies jedoch einen sehr hohen Abstimmungsaufwand mit sich bringt (Prinzip des positiven Konsenses), ist es möglich, einen Geschäftsführer zu benennen. Allerdings muss dieser in jedem Fall selbst Gesellschafter der BGB-Gesellschaft sein. Bei Benennung eines Geschäftsführers ist dieser im Rahmen der Geschäftsführungsbefugnis berechtigt, sowohl die Gesellschaft betreffende Geschäfte zu regeln (Innenverhältnis), als auch deren Vertretung (Außenverhältnis) wahrzunehmen (vgl. Delheid 2007). Die Pflicht zur Buchführung und Anfertigung einer Jahresbilanz besteht erst ab einem Jahresumsatz von mehr als 350.000 Euro oder einem Jahresgewinn von 30.000 Euro (vgl. Münster 2006).

Die GmbH zählt zu den am häufigsten anzutreffenden Gesellschaftsformen im deutschen Mittelstand (vgl. Fleschütz 2007d). Wie bereits erwähnt, kann sie von einem oder mehreren Gesellschaftern (natürliche und juristische Personen) gegründet werden. Rechtlich gilt die GmbH als eigenständige juristische Person, deren Verbindlichkeiten im GmbHG festgelegt sind. Als Körperschaft verfügt sie über selbstständige Organe (Geschäftsführer, Gesellschaftsversammlung, evtl. Aufsichtsrat oder Beirat, der spätestens ab einer Arbeitnehmerzahl von mehr als 500 Beschäftigten von der Gesellschaftsversammlung gewählt werden muss), die sie nach außen vertreten und für sie handeln. Zwar ist die GmbH nicht zweckgebunden, dennoch gilt sie nach § 13 Abs. 3 GmbHG und § 6 HGB als so genannter Formkaufmann und unterliegt somit der Gewerbesteuerpflicht, verbunden mit der Verpflichtung zur doppelten Buchführung und Bilanzerstellung. Der Gründungsakt wird mit einem notariell beurkundeten Gesellschaftsvertrag beschlossen. Vor dem notwendigen Eintrag in das Handelsregister muss der Nachweis über ein Mindeststammkapital von z. Zt. 25.000 Euro erbracht werden, wobei die Stammeinlagen der jeweiligen Gesellschafter durchaus variieren können. Auch der Geschäftsführer, der die GmbH nach außen vertritt, muss bereits im Vorfeld bestellt sein, jedoch ist es nicht zwingend notwendig, dass dieser gleichzeitig auch Gesellschafter ist. Kontroll- und Entscheidungsorgan ist die Gesellschaftsversammlung (Gesamthandgemeinschaft). Beschlüsse werden in der Regel mit einer einfachen Mehrheit verabschiedet, Ausnahmen bilden sehr weitreichende Entscheidungen, die mit einer Mehrheit von mindestens 75 % verabschiedet werden müssen. Dies bedeutet einerseits einen höheren Schutz vor Fehlentscheidungen, als dies möglicherweise bei Einzelentscheidungen der Fall sein kann, andererseits aber auch eine erhebliche Erschwerung und unter Umständen sogar Verzögerung von Entscheidungsprozessen (vgl. BMWi 2006d). Das jeweilige Stimmrecht der einzelnen Gesellschafter korrespondiert dabei nicht mit der Höhe ihrer Einlage (vgl. Fleschütz 2007c). Wie bei der Ein-Mann-GmbH liegt der besondere Vorteil der GmbH in der beschränkten Haftung. Der Haftungsrahmen umfasst lediglich die Höhe des Stammkapitals, d. h. der einzelne Gesellschafter haftet mit seiner Einlage, nicht aber mit seinem Privatvermögen (mit Ausnahme des Vorgründungsstadiums, d. h. dem Zeitrahmen von der beabsichtigten Gründung, festgehalten in einem Vorvertrag, bis zum endgültigen Eintrag ins Handelsregister). Jedoch akzeptieren Kreditinstitute oftmals das Gesellschaftskapital als alleinige Sicherheit nicht und fordern weitere private Sicherheiten (vgl. BMWi 2006d, Institut für Freie Berufe 2006b).

Zur Förderung des Mittelstandes und zur leichteren und schnelleren GmbH-Gründung soll der Gründungsakt ab Oktober 2007 vereinfacht werden. Sicherlich sind diese Bemühungen jedoch auch eine Reaktion auf die seit jüngster Zeit bestehende Möglichkeit zur Gründung einer so genannten „Limited", einer aus England kommenden Gesellschaftsform, die eine äußerst günstige und unkomplizierte Alternative zur GmbH darstellt und auch zu den Kapitalgesellschaften zu zählen ist (vgl. Delheid 2004). Hierzu wurde das Gesetz zur Modernisierung des GmbH-Rechts und zur Bekämpfung von Missbräuchen entworfen. Konstituierende Elemente dieser Neuerung sind vor allem die Absenkung des Mindeststammkapitals auf 10.000 Euro, bei flexiblerer Gestaltungsmöglichkeit hinsichtlich der jeweiligen Höhe der Stammeinlage einzelner Gesellschafter. Während z. Zt. pro Gesellschafter noch mindestens 100 Euro Stammeinlage zu leisten sind, wird dieser Betrag künftig auf 50 Euro minimiert. Um Missbrauch vorzubeugen, sollen künftig neben dem Geschäftsführer auch die Gesellschafter dazu verpflichtet werden, bei drohender Zahlungsunfähigkeit einen Insolvenzantrag zu stellen (vgl. Fleschütz 2007d).

Mit der Partnerschaftsgesellschaft, als Personengesellschaft, hat der Gesetzgeber seit dem 01.07.95 eine Rechtsform geschaffen, die genau auf die Besonderheiten Freier Berufe zugeschnitten ist und deren Zusammenarbeit erleichtern soll. Es handelt sich hierbei um eine rechtsfähige Personengesellschaft, die eine Zwischenform zur GmbH (Kapitalgesellschaft) und GbR (Personengesellschaft) darstellt. Die Partnerschaftsgesellschaft ist jedoch keine juristische Person wie die Kapitalgesellschaften, sie ist weder einkommens-, noch körperschaftssteuer-, noch gewerbesteuerpflichtig, lediglich Umsatzsteuer ist zu leisten (vgl. Detzel/Engel et al. 2006). Der Haftungsrahmen umfasst das Gesellschaftsvermögen und das Privatvermögen der Gesellschafter. Wesentlicher Vorteil hierbei ist jedoch die Tatsache, dass Haftungsansprüche aufgrund einer fehlerhaften Berufsausübung eines Gesellschafters von diesem selbst zu tragen sind (vgl. BMWi 2006d). Alle Partner handeln und agieren eigenverantwortlich und unabhängig, inter- und intraprofessionelle Kooperationen sind möglich (vgl. Detzel/Engel et al. 2006). Die Partnerschaftsgesellschaft ist keine Handelsgesellschaft und unterliegt damit nicht dem HGB, dennoch weisen viele Bestimmungen des PartGG Entsprechungen zum HGB auf. Damit erhält die Partnerschaftsgesellschaft eine gefestigtere Innenstruktur als die BGB-Gesellschaft. Zur Gründung ist explizit kein Mindestkapital notwendig. Die Gesellschafter bilden eine Gesamthandgemeinschaft, womit alle zusammen Träger des Gesellschaftsvermögens sind. Der schriftlich zu fixierende Partnerschaftsvertrag legt die Rechtsverhältnisse zwischen der Gesellschaft und deren jeweiligen Partnern fest. Die Gestaltung des Partnerschaftsvertrages ist dem § 3 Abs. 2 PartGG zu entnehmen. Ähnlich dem Handelsregister existiert ein Partnerschaftsregister bei dem jeweilig zuständigen Amtsgericht, in welches die Gesellschaft einzutragen ist (vgl. Stehle/Stehle 1995).

4.8 Qualitätsmanagement

Qualitätsmanagement und die Auseinandersetzung mit den Möglichkeiten und Chancen, die dieses für die Soziale Arbeit bereithält, zählt leider immer noch zu den Stiefkindern der Profession. Daher besteht die Notwendigkeit, sich zunächst dem Begriff der Qualität als konstituierenden Aspekt von Qualitätsmanagement zu nähern. Qualität lässt sich definieren über den Erreichungsgrad der vom Hersteller geplanten und vom Kunden gewünschten Eigenschaften eines Produktes bzw. einer Dienstleistung. Im Vordergrund stehen dabei vor allem die Interessen der Kunden, da diese die Leistung gegen Zahlung finanzieller Mittel einkaufen und dafür in der Regel Qualität erwarten. „Kunden, die sich eher am Preis als an der Qualität orientieren, sind hingegen bereit, geringere Qualität in Kauf zu nehmen und umgekehrt." (BMWi 2006l: 1) Deutlich wird, dass Qualität zu einem großen Teil auch subjektiven Charakter besitzt. Dennoch ist es unumgänglich, allgemein gültige Qualitätskriterien festzulegen und diese durch ein hierzu geeignetes Qualitätsmanagement sicherzustellen. Welche positiven Effekte sich durch ein umfassendes Qualitätsmanagement generieren lassen, verdeutlichen die acht Prinzipien des Qualitätsmanagements nach ISO 9000: (1) ein hoher Grad an Kundenorientierung, (2) Übersetzung der Unternehmensvision in messbare Unternehmensziele durch die Unternehmensführung, (3) Mitarbeiterpartizipation, (4) Prozessorientierung, (5) Systemorientierung, (6) Verbesserungsmanagement, (7) Synchronisierung der Unternehmensstrategien, (8) strategische Kooperation. Generell lassen sich verschiedene Konzepte des Qualitätsmanagements unterscheiden. Am weitesten verbreitet sind die Modelle E.F.Q.M., T.Q.M. und die Normen der ISO-9000-Serie bzw. in der deutschen Fassung der Reihe DIN EN ISO 9000 (vgl. BMWi 2006l).

Das E.F.Q.M. (European Foundation für Quality Management) gibt dabei keine Vorgehensweisen oder Instrumente zur Verbesserung der Qualität vor, sondern lediglich Kriterien, die sich auf die Aspekte Ergebnisorientierung, Kundenorientierung, Führung und Zielkonsequenz, Management mittels Prozessen und Fakten, Mitarbeiterbeurteilung und -entwicklung, Lernen, Innovation und Verbesserung, strategische Kooperationen und soziale Verantwortung beziehen. Das Modell soll nicht als bloße Theorie verstanden werden, sondern als Möglichkeit zu zeigen, was getan wird, wie es getan wird und welche Ergebnisse erzielt werden (vgl. Meffert/Bruhn 1997; Schubert/Zink 1997; EFQM 2003). Dabei geht es nicht nur um finanzielle Kennzahlen, sondern auch um Faktoren der „Kundenzufriedenheit und -loyalität, der Mitarbeitermotivation und -fähigkeit und die Zufriedenheit der Gemeinschaft im weitesten Sinne." (EFQM 2003: 9)

Auch das T.Q.M. (Total Quality Management) wendet den Blick ab von einzelnen Funktionsbereichen und verfolgt eine ganzheitliche Perspektive, unter Einbeziehung der Kunden, Mitarbeiter und Lieferanten. Fokussiert werden die Prozesse der Arbeit unter der Annahme, dass die Qualität der Produkte hieraus wie

selbstverständlich erwächst, und des Managements im Sinne von Führungsver-
antwortung und Führungsqualität. Differenziert wird zwischen dem Nutzen des
T.Q.M. für die Wissenschaft in Form einer Führungslehre und dem Nutzen für
die Praxis (Unternehmen) in Form eines Führungsmodells (vgl. Deutscher Verein
für öffentliche und private Fürsorge 1997; Schubert/Zink 1997).

Das DIN ISO (International Organization for Standardization) schließlich ist ein
Gesamtsystem für Qualitätsmanagement. Es benennt Strukturen, Kriterien und
Wege, garantiert die Effizienz des Qualitätsmanagements in Unternehmen mithil-
fe von Zertifizierungen und stellt durch regelmäßig stattfindende umfangreiche
Audits deren Nachhaltigkeit fest. Die DIN ISO 9000 beschreibt Grundlagen und
Begriffe, die DIN ISO 9001 Forderungen zum Qualitätsmanagement und die
DIN ISO 9004 einen Leitfaden zur kontinuierlichen Leistungsverbesserung. Die
DIN ISO findet mittlerweile Anwendung in sämtlichen Branchen und wurde
auch im Bereich der Jugendhilfe bereits erfolgreich umgesetzt. Es handelt sich
hierbei um eine Art Leitfaden zum Aufbau eines effizienten und effektiven Qualitätsmanagements und unterstützt Unternehmen, systematisch die selbst festgelegten Qualitätsziele zu erreichen. Der positive Nutzen dieser internationalen
Normierung besteht vor allem in seiner sektorübergreifenden Kompatibilität, seiner starken Prozessorientierung und dem überaus großen Vertrauen, welches es
im Allgemeinen bei Verbrauchern genießt. Hinsichtlich der Zertifizierung ist
festzustellen, dass sich hier ein neuer Markt entwickelt hat, der wiederum für die
Zertifizierten einen Wettbewerbsvorteil bedeutet, den sich jedoch insbesondere
Existenzgründer oder generell kleinere Unternehmen oftmals nicht leisten können. Jedoch ist schon jetzt die Tendenz erkennbar, dass zertifizierte Unternehmen
in der Regel einen größeren Kundenzulauf zu verzeichnen haben, da diese Qualitätssicherung mit Qualität gleichsetzen (vgl. Meffert/Bruhn 1997; Deutscher
Verein für öffentliche und private Fürsorge 1997; Schubert/Zink 1997; BMWi
2006l). Vergleiche lassen sich an dieser Stelle zu dem vom Berufsverband für
Soziale Arbeit eingeführte Berufsregister aufzeigen.

4.8.1 Definition der Qualität einzelner Angebote

Die vorangegangenen Ausführungen haben gezeigt, dass durchaus bereits etablierte wohlerprobte Qualitätsmanagementkonzepte existieren. Dennoch wurde es
bislang versäumt, diese umfangreich in den Bereich der Sozial- und Gesundheitsdienste zu übertragen. Der Begriff der Qualität, wie der des Qualitätsmanagements, wird innerhalb der Sozialen Arbeit ähnlich wie die Dienstleistungsdebatte weiterhin kontrovers diskutiert und eher misstrauisch betrachtet. Zwar hat
es den Anschein, als sei man sich der Notwendigkeit einer professionellen Steuerung von Qualität inzwischen einheitlich bewusst, jedoch wird sich vielfach noch
hinter der Koproduktion des Klienten versteckt, indem dieser, in ähnlichem Ma-

ße wie der professionelle Leistungserbringer, als „qualitätsgenerierend" bezeichnet wird (vgl. Flösser 2001: 1463).

Diese Annahme beruht jedoch auf einem Qualitätsbegriff, der entweder zu eng oder insgesamt falsch gefasst ist, da allein die zu erreichende Ergebnisqualität zum Maß aller Dinge erhoben wird, was in der Tat dazu führen muss, die Steuerung von Qualität weitestgehend in Frage zu stellen. Zielführender ist es daher, sich innerhalb der Dienstleistungserbringung im Sozial- und Gesundheitswesen neben der Ergebnisqualität vor allem den Dimensionen der Struktur- und Prozessqualität zuzuwenden, zumal die Strukturqualität den Vorteil aufweist, zumindest im Rahmen von Wirtschaftlichkeitsbetrachtungen vom Anbieter autonom bestimm- und gestaltbar zu sein, was auch für die Prozessqualität weitestgehend zutrifft. Zwar kann der Klient seine Koproduktion verweigern und damit den Prozess negativ beeinflussen oder sogar ganz blockieren, jedoch obliegt es dem professionellen, an Qualität orientierten Dienstleistungserbringer, diesen Prozess zu beenden, wenn er für diesen keine Qualitätsgarantie mehr geben kann.

Arnold Pracht bringt diese Dimensionen in Zusammenhang mit den Ansätzen der Potenzial-, Prozess- und Ergebnisorientierung. Den potenzialorientierten Ansatz beschreibt er als Fixierung auf die professionelle menschliche (und maschinelle) Leitungsfähigkeit, den prozessorientierten Ansatz als Betrachtung zeitraumbezogener Aspekte der Leistungserbringung in Verbindung mit dem direkten Kontakt zwischen Leistungserbringer und Leistungsempfänger und den ergebnisorientierten Ansatz als von der Koproduktion des Klienten abhängige Dimension. Damit verdeutlicht er noch einmal die bereits beschriebene Problematik. Unter Bezugnahme auf Hentschel verweist er auf die Notwendigkeit einer detaillierten Reflexion der Begrifflichkeiten der Struktur-, Prozess- und Ergebnisqualität (vgl. Pracht 2002).

Möglich wäre es beispielsweise, die Dimension der Strukturqualität primär an der Person des Leistungserbringers (Grundqualifikation, Anzahl, Dauer und Häufigkeit der Zusatz- und Weiterbildungen) und am leistungserbringenden Unternehmen selbst (z. B. Ausstattung, Erreichbarkeit, Vernetzung) festzumachen. Bei der Prozessqualität gestaltet sich die Qualitätssicherung bereits schwieriger. Denkbar wäre allerdings, Möglichkeiten des Kontraktmanagements einzubeziehen. Werden beispielsweise Etappenziele und Endziel in einem Kontrakt zwischen Leistungserbringer und Leistungsempfänger respektive dem Auftraggeber vor der eigentlichen Leistungserbringung festgelegt, so können Abweichungen frühzeitig erkannt und Gegenmaßnahmen eingeleitet werden, oder aber der Prozess muss abgebrochen werden, wenn deutlich wird, dass Qualitätsstandards nicht eingehalten werden können. Ebenso ist mit Aspekten der Ergebnisqualität zu verfahren.
Deutlich wird in diesem Zusammenhang die dringende Notwendigkeit der verstärkten Erhebung qualitäts- und steuerungsrelevanter Daten, die Schaffung ein-

heitlicher Kennziffern, zumindest für vergleichbare Arbeitsbereiche, und eine größere Bereitschaft der Akteure und Organisationen Sozialer Arbeit, diese in ihren Praxisalltag zu übertragen. Ob diese Maßnahmen der Qualitätssicherung dann unweigerlich in eine Zertifizierung münden müssen, soll dahingestellt bleiben, vor allem da es sich hierbei auch um eine nicht unerhebliche Kostenfrage handelt. Auf jeden Fall jedoch sollte sich an dem Sprichwort orientiert werden, tue Gutes und rede darüber. „Qualitätsbewusste Unternehmen sollten nach außen dokumentieren, dass sie kontinuierlich und nach anerkannten Standards auf ihre Produktgüte achten" (BMWi 2006l: 4), nicht zuletzt deshalb, weil es sich hierbei um einen entscheidenden Qualitätsvorteil handelt und in vielen Bereichen der Sozial- und Gesundheitsdienste momentan leider außerdem um ein Alleinstellungsmerkmal.

4.8.2 Qualitätssicherung

Klaus Hofemann bezeichnet Kennziffern als „Messlatte der Erfolgskontrolle" (vgl. Hofemann 2001: 32). Die vielfältigen Vorteile und Möglichkeiten, die diese bieten, wurden bereits bei der Beschreibung der Balanced Score Card deutlich. Zur langfristigen Qualitätssicherung und zur Schaffung einer höheren gesellschaftlichen Akzeptanz sozialer Dienstleistungen, aber auch aus wettbewerbstechnischen Gründen ist es unumgänglich, kennzahlenbasierte Steuerungs- und Qualitätsmanagementkonzepte umfassend auf das gesamte Spektrum der Leistungserbringung innerhalb der Sozial- und Gesundheitsdienste zu übertragen und dies auch zu dokumentieren. Dabei sollte dies von jedem einzelnen Unternehmer und jeder Organisation forciert und dementsprechend publiziert werden. „Qualitätsmanagement ist ein Katalysator, um soziale Arbeit in ihrem gesamten Umfang zu erschließen, sichtbar zu machen und zur Entfaltung zu bringen." (Aßmann 2003:1) Dies kann jedoch nur gelingen, wenn es gelingt, sich auf allgemein gültige Werte und Bewertungen zu einigen und diese allgemein zugänglich und transparent zu machen.

Michael Holewa beschreibt, dass die Akteure Sozialer Arbeit Qualitätsmanagement zum Teil als „amorphe Bedrohung der Qualität ihrer (bisherigen) Arbeit und ihrer beruflichen Existenz sehen. (...) Qualität wird vielfach als Königsweg durch die Leitung angepriesen und von der Basis als Worthülse für Sackgasse und Kostensenkung (...)." (Holewa 2003: 1) Er mahnt an, dass zwar viele Anstrengungen unternommen worden seien, die neuen Anforderungen bis an die Basis zu vermitteln, dass diese Bemühungen jedoch bislang nicht von Erfolg gekrönt wären. Solche Missstände im Denken und Handeln der Professionellen sind abzubauen und zu beseitigen. Es ist Aufklärungsarbeit zu leisten, dass vielmehr das Gegenteil der Fall ist und Soziale Arbeit dann gefährdet ist, wenn ihre Akteure sich nicht in der Lage zeigen, den sich wandelnden und steigenden Anforderungen Genüge zu tun. Dies gilt für selbstständige Akteure im Besonderen, da sie sich Tag für Tag auf dem Markt behaupten und die Qualität ihrer Leistungen unter Beweis stellen müssen. Weiterhin beklagt Holewa: „(Es ist) die eigene Hilflosigkeit der Sozialarbeit, die Qualität verteidigen will und sie auf eine Art und Weise kommuniziert, die unter den herrschenden gesellschaftlichen Bedingungen nicht mehr haltbar ist." (Holewa 2003: 3)

Resümieren schließlich kann man den Stand der derzeitigen Qualitätsdiskussion mit den Worten von Barbara Aßmann: „QM eröffnet neue Möglichkeiten zur Professionalisierung und zur inhaltlichen Systematisierung von Sozialer Arbeit. QM braucht Menschen, die in der Lage sind, selbstbewusst und kritisch die eigene Arbeit zu reflektieren, die neue Ideen zulassen und an deren Umsetzung kreativ und konstruktiv arbeiten" (Aßmann 2003: 3), und Menschen, die den Mut haben, den Professionalisierungs- und Anerkennungsprozess ihrer Leistungen selbst zu forcieren und durch Eigeninitiative und Öffentlichkeitsarbeit voranzutreiben.

4.9 Zusammenfassung

Die theoretische Exploration zum Thema selbstständige Leistungserbringung innerhalb der Sozial- und Gesundheitsdienste hat deutlich gemacht, dass sich die tradierten Strukturen der Erbringung sozialer Dienstleistungen öffnen müssen, um sich wandelnden gesellschaftlichen Bedarfen Rechnung zu tragen und bedarfsgerechtere und effizientere Hilfeleistungen anzubieten. Verstärkt wird diese Notwendigkeit durch die zunehmende Verschärfung der finanziellen Situation öffentlicher Kassen infolge der sozialstaatlichen Krise. Dargestellt wurde deshalb der generelle Ablauf möglicher Existenzgründungen im Bereich der Sozial- und Gesundheitsdienste als Möglichkeit einer mehr oder weniger neuen Form oder bislang noch nicht sehr weit verbreiteten Form der Leistungserbringung in Einzel- oder Kleinstniederlassung direkt in den Lebenswelten der Klienten, in Kooperation mit tradierten Anbietern oder anderen Professionen. Möglich sind dabei selbstständige Tätigkeiten neben einer beruflichen Festanstellung oder die komplette Erbringung sozialer Dienstleistungen in Selbstständigkeit.

Es ließ sich feststellen, dass der Vorbereitungsphase einer geplanten Existenzgründung besondere Sorgfalt zu widmen ist und dass sich der so genannte Businessplan als geeignetes Planungs- und Darstellungsinstrument hierzu anbietet. Grundsätzlich sind innerhalb der Exploration unternehmerbezogene Faktoren einer Existenzgründung und unternehmensbezogene Faktoren zu unterscheiden. Besondere Bedeutung im Hinblick auf den Erfolg einer Existenzgründung kommt verständlicherweise der Person des Existenzgründers zu. Zwar lässt sich keine generelle Existenzgründerpersönlichkeit ausmachen, dennoch existieren für eine Existenzgründung förderliche und dementsprechend auch hindernde Eigenschaften, die es vor der Aufnahme einer Selbstständigkeit zu prüfen und möglicherweise zu adaptieren gilt. Hinsichtlich der Motive, in die Selbstständigkeit zu gehen, lassen sich positive Motivatoren (Lustgewinn) und negative Motivatoren (Schmerzvermeidung) differenzieren, wobei die positiven Motivatoren besser geeignet sind, erfolgreiche Unternehmensgründungen zu generieren. Generell scheinen sich ein hohes Maß an Eigenverantwortlichkeit, ein ausgeprägtes Kohärenzgefühl und die Fähigkeit, sich selbst und andere zu begeistern und immer wieder neu zu motivieren, als förderliche Faktoren eines Existenzgründers zu bewähren. Den Übergang zwischen den unternehmerbezogenen Faktoren und den unternehmensbezogenen Faktoren bildet das Risikomanagement. Hierbei kommt der Absicherung der Arbeitskraft des Existenzgründers die höchste Bedeutung zu. Geringer einzustufende Risiken lassen sich, je nach finanziell hierzu zur Verfügung stehendem Kapital, gerade in der Gründungsphase möglicherweise auch vernachlässigen. Der Verlauf der unternehmensbezogenen Planung verläuft in der Regel in vier Phasen. Die Entwicklung der Geschäftsidee, die Konkretisierung in Form eines Businessplanes, die Eröffnungsphase und schließlich die dauerhafte Etablierung des Unternehmens.

Hinsichtlich der Planbarkeit einer Existenzgründung innerhalb des Sozial- und Gesundheitswesens wurde deutlich, dass sich die bislang mangelnde empirische Beobachtung dieses Feldes als äußerst problematisch erweist, sodass zum Teil auf Schätzwerte und Planungshypothesen anstelle von verlässlichen Kennzahlen zurückgegriffen werden muss, die nur übergangsweise und mangels besserer Alternativen zu akzeptieren sind. Langfristig ist es aus Gründen der Plan- und Steuerbarkeit, der Transparenz, des Qualitätsmanagements, der Vergleichbarkeit und des Nachweises der Effektivität und Effizienz der erbrachten Leistungen unumgänglich, diese Datenlage sukzessive zu verdichten und geeignetes Datenmaterial zur Einführung bewährter Steuerungs- und Controllinginstrumente, wie beispielsweise die Balanced Score Card, auf den Bereich der Sozial- und Gesundheitsdienste zu übertragen und für deren Akteure operationalisierbar zu machen. Generell ist für die bestmögliche Positionierung des Unternehmens eine möglichst exakte Zielgruppenanalyse, verbunden mit einer Bedarfs- und Standortanalyse durchzuführen. Kapitalbedarf und Finanzierungsmöglichkeiten sind zu klären und für die effektive Fortführung des Unternehmens geeignete Kennzahlen zu entwickeln. Diese würden in anderen Bereichen üblicherweise der Branche entnommen, aufgrund der geschilderten Problematik wird innerhalb der Sozial- und Gesundheitsdienste jedoch vorerst noch zum größten Teil auf Schätzungen zurückgegriffen werden müssen, bis die Akteure geeignetes Datenmaterial erhoben und publiziert haben. Als besonders sinnvoll, im Hinblick auf die Nutzung genereller Synergieeffekte, ist das Eingehen von Kooperationen und die Schaffung von Netzwerken hervorzuheben. Hieraus lassen sich unter anderem positive Effekte für das eigene Marketing ziehen, verbunden mit der Möglichkeit, unternehmensinterne Kosten zu senken. Hinsichtlich der einzuschlagenden Werbestrategien kommt der Marktanalyse wieder besondere Bedeutung zu. Sinnvoll kann es in diesem Zusammenhang auch sein, sich mit bereits etablierten Branchenkennern kurzzuschließen, um unnötige Ausgaben zu verhindern. Im Rahmen des allgemeinen Marketings, bei dem es vor allem darum geht, den geeigneten, auf den Existenzgründer und das Unternehmen zugeschnittenen Marketing-Mix zu erarbeiten, wurde auch der Aspekt des Selbstmarketings durch Selbstüberzeugung bearbeitet, dem, wie bereits erwähnt, als Persönlichkeitsaspekt des Existenzgründers besondere Bedeutung zukommt. Es handelt sich hierbei um einen Bereich, der gerade für die Sozial- und Gesundheitsdienste eng mit dem Erfolg des Existenzgründers und damit des Unternehmens verbunden ist, der jedoch bei mangelnden Kompetenzen durchaus zu bearbeiten und positiv zu beeinflussen ist.

Die Bereiche der Personalauswahl und der Wahl der geeigneten Rechtsform spielen eine große Rolle, wenn es um die Expansion und die dauerhafte Etablierung des Unternehmens geht, und wurden daher auch im Rahmen dieser Arbeit thematisiert. Aufgrund der Tatsache, dass diese beiden Aspekte in der Gründungszeit oft noch keine Rolle oder nur eine untergeordnete Rolle spielen, wurden jedoch lediglich die wichtigsten Aspekte, die es zu berücksichtigen gilt, besprochen. Äußerst bedeutsam wiederum ist das Qualitätsmanagement, mit dem sich gerade Soziale Arbeit eher schwertut. Dies wird auch wieder in dem bereits besprochenen Problem des fehlenden umfangreichen Datenmaterials deutlich. Festzuhalten ist in diesem Zusammenhang, dass sich Soziale Arbeit hier eines bedeutenden Legitimitätsinstrumentes beraubt, was sie langfristig, insbesondere im Konkurrenzkampf mit anderen Professionen, zu Fall bringen kann und mehr und mehr vom Markt sozialer und gesundheitsbezogener Leistungen in eine Randposition drängen kann.

B. Empirischer Teil

5 Theoretischer Rahmen der Studie

Ziel der vorliegenden Untersuchung ist zum einen die Bedarfsforschung bei selbstständig tätigen Akteuren Sozialer Arbeit und zum anderen die Erhebung fördernder (und hindernder) Faktoren auf dem Weg zu oder innerhalb selbstständiger Leistungserbringung im Feld der Sozial- und Gesundheitsdienste. Damit sollen die notwendigen Grundlagen geschaffen werden, um einerseits bereits tätigen Selbstständigen ihre tägliche Arbeit zu erleichtern und ihnen bedarfsgerechte Unterstützungsleistungen anzubieten und andererseits deren Erfahrungen als Expertenwissen zum Thema „Selbstständigkeit und Soziale Arbeit" für nachfolgende Existenzgründer operationalisierbar und nutzbar zu machen. Forciert werden soll damit eine Art „Best Practice", bei der in Form eines professionell initiierten und kontinuierlich fortgeführten Wissensmanagements Erfolgswissen generiert und zur systematischen Verbesserung von Innovationsfähigkeit, Produktivität und Qualität innerhalb Sozialer Arbeit nutzbar und allgemein zugänglich gemacht wird.

Da während der theoretischen Exploration zum Thema mehrfach deutlich wurde, dass die fehlende empirische Datenlage innerhalb der professionellen Leistungserbringung Sozialer Arbeit eine erhebliche Legitimierungs- und Professionalitätslücke darstellt, soll hier ein Anfang gemacht werden, diese sukzessive zu schließen. Mit diesem Bestreben ist die Hoffnung verbunden, zu weiteren Forschungsarbeiten in diesem Bereich anzuregen und nach und nach die Datenlage so zu verdichten, dass verlässliche Kennzahlen und Vergleichswerte daraus abzuleiten sind. Hieraus ließe sich ein Nutzen generieren, der nicht nur für selbstständige Akteure, sondern für die Profession insgesamt relevant ist, weil sich hiermit der allgemeinen Forderung nach mehr Transparenz, Leistungs- und Qualitätsnachweisen nachkommen lässt. Was der Profession insgesamt zu mehr Akzeptanz, Nachdruck und schließlich zu der Möglichkeit der Ausweitung ihres Handlungsrahmens zum Wohle ihrer Klienten verhelfen wird.
Schließlich sei noch verwiesen auf den aus der Studie zu erwartenden Nutzen für die Lehre Sozialer Arbeit. Durch die gewonnenen Daten werden Hochschulen in die Lage versetzt, künftige Studentinnen und Studenten umfangreicher auf das in seiner Relevanz steigende Thema Selbstständigkeit im Bereich der Sozial- und Gesundheitsdienste vorzubereiten. Hierzu müssen entsprechende Themen entweder in die vorhandenen Curricula mit aufgenommen werden oder externe Leistungen zum Thema Existenzgründung eingekauft werden. Dabei ist jedoch darauf zu achten, dass diese explizit auf den Bereich der Sozial- und Gesundheitsdienste ausgerichtet sind.

6 Forschungsdesign

In der vorliegenden Studie werden zwei Gruppen von Professionellen zu ihren Erfahrungen befragt, die unmittelbar mit der Thematik „Selbstständigkeit und Soziale Arbeit" in Berührung kommen. Dies sind zum einen bereits selbstständig tätige Akteure des Sozial- und Gesundheitsbereichs und zum anderen Akteure, die sich aufgrund ihrer beruflichen und/oder ehrenamtlichen Tätigkeit intensiv mit der Thematik auseinandersetzen müssen. Bei den befragten selbstständigen Akteuren Sozialer Arbeit spielt es dabei keine Rolle, ob diese die Selbstständigkeit haupt- oder nebenberuflich ausüben. Die Studie wird nicht regional begrenzt, sondern deutschlandweit durchgeführt. Inklusionsfaktor ist ein der Sozialen Arbeit zuzurechnendes Grundstudium, wie Sozialarbeit, Sozialpädagogik, Pädagogik, Heilpädagogik, Sozial- und Erziehungswissenschaft.

Um zu einer dichteren Datenlage zu gelangen, werden zwei methodische Zugänge trianguliert, sodass sowohl quantitative Datensätze als auch qualitative Datensätze zueinander in Bezug gesetzt werden. Die Auswertung der Fragebögen erfolgt entsprechend der Erhebungsmethode mittels statistischer Verfahren oder im Falle der Hybridfrage mittels Clustertechnik (vgl. Bortz/Döring 2002). Hiermit soll dem generell großen Bedarf an quantifizierten Daten, insbesondere jedoch dem im theoretischen Teil der Arbeit deutlich gewordenen speziellen Bedarf innerhalb der Sozial- und Gesundheitsdienste Rechnung getragen werden. Die Auswertung der Experteninterviews erfolgt in Anlehnung an Mayring und umfasst die Prozessschritte der zusammenfassenden Inhaltsanalyse und der explizierenden Inhaltsanalyse. Die Strukturierung erfolgt anhand der dem Leitfaden zugrunde gelegten Fragestellungen (vgl. Bortz/Döring 2002).

6.1 Methodische Zugänge

Die Erhebungen der Daten erfolgt mittels Fragebogenerhebung und Experteninterviews. Das zu untersuchende Feld wird hierzu unterteilt in Experten ersten und zweiten Grades. Als Experten ersten Grades werden solche bezeichnet, die sich im Zuge ihrer eigenen Existenzgründung direkt mit der Thematik auseinandersetzen müssen und infolgedessen über ein vielfältiges und differenziertes Erfahrungs- und Expertenwissen verfügen. Als Experten zweiten Grades werden solche bezeichnet, die aufgrund ihrer beruflichen und/oder ehrenamtlichen Tätigkeit mit der Thematik in Kontakt kommen und die sich auf diese Weise ein indirektes Expertenwissen angeeignet haben.

Folgende handlungsleitenden Fragen werden beiden Untersuchungen zugrunde gelegt: (1) Lassen sich hinsichtlich einer geplanten Existenzgründung förderliche oder hemmende Faktoren ausmachen? (2) Verändert die vermehrte selbstständige

Leistungserbringung im Bereich der Sozial- und Gesundheitsdienste das Selbst-
und Fremdbild Sozialer Arbeit? (3) Lässt sich die Gründungssituation zukünftiger Existenzgründer möglicherweise erleichtern?

Von zusätzlichem Interesse ist im Bereich der Fragebogenerhebung der Aspekt
möglicher Leistungsfeldkonvergenzen, spezifischer Bedarfe selbstständiger Akteure und möglicher Aussagen über das Preis-Leistungs-Verhältnis Sozialer Arbeit aus der Sicht der Professionellen sowie deren genereller Lebenssituation und
im Bereich der Experteninterviews die Möglichkeit divergierender Betrachtungsweisen gegenüber den Experten ersten Grades bzw. die Möglichkeiten genereller Erkenntniszugewinne.

6.2 Feldzugang und Stichprobe

Der Feldzugang zu den Experten ersten Grades gestaltet sich aufgrund der Tatsache, dass für diesen Bereich keinerlei regionale oder überregionale Registrierun-
gen vorhanden sind, äußerst schwierig. Aus diesem Grund wäre auch zurzeit eine
sicherlich wünschenswerte und aufgrund der zu erwartenden Anzahl selbstständiger Akteure Sozialer Arbeit momentan noch durchführbare Vollerhebung nicht
möglich. Glücklicherweise gelang es in der vorliegenden Untersuchung, über den
Verteiler der Bundesfachgruppe Selbstständige des Deutschen Berufsverbandes
für Soziale Arbeit (DBSH) den Fragebogen an 152 Akteure zu mailen, fünf dieser E-Mails konnten nicht regelrecht übermittelt werden, sodass diese abzuziehen
sind, wodurch 147 zugestellte Fragebögen verbleiben. Über Internetrecherche
und private Kontakte konnten weitere 20 E-Mail-Adressen ermittelt werden. Insgesamt führte dies zu einer Ad-hoc-Stichprobe von 167 Akteuren Sozialer Arbeit
(n = 167), denen der Fragebogen per E-Mail erfolgreich zugestellt werden konnte.

Der Zugang zu den Experten zweiten Grades gestaltet sich im Gegenzug zu den
zuvor geschilderten Zugangsalternativen einfacher. Die Experten wurden auf einer in Jena stattfindenden Bundesfachtagung des DBSH kontaktiert. Insgesamt
konnten auf diese Weise vier Experteninterviews durchgeführt werden.

6.3 Triangulation der methodischen Zugänge

Bei der Erhebung der Daten werden im vorliegenden Fall zwei methodologische
Zugänge miteinander kombiniert, wodurch der Forschungsgegenstand aus zwei
verschiedenen Perspektiven betrachtet werden kann. Methodisch gesehen handelt
es sich hierbei um den Vorgang der Triangulation (vgl. Flick 2002 und 2003).

95

Ziel dabei ist es, Grenzen der einzelnen Erhebungsmethoden zu überschreiten, um zu einer weiteren und tieferen Datenlage zu gelangen. Möglicherweise lässt sich somit zu Erkenntnissen gelangen, die durch die Anwendung nur einer Methode nicht möglich gewesen wäre. Ein weiterer Vorteil besteht in der Datenverknüpfung zweier unterschiedlicher Felder, deren Akteure den Forschungsgegenstand aus unterschiedlichen Blickwinkeln betrachten. Uwe Flick spricht in diesem Zusammenhang von Vergleichs- und Verbindungsmöglichkeiten auf einer höheren Untersuchungsebene, die es ermöglicht, so genannte blinde Flecken und Schwerpunktsetzungen subjektiver Art kenntlich zu machen (vgl. Flick 2003).

Beide Erhebungsmethoden werden zunächst unabhängig voneinander eingesetzt und produzieren somit einen Satz von Fragebogendaten (quantitativ) und einen Satz Interviewdaten (qualitativ). Bezogen auf das Feld werden diese differenziert in Expertendaten ersten Grades und Expertendaten zweiten Grades. Beide Datensätze lassen sich nach den Kriterien der Übereinstimmung oder Gegensätzlichkeit der Aussagen untersuchen sowie nach dem grundsätzlichen Erkenntniszugewinn. Damit kommen im vorliegenden Fall zwei Arten der Triangulation zur Anwendung, zum einen die Datentriangulation und zum anderen die Methodentriangulation (vgl. Flick 2002). Flick äußert hierzu, dass die Triangulation von Methoden und Perspektiven primär dann aufschlussreich wird, wenn sie divergierende Perspektiven verdeutlichen kann (vgl. Flick 2003), wobei diese nicht nach Kriterien von „richtig" oder „falsch" zu beurteilen sind, sondern nach dem Gegenstand und der Sinnhaftigkeit der zugrunde gelegten Perspektive. Der besondere Vorteil dieser Vorgehensweise ist vor allem in der Tatsache begründet, dass sich somit instrumenten- und perspektivenspezifische Verzerrungen vermeiden lassen und verlässlichere empirische Interpretationen möglich sind (vgl. Kromrey 1998). „Insbesondere bei komplexen und bei noch in der Entwicklung befindlichen Forschungsgegenständen (...) erbringt erst eine bewusst geplante Methodenvielfalt die notwendige Fülle an Informationen, um daraus ein Gesamtbild zusammenzustellen und auch um die gefundenen Teilinformationen gegenseitig validieren zu können." (Kromrey 1998: 508)

7 Experteninterview

Bislang besteht über den Begriff des Experten in der Literatur keine Einigkeit. Daher ist es notwendig, die begriffliche Fassung zunächst abzuklären. Landläufig sind Experten Menschen, die aufgrund ihrer individuellen Erfahrungen oder Kenntnisse über spezifisches Wissen verfügen. Entweder handelt es sich dabei um Angehörige so genannter Funktionseliten, Menschen also, die sich aufgrund ihrer beruflichen oder ehrenamtlichen Position ein bestimmtes funktionelles Wissen angeeignet haben bzw. durch den Erwerb dieses funktionellen Wissens die entsprechende Position erlangt haben, oder es handelt sich um Menschen, die zwar über keine herausragende Position verfügen, sich dennoch aufgrund ihrer Interessen, ihren beruflichen Verpflichtungen, besonderen Erfahrungen oder Ähnlichem spezifisches Wissen angeeignet haben. Innerhalb der vorliegenden Untersuchung ist Ersteres der Fall. Ziel des Experteninterviews ist es nun, dieses Wissen zu erheben und operationalisierbar zu machen. Konstituierende Aspekte des Experteninterviews sind demnach die Rolle des Befragten, das Ziel der Befragung und der Zweck der Befragung (vgl. Gläser/Laudel 2004).

Typologisch lassen sich das explorative, das systematisierende und das theoriegenerierende Experteninterview unterscheiden. Von explorativen Experteninterviews ist die Rede, wenn diese der „Herstellung einer ersten Orientierung in einem thematisch neuen oder unübersichtlichen Feld dienen, zur Schärfung des Problembewusstseins des Forschers oder auch als Vorlauf zur Erstellung eines abschließenden Leitfaden. Explorative Interviews helfen in diesem Sinne, das Untersuchungsgebiet thematisch zu strukturieren und Hypothesen zu generieren." (Bogner/Littig/Menz 2005: 37) Das systematisierende Experteninterview steht dem explorativen sehr nahe, indem es sich um eine systematische Informationsgewinnung mithilfe des Expertenwissens bemüht. „Im Vordergrund steht hier das aus der Praxis gewonnene, reflexiv verfügbare und spontan kommunizierbare Handlungs- und Erfahrungswissen." (Bogner/Littig/Menz 2005: 37) Das theoriegenerierende Experteninterview fokussiert die kommunikative Erschließung subjektiver Dimensionen des Expertenwissens und theoretisch gehaltvoller Konzeptualisierungen von impliziten Wissensbeständen. „Dieses Verfahren zielt idealerweise auf Theoriegenerierung über die interpretative Generalisierung einer Typologie." (Bogner/Littig/Menz 2005: 38)

In der vorliegenden Untersuchung handelt es sich um eine Variation aus explorativem und systematisierendem Experteninterview. Grundsätzlich existiert eine thematische Sondierung durch den vorstrukturierten Leitfaden. Dieser ist jedoch so einzusetzen, dass spontanen Richtungsänderungen nachgegangen und genügend Raum geboten werden kann. Wert wird dabei allerdings auch auf die Vergleichbarkeit der zu erhebenden Daten gelegt, insbesondere vor dem Hintergrund der angestrebten Triangulation.

Der Interviewleitfaden umspannt vier Fragen zum Thema „Selbstständigkeit und Soziale Arbeit". Die Fragen sind bewusst sehr offen angelegt und sollen den Befragten als Erzählanstoß dienen. Kapitel 7.1 gibt die Fragen und Erzählanstöße des Leitfadens wieder und verweist gleichzeitig auf die dahinterliegende Fragestellung. Die Interviews werden mithilfe eines Voicerecorders aufgenommen und anschließend transkribiert. Da bei den Experten hinsichtlich der Befragung und der Sachbezogenheit der Thematik keine emotionale Beteiligung zu erwarten ist, wird darauf verzichtet, Gesprächsmerkmale, wie beispielsweise Tonhöhen, Pausen, Wortabbrüche usw. zu dokumentieren. Außerdem wird das Transkriptionsmaterial soweit geglättet, dass umgangssprachliche Redewendungen, Füllwörter und verschluckte Silben, die für den Sinnzusammenhang keine Bedeutung haben und die Lesbarkeit der Texte nur unnötig erschweren, ausgelassen werden. Die kompletten Interviews werden im Anhang, unter A2 dargestellt, hinsichtlich der Textgestaltung werden um der einheitlichen Gestaltung willen die gleichen Einstellungen vorgenommen, die in der gesamten Arbeit verwendet werden. Die Sprecher werden mit Großbuchstaben und Doppelpunkt gekennzeichnet, wobei „I" für den Interviewer steht und für den Interviewten jeweils der erste Buchstabe seines Familiennamens verwendet wird. Ausgewählte Auszüge der Interviews und deren Interpretation werden in Kapitel 7.2 dargestellt.

7.1 Themenbezogene Fragen und zugrunde liegende Fragestellungen

Leitfaden	Fragestellung
Wie beurteilen Sie die generelle Möglichkeit sozialer Leistungserbringung in Selbstständigkeit?	Welches generelle Bild existiert über die Möglichkeit der selbstständigen Leistungserbringung innerhalb Sozialer Arbeit?
Welche Tendenzen und Entwicklungsmöglichkeiten, hinsichtlich der vermehrten selbstständigen Leistungserbringung innerhalb der Sozial- und Gesundheitsdienste sehen Sie?	Welche Zukunftsprognosen lassen sich im Hinblick auf den sich abzeichnenden Trend der Existenzgründung im Bereich der Sozial- und Gesundheitsdienste treffen?
Wie würde Ihrer Meinung nach die vermehrte selbstständige Leistungserbringung das professionelle Selbst- und Fremdbild der Sozialen Arbeit verändern?	Ist die vermehrte selbstständige Leistungserbringung innerhalb Sozialer Arbeit in der Lage, deren Selbst- und Fremdbild positiv zu beeinflussen?
Welche Ratschläge und Empfehlungen würden Sie künftigen Existenzgründern im Bereich der Sozial- und Gesundheitsdienste mit auf den Weg geben?	Lassen sich hinsichtlich einer geplanten Existenzgründung innerhalb der Sozial- und Gesundheitsdienste förderliche Aspekte formulieren?

7.2 Ausgewählte Auszüge der Interviews und deren Interpretation

Auf die Leitfadenfrage hinsichtlich genereller Möglichkeiten sozialer Leistungserbringung in Selbstständigkeit wurden die im Folgenden dargestellten Aussagen getroffen:

„Die Möglichkeit der Leistungserbringung in Selbstständigkeit wird von Monat zu Monat, das ist meine Erfahrung, höher, da insbesondere der öffentliche Dienst oder die Sozialhilfe oder Jugendhilfe, Kostenträger, die Bundesagentur usw. die tariflichen Vergütungen nicht mehr zahlen wollen, und hier sehen sie eine Chance, die Preise zu drücken. (...) Ich finde es eine ganz schlimme Entwicklung, es entwertet die Sozialarbeit, es entwertet absolut unsere Profession und ich halte es für nicht angemessen, das ist für mich der purste Kapitalismus. Angebot und Nachfrage, und da wir sehr viele Kolleginnen haben, die keine feste Arbeitsstelle haben, ist die gewünschte Selbstständigkeit nur bei, ich würde sagen, knapp 10 % vorhanden. Die aus Überzeugung selbstständige Arbeit machen, die anderen machen sie notgedrungen, um irgendeine Tätigkeit nachzuweisen (...). Und das ist die Gruppe, die die Preise absenkt. ..." (Gosejakob-Rolf 2007)

„Ich denke, dass es die Chance der Zukunft ist und dass sich aufgrund der Veränderungen in allen Gesellschaftssystemen diese Chancen erheben werden (...) Die Entwicklung (...) wird so sein, dass Vernetzung das zentrale Thema aber auch das zentrale Problem der Zukunft sein wird. (...) Und da sehe ich den Bedarf an Unterstützungsmanagement, was Sozialarbeit besonders leisten kann. (...) Und (...) ich sehe die Chance, weil Interessenskollisionen zwischen (den) verschiedenen Leistungserbringern führen dazu, dass die Leistungserbringer nicht unbedingt Interesse an Vernetzung haben. (...) Und (die Nutzer) werden erleben und spüren, dass ihre Interessen dabei nicht adäquat berücksichtigt sind und genau in diesem Segment sehe ich die Chance für Soziale Arbeit in selbstständiger Funktion, als Dienstleister für die Betroffenen tätig zu sein und dann auch bezahlt zu werden, von den Betroffenen oder auch von den Selbsthilfeverbänden, (...) oder auch den Kostenträgern, die allein schon aus ökonomischen Gründen erkennen, diese Versorgungslücken fallen uns mittel- bis langfristig auf die Füße und haben nicht den positiven ökonomischen Aspekt, den wir brauchen ..." (Kraus 2007)

„Nun (...), ich sehe viele Möglichkeiten, für den Bereich der Selbstständigkeit im sozialen Sektor. Wir müssen aber darauf achten, dass Qualitätsstandards aufrechterhalten werden. Wir müssen außerdem darauf achten, dass es im Rahmen des Finanziellen keine Absenkungen gibt, (...) es fing an mit der Bundesagentur für Arbeit, die verschiedene Leistungen ausgeschrieben hat. Darauf haben sich verschiedene Träger beworben und diese Träger haben sich gegenseitig unterboten. (...) Für den Selbstständigen wäre es halt wichtig, dass wir so etwas wie eine Selbstverpflichtung hinbekommen. Dass wir gemeinsame Regelsätze entwickeln und uns dafür einsetzen, dass diese Regelsätze eben auch eingehalten werden. (...) Ich habe eben auch in meiner Tätigkeit in der Tarifkommission lernen müssen, dass Kollegen sagen, ihnen ist die Stelle mit weniger Geld lieber als keine Stelle. Das ist immer eine Abwägung, eine soziale Abwägung und eine Abwägung der Qualität ..." (Leinenbach 2007)

„Also, ich denke, generell ist es so, dass die Leistungserbringung im Bereich Sozialer Arbeit als Selbstständiger, sich auch nicht groß unterscheidet von der Leistungserbringung (...) als Angestellter, (...) dass die Bereiche, die jetzt in der Angestelltentätigkeit erbracht werden, größtenteils eben auch von Selbstständigen abgedeckt werden können ..." (Reichl 2007)

Deutlich wird, dass die von den befragten Experten getroffenen Aussagen mit den Ergebnissen der theoretischen Exploration weitestgehend übereinstimmen. Grundsätzlich lässt sich ein zunehmender Bedarf, verbunden mit der Möglichkeit und Notwendigkeit einer Ausweitung selbstständiger Leistungserbringung innerhalb der Sozial- und Gesundheitsdienste feststellen. Es lassen sich aber auch kritische Entwicklungstendenzen ausmachen, dahingehend, dass einzelne Akteure oder auch Organisationen sich dazu verleiten lassen, ihre Leistungen zu Dumping-Preisen anzubieten, was sicherlich zu kritisieren ist und was nicht nur den einzelnen Akteuren, sondern der gesamten Profession nachhaltigen Schaden zufügt.

Hinsichtlich der Tendenzen und Entwicklungsmöglichkeiten selbstständiger Leistungserbringung innerhalb der Sozial- und Gesundheitsdienste waren insbesondere folgende Aussagen relevant:

„Ich sehe große Möglichkeiten, wie ich schon dargestellt habe. Vielleicht kann ich es noch einmal organisatorisch aufgreifen, wer die Kunden, die potenziellen Kunden des Selbstständigen dann sein könnten. Einerseits die Nutzer direkt, was ich eben schon dargestellt habe, wo eben mein Schwerpunkt lag, aber gleichzeitig auch die Kostenträger, die eben auch übergreifend eine ganzheitliche Versorgung sicherstellen müssen, um mittel- und langfristig ökonomischen Erfolg (...) zu haben, und die sich diese Kompetenz, die dafür erforderlich ist, z. B. Kenntnisse über andere Sozialgesetze, einkaufen oder auch (den) Moderationsprozess, den es ja fordert, um vernetzen zu können, extern einkaufen, weil es günstiger ist, oder auch von Leistungserbringern, die dieses externe Potenzial nutzen wollen, um sich selbst weiter zu entwickeln und da neue Zusammenschlüsse zu kreieren ..." (Kraus 2007)

„Also der Bedarf, den ich sehe, ergibt sich daraus, dass die tariflichen Mitarbeiter entsprechend durch Outsourcing zurückgefahren werden, d. h. große Wohlfahrtsverbände, der öffentliche Dienst insgesamt betreibt Outsourcing. Dadurch wird natürlich die Leistung weiterhin gefragt, d. h. dass für diese Kollegen sich natürlich neue Räume ergeben, die vorher von den tariflichen Kollegen bearbeitet wurden, die dann jetzt zu den freiberuflichen Kollegen kommen ..." (Leinenbach 2007)

„Also ich seh die Tendenz weg von den staatlichen Pflichtleistungen, ganz einfach deswegen, weil dort die Finanzierung immer problematischer wird. Also die öffentlichen Haushalte sparen enorm ein, die großen Träger, Wohlfahrtsverbände reagieren darauf mit Sparkonzepten, würd ich mal sagen, teilweise auch mit einer starken Deprofessionalisierung von Sozialer Arbeit. Da werden dann Sozialarbeiterstellen einfach umgewandelt in Erzieherstellen beispielsweise, wo früher eben viele Sozialarbeiter tätig waren, hat man häufig jetzt nur noch wenige, die das Ganze koordinieren und dann eben schlechter bezahltere Kräfte, teilweise auch noch Ein-Euro-Jobber nebenbei, die das Spektrum abdecken, was früher eben die Sozialarbeiter/Sozialpädagogen abgedeckt haben. Das heißt, da sehe ich eben, ja, ein starkes Problem auf den Selbstständigen zukommen, in diesem Bereich, der eben das nicht mitmachen kann. Also Ein-Euro-Job ist eben nicht möglich. Die eigene Arbeitskraft, die kann man halt nicht jetzt so aufsplitten, dass man sagt, die Hälfte der Arbeit, die ich mache, die mach ich jetzt unqualifiziert und die andere Hälfte qualifiziert, weil ein Selbstständiger sich ja als Person nicht teilen kann, und von daher ist das natürlich problematisch in dem Bereich. Wo ich eher so eine Möglichkeit sehe, ist eben im Bereich der selbst finanzierten Dienstleistungen, also bei den Selbstzahlern, wo diese (...) für die Leistung zahlen, da sehe ich allerdings das Problem, dass Soziale Arbeit einen relativ niedrigen Wert hat, so im allgemeinen Bewusstsein, dass also wenige Leute dazu bereit sind, die Stundensätze zu bezahlen, die eigentlich nötig wären, um eine echte Selbstständigkeit zu leisten für Dienstleistungen innerhalb der Sozialen Arbeit. (...) Was einfach mit der Historie zusammenhängt, dass diese ganzen Leistungen den Leuten eben, ja, jahrelang quasi umsonst, staatlich finanziert angeboten worden sind, und jetzt sagen sie, ja, das gab's doch immer umsonst, warum sollen wir jetzt plötzlich bezahlen. Das heißt also, da muss man sehr stark schauen, dass man dort Bereiche findet, wo eben nicht nur ein Bedarf besteht, sondern auch eine Bereitschaft, für diesen Bedarf zu bezahlen, und zwar so zu bezahlen, dass eine echte Selbstständigkeit möglich ist, und eine echte Selbstständigkeit ist nicht möglich z. B. bei Stundensätzen von 15, 20, 25 Euro, sondern die müssen darüber liegen, Gerade wenn man so die Probleme mit der Umsatzsteuer, die ja noch anfällt, berücksichtigt ..." (Reichl 2007)

Die Tendenzen und Entwicklungsmöglichkeiten selbstständiger sozialer Dienstleistungserbringung scheinen im Allgemeinen recht positiv betrachtet zu werden. Andreas Reichl verweist hier jedoch auf eine Problematik, die zwar durch die Beantwortung der vorangestellten Frage bereits deutlich wurde, und zwar, dass es innerhalb der Profession Tendenzen gibt, Leistungen zu Dumping-Preisen anzubieten und der gesamten Profession damit ungeheuren ökonomischen und einen die eigene strukturelle Verortung gefährdenden Schaden zuzufügen, schildert diese jedoch aus einem anderen Blickwinkel, indem er sie mit sichtbaren Deprofessionalisierungstendenzen der öffentlichen Träger verknüpft. Außerdem merkt er die geringe Lobby Sozialer Arbeit innerhalb der Gesellschaft an, verbunden mit der geringen Bereitschaft, für die von ihr erbrachten Dienstleistungen zu zahlen. Angesichts der beschriebenen Problematik der Dumping-Preise und Deprofessionalisierungstendenzen kann dies jedoch auch nicht verwundern. Obwohl sich hier natürlich gerade für selbstständige Leistungserbringer die Chance bietet, diesen Tendenzen mit den eigenen, qualitativ hochwertigen Leistungserbringungen zu begegnen. Letztendlich jedoch muss die Profession hier zu einem Konsens kommen, um sich nicht gegenseitig in einer Art Ausverkaufsmentalität den Markt und die eigene strukturelle Verortung zu zerstören.

An diese Problematik schließt die Frage nach den Veränderungsmöglichkeiten der Selbst- und Fremdwahrnehmung Sozialer Arbeit durch die vermehrte selbstständige Leistungserbringung an.

„Ich denke, dass es eine stärkende Wirkung hätte, weil selbstständige Leistungserbringung heißt, dass man eindeutig formulieren muss, was ist die Dienstleistung zu welchen Konditionen, mit welchem Effekt. Und auch Kriterien an die Hand geben muss, wie dieser Effekt sich bewerten lässt, evaluieren lässt und damit die Professionalisierung erreicht ist. Und die selbstständig tätigen Sozialarbeiterinnen (können) dazu beitragen (und ...) als Modelle letztendlich (...) fungieren für professionelle Soziale Arbeit ..." (Kraus 2007)

„Ja, auf der einen Seite, in dem Augenblick, wo eine Leistung angeboten wird, von Akteuren der Sozialen Arbeit, die, sag ich mal, einen hohen Grad von Professionalität aufweist, da ist es sicher positiv. Ich denke, wenn vermehrt Angebote auf dem Markt sind, die einerseits eine hohe Qualität aufweisen, auf der anderen Seite sich langsam dann auch das Bewusstsein etabliert, dass man für diese hohe Qualität eben auch dementsprechende Preise zu zahlen bereit ist, dann wird das sicherlich einen enormen Schub für Soziale Arbeit auslösen. Auf der anderen Seite besteht sicherlich auch die Gefahr, ich hab's vorhin schon erwähnt, mit bestimmten Nischen, die sich also ganz stark von der Profession entfernen, dort dann auch wieder die gesamte Profession zu diskreditieren. (...) Von daher müsste man gerade als Berufsverband daran interessiert sein, ein Qualitätsniveau zu schaffen für selbstständige Soziale Arbeit, dass eben so etwas nicht passieren kann ..." (Reichl 2007)

Auch hier lassen sich die Aussagen mit den gewonnenen Erkenntnissen der theoretischen Exploration vergleichen. Selbstständige Leistungserbringungen fördern das Ansehen der gesamten Profession. Notwendig ist es von verbandlicher Seite, verstärkt an der Schaffung geeigneter Qualitätssicherungen zu arbeiten und sich als Qualitätsgarant in der Öffentlichkeit zu präsentieren.

Bleibt noch zu fragen, welche Empfehlungen und Ratschläge die Experten künftigen Existenzgründern mit auf den Weg geben können.

„Sich a) zu prüfen, aus welcher Ambition machen Sie die Selbstständigkeit, denn das zieht sich durch das ganze berufliche Handeln durch. Wenn ich nicht von etwas überzeugt bin, dann mache ich die Sache auch nicht gut. Und wenn ich nicht gut bin, kann man mich in Leistungen und in der Vergütung knebeln, oder wenn ich es nur machen muss, so gut ich diese Motivation anerkenne, aber, um Geld zu verdienen, dann sollte ich rausgehen. Das sind für mich nicht die Selbstständigen, die mit Ambition und Leidenschaft die Selbstständigkeit wahrnehmen. Ich sage denen, dann macht es lieber nicht. (...) ich kann nur sagen, da bleib ich dabei, Selbstständigkeit ja, Leute guckt Euch Existenzgründungen an, redet mit Angestellten, was die kriegen, was die haben müssen (...). Lassen Sie sich beraten, welche Nebenkosten, die ein Angestellter ja nun nicht hat, was alles auf sie zukommt. Überlegen Sie, das wird bei den meisten vergessen, die Stundenanzahl, die sie bringen müssen, um ein anderes Gehalt zu kriegen, und die Urlaubs- und Krankheitszeiten. Die sie meistens in ihrer Kalkulation gerade als Berufsanfänger überhaupt nicht einberechnen. Also rundum Informationen und für sich dann entscheiden, will ich dieses und stehe ich dahinter. Das sind so für mich die beiden Aspekte ..." (Gosejakob-Rolf 2007)

„Den Markt zu evaluieren, zu prüfen, welche Leistung eingefordert ist und warum. Also, ich sag mal, wenn z. B. Jugendhilfemaßnahmen ausgegliedert werden ist halt die Frage, soll da wirklich etwas ausgegliedert werden oder geht es nur um Haushaltskonsolidierung. Wenn nur Haushaltskonsolidierung im Vordergrund steht, muss man gucken, wie bekommt man seine Standards durch (...). Das ist für mich einfach wichtig, zu gucken, zu sortieren, die Evaluation zu machen und zu überlegen, wie kriegt man das. Das Schlimmste ist für mich, wenn der öffentliche Dienst durch Haushaltskonsolidierung in seinem eigenen Bereich, bei den freien Trägern, den Zuschüssen und überall spart und unsere Kollegen dann, über die Selbstständigkeit, das geringe Einkommen akzeptieren. Also, wenn mein Stundensatz, also jetzt auf einmal nur noch 4,35 Euro ist, ich überspitz das jetzt mal, kann ich zwar 'ne große Leistung bringen, aber ... Wir werden immer qualifizierter, aber kriegen immer weniger Geld und das ist halt einfach der Punkt, wo wir sagen müssen, so selbstbewusst zu sein, wir bringen eine Leistung, wir bringen eine gute Leistung, wir lassen uns entsprechend qualifizieren, wir erbringen auch den Nachweis unserer Qualifikation und dann haben wir auch den Anspruch, für unsere Leistungen bezahlt zu werden. (...) Es gibt auch noch so einen netten Satz, was nichts kostet, ist nichts ..." (Leinenbach 2007)

„Also das Problem der Existenzgründer der Sozialen Arbeit ist ja, dass früher sehr viele Akteure, denk ich mal, in die Selbstständigkeit gewechselt sind, weil sie eine Idee hatten, die sie verwirklichen wollten und die sie vielleicht in ihrem Angestelltenverhältnis nicht verwirklichen konnten. Also aus so einer positiven Motivation heraus. Heutzutage ist es oftmals so, dass die Selbstständigkeit so als Notnagel gewählt wird. Man hat eben, weiß ich nicht, 20, 30 Bewerbungen geschrieben und sagt dann irgendwann, ich find ja sowieso nichts und ich mach mich jetzt selbstständig, als vermeintlich einfacheren Weg. Das ist sicher eine schlechte Herangehensweise, weil ich denke nicht, dass der Weg in die Selbstständigkeit eine einfachere Lösung ist als die weiteren Bewerbungen. Ich würde immer dazu raten, wenn ich eine gute Idee hab als möglicher Selbstständiger in der Sozialen Arbeit, zu schauen, diese Idee – hab ich die nötigen Ressourcen und die Lust, diese Idee umzusetzen. Gibt es einen Bedarf für diese Idee, die ich da entwickelt habe? Gibt es eine Bereitschaft bei den Leuten, bei der Zielgruppe, für diese Idee, für diesen Bedarf, vielleicht auch dementsprechend zu zahlen, oder gibt es die Möglichkeit, diesen Bedarf letztendlich über gesetzliche Garantieleistungen des Staates zu finanzieren. Das heißt, diese Finanzierungsgeschichte, die würde ich immer vorher noch mit abklären. Dann würde ich aufgrund dieser Vorüberlegungen mir eine Konzeption erstellen, und an der Konzeption dann auch eine Kalkulation, und würde mir ganz stark anschauen, gibt es denn in der Region, in der ich arbeite, auch wirklich diesen Bedarf. Kann ich das da machen? Also diese Marktanalyse, die ist auf jeden Fall sehr wichtig, also es kann sein, dass eine Idee, ich weiß nicht, was, in Erfurt beispielsweise gut ist, weil da einfach das Marktumfeld dementsprechend ist, und in Hamburg ganz schlecht oder umgekehrt. Das muss man einfach vorher gut analysieren. Wenn das so ist, also, dass das alles positiv bewertet werden kann, dann, denke ich, ist es sicher eine Möglichkeit, sich in der Sozialen Arbeit selbstständig zu machen, aber das würd ich vorher auf jeden Fall immer prüfen ..." (Reichl 2007)

Auch hier finden sich in den Aussagen der Experten viele Ratschläge wieder, die auch der theoretischen Exploration zu entnehmen waren. Von Bedeutung ist zunächst die Selbstexploration des Existenzgründers, um zu prüfen, welche Motivationen der geplanten Existenzgründung zugrunde liegen. Zu differenzieren sind intrinsische, eher positiv orientierte Motivationen der Verwirklichung bestimmter Ideen oder Ähnliches und extrinsische, verstärkt aus ökonomischen Zwängen erwachsende Motivationen, die von den Experten als weniger tragfähig eingestuft werden.

Als besonders wichtig wird die vor der Existenzgründung durchzuführende Planungsphase angesehen, zu der vor allem Informationsbeschaffung, Markt- und Bedarfsanalyse sowie eine gründliche Finanzplanung gehören. Als äußerst bedeutender Aspekt der Finanzplanung ist die eigene Preisgestaltung anzusehen, insbesondere im Hinblick auf die anzustrebende weitere Professionalisierung Sozialer Arbeit insgesamt. Entwicklungen, die dazu führen, soziale Dienstleistungen zu Dumping-Preisen anzubieten, sind zu hinterfragen und nachhaltig abzuwenden.

„Wir können das nur im gemeinsamen Schulterschluss unterbinden, und da appelliere ich an die Selbstständigen, dieses zu machen und sich dem Verband zu widmen." (Gosejejakob-Rolf 2007)

„Wir müssen (...) darauf achten, dass es im Rahmen des Finanziellen keine Absenkungen gibt, so etwas wie, ich nenne es einmal Selbstverpflichtung, das wäre vielleicht das richtige Wort, dass es eine Art Selbstverpflichtung gibt, sich nicht gegenseitig zu unterbieten." (Leinenbach 2007)

Hinsichtlich der Qualitätssicherung und der transparenten und vereinheitlichten Darstellung dieser Qualität existieren bereits konkrete Vorstellungen, die sich derzeitig in der Umsetzungsphase befinden.

„Noch eine Chance, die ich in der Selbstständigkeit sehe, dass ich neue Qualitätsstandards setzen kann. Ich brauche nicht den Genehmigungsweg. Ich setze sie selbst. Ich kann neue Ideen sehr schnell umsetzen und neue Richtungen sehr schnell umsetzen. Das ist eine Chance der Selbstständigkeit." (Gosejakob-Rolf 2007)

„(...) Deshalb haben wir das Berufsregister zurückgeholt, (...) um einfach zu sagen, die Kollegen, die sich dort registriert haben, die weisen das nach, dass sie entsprechende Qualifikationen besitzen." (Leinenbach 2007)

„Also eine Sache, wo der Berufsverband ja auch dran arbeitet, ist das Berufsregister. Darüber könnte man natürlich über bestimmte Qualitätskriterien sicherstellen, dass (...) vom Berufsverband über das Berufsregister zertifizierte Akteure der Sozialen Arbeit ein bestimmtes Qualitätsniveau aufweisen." (Reichl 2007)

Eng verbunden mit dem Thema Qualität ist das Ausmaß der individuell anzubietenden Leistungspalette, da sich hiermit die Verpflichtung verknüpft, sich entsprechend der vorgehaltenen Leitungen kontinuierlich weiterzubilden und das eigene Wissen auf dem neusten Stand zu halten. Andreas Reichl rät hier, eher zurückhaltend zu sein und nur solche Leistungen anzubieten, die auch in einem gewissen thematischen Zusammenhang stehen.

„(...) Ich würde raten, als Selbstständiger mich schon auf einen Bereich zu spezialisieren. (...) Mehrere Standbeine sind durchaus möglich (...), aber dann müssen das eben Bereiche sein, die in einem Zusammenhang miteinander stehen, soweit, dass (der) Fortbildungsbedarf nicht zu weit auseinander klafft." (Reichl 2007)

Abschließend lässt sich sagen, dass auf jeden Fall die Notwendigkeit deutlich wurde, dass die einzelnen Akteure und der Berufsverband stärker zusammenrücken, gerade in der Öffentlichkeit gemeinsamen Schulterschluss zeigen und verstärkt an Qualitätssicherung, an dem Ansehen Sozialer Arbeit in der Öffentlichkeit und an der Schaffung einheitlicher Richtlinien zu Preisgestaltung arbeiten. Sibylle Kraus hat dies als abschließenden Ratschlag an die aktuellen und künftigen selbstständigen Akteure auf den Punkt gebracht.

„Ich würde Sie auffordern, trotz aller Schwierigkeiten und trotz aller Nerven, die es kostet, weiter auf die Verbände zuzugehen und dieses Wissen und diese Intention der Selbstständigkeit (einzubringen), nämlich als Dienstleister zu fungieren und es wirklich im Blick zu haben, was ist der Auftrag meines Kunden und was muss ich tun, um diesem Auftrag zu genügen und positiv zu wirken. Auch dieses Wissen oder diesen Input in die bestehenden Verbände hereinzubringen, da eine Entwicklung in die Richtung Dienstleistung zu fördern und sich nicht abschrecken zu lassen, durch bestehende Strukturen und sicher auch sehr langsame Prozesse ..." (Kraus 2007)

8 Fragebogenerhebung

Da in der Erhebung möglichst viele selbstständig tätige Akteure Sozialer Arbeit befragt werden sollen und diese zunächst im Ablauf ihrer gewohnten Tätigkeiten nicht mehr als unbedingt notwendig „gestört" werden sollen, erscheint eine Fragebogenerhebung als das geeignetste Erhebungsinstrument, um zu den gewünschten Informationen zu gelangen. Einen weiteren Vorzug bietet außerdem die Möglichkeit, diesen über E-Mail zu versenden, wobei es sich um eine Möglichkeit der Kontaktaufnahme handelt, die heute (fast) jedem zugänglich und geläufig ist. Der Befragte wird damit keinem Druck ausgesetzt, die Fragen zu einem für ihn unpassenden Zeitpunkt zu beantworten, sondern kann dies entsprechend seines individuellen Zeitmanagements vollkommen ungestört und in Ruhe erledigen, ein Aspekt, der insbesondere im Hinblick auf die Selbstständigkeit der Befragten von Bedeutung ist.

Der für die Fragebogenerhebung zugrunde gelegte Fragebogen ist so konzipiert, dass er eine eindeutige Handhabung sicherstellt und die Befragten durch den Fragenkatalog führt. Das Deckblatt enthält Informationen zum Hintergrund, Zweck und zu den Zielen der Untersuchung. Bei eventuellen Unklarheiten wird auf die Möglichkeit der direkten Kontaktaufnahme verwiesen, um diese zu klären. Zwar wurde im Hinblick auf die Auswertung versucht, so weit wie möglich geschlossene Fragen zu formulieren, im Anbetracht der bereits im theoretischen Teil der Arbeit beschriebenen, aktuell „dünnen" Datenlage war es jedoch unumgänglich, die Möglichkeit im Vorfeld nicht bedachter Optionen mit einzubeziehen und diesen mithilfe von halb offenen Fragen, so genannten Hybridfragen, oder generell offenen Fragen Rechnung zu tragen (vgl. Bortz/Döring 2002). Grundsätzlich lässt sich die hier vorgenommene schriftliche Befragung mittels Fragebogen den quantitativen Methoden der Datenerhebung zuordnen. Vorteile dieser Erhebungsmethode liegen neben den bereits angeführten, in der geringen Kostenintensität und dem Verzicht auf steuernde Eingriffe des Forschers, wobei die hieraus erwachsende geringe Kontrollierbarkeit durchaus auch nachteilige Auswirkungen zeigen kann (vgl. Köppel 2003).

8.1 Darstellung der Ergebnisse

Zunächst ist festzustellen, dass der zu verzeichnende Rücklauf der Erhebung mit insgesamt 17 Fragebögen äußerst gering und unzufriedenstellend ausgefallen ist. Wobei dieses Verhalten der Befragten durchaus damit in Verbindung zu bringen ist, dass diese die Notwendigkeit einer Veränderung immer noch nicht erkannt haben. Silvia Staub-Bernasconi bezeichnet die Akteure Sozialer Arbeit als eine Gruppe von „Zweiflern und Verzagten" (Staub-Bernasconi 1995: 61-62). Sie scheinen jedoch außerdem eine Gruppe zu sein, die sich zwar einerseits über bestehende Missstände beklagt und politische Entscheidungsträger für diese anklagt, jedoch scheint es Ihnen an der Einsicht zu mangeln, dass nur sie selbst dafür Sorge tragen können, den Professionalisierungs-, Anerkennungs- und Etablierungsprozess der eigenen Profession voranzutreiben, indem sie mithelfen, notwendige Daten zu erheben, um damit einerseits die eigenen Akteure besser unterstützen und andererseits die eigenen Leistungen politischen Entscheidungsträgern und der Gesellschaft insgesamt transparent und zugänglich machen zu können.

Die Auswertung der erhobenen Daten erfolgte entsprechend der Fülle des mit den einzelnen Fragen erhobenen Datenmaterials. Während es beispielsweise bei der Frage nach möglichen Kindern ausreichte, eine Ja/Nnein-Gegenüberstellung zu machen, oder bei der Frage nach der Dauer der Selbstständigkeit der Mittelwert analysiert wurde, wurde bei den offenen Fragen, in Verbindung mit der statistischen Auswertung der Daten, auf die Technik des Clusterns zurückgegriffen, um die Datenlage so zu verdichten, dass allgemein gültige Aussagen darüber getroffen werden können. Die Auswertung und Datenverarbeitung erfolgte mit dem Programm Excel, welches die anschließende Erstellung von geeigneten Darstellungsmöglichkeiten bietet, um die Daten transparent zu präsentieren. Diese Ergebnisse werden nun im Folgenden zunächst kurz dargestellt und erläutert und unter Abschnitt 8.2 diskutiert.

Das erste Diagramm bezieht sich auf die vorherrschende Altersverteilung selbstständiger Akteure im Sozial- und Gesundheitsbereich.

Altersstruktur

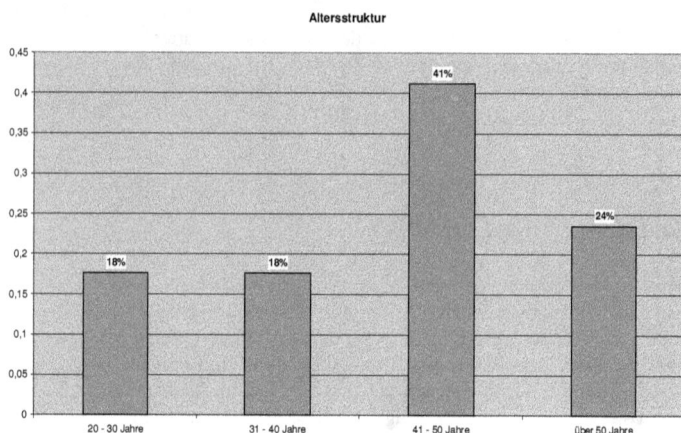

Bezüglich der Altersstruktur selbstständiger Akteure lässt sich eine deutliche Dominanz zwischen dem 40. und 50. Lebensjahr feststellen, was darauf schließen lässt, dass die Mehrzahl aller Selbstständigen erst nach der Sammlung einer fundierten Berufserfahrung in die Selbstständigkeit wechselt, was auch auf eine unzureichende Vorbereitung von Seiten der Hochschulen zurückgeführt werden könnte, da hier Aspekte der Existenzgründung und betriebswirtschaftlich orientiertes Wissen bislang nur marginal vermittelt werden, wie auch in der theoretischen Exploration bereits erwähnt wurde

Die geschlechtliche Verteilung der Akteure stellt sich so dar, dass die überwiegende Anzahl der Selbstständigen von weiblichen Akteuren gestellt wird.

Geschlechtsverteilung

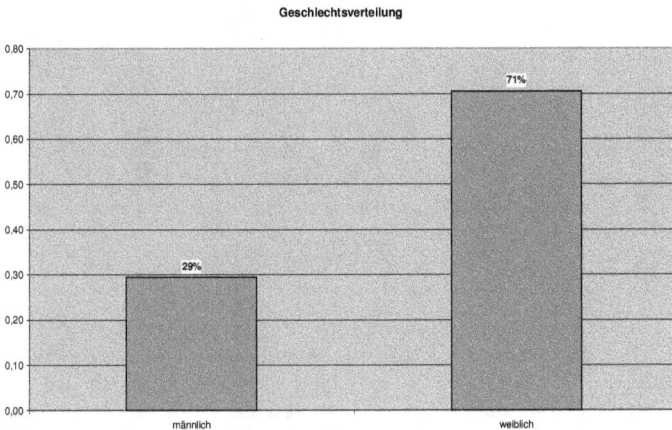

Damit findet sich hier die generelle geschlechtliche Verteilung innerhalb Sozialer Arbeit wieder. Nach wie vor handelt es sich primär um einen Frauenberuf, wobei Führungsstrukturen in der Regel oftmals von männlichen Akteuren besetzt werden.

Hinsichtlich des Familienstandes lässt sich feststellen, dass mehr als 80 % der Befragten in einer Ehe oder einer eheähnlichen Gemeinschaft leben, sodass hier sicherlich in der Regel auch von einem zweiten Einkommen in diesen Haushalten auszugehen ist.

Familienstand

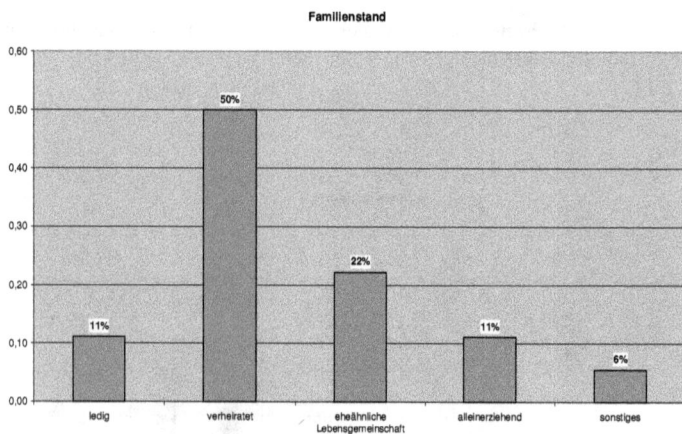

Hierdurch ergibt sich eine wichtige ökonomische Grundabsicherung für die selbstständigen Akteure. So verwundert es auch nicht, dass die Anzahl derer, die nicht über dieses „Sicherungsnetz" verfügen, nur 11 % beträgt. Bei den restlichen 17 % kann nicht mit Sicherheit gesagt werden, ob diese möglicherweise zusätzliche Gelder aus Unterhaltszahlungen oder Ähnlichem beziehen.

Als äußerst erfreulich ist einzustufen, dass 71 % der Befragten Kinder haben, sodass hieraus abzuleiten ist, dass sich Selbstständigkeit und Kindererziehung, möglicherweise durch flexible Arbeitszeitgestaltung, gut miteinander verbinden lassen.

Kinder

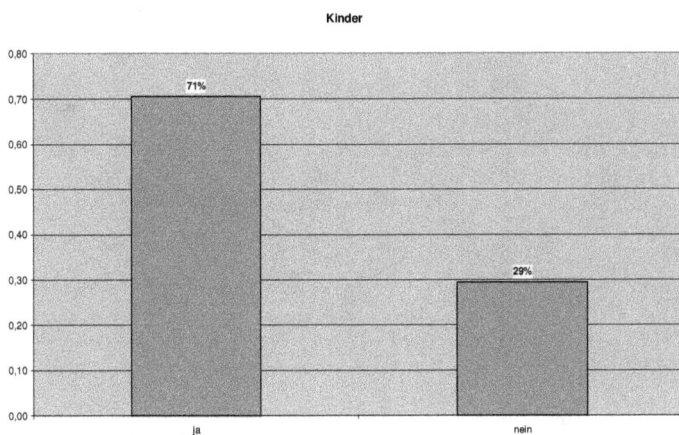

Leider können hinsichtlich der Altersstruktur der Kinder zum Aufnahmezeitpunkt der selbstständigen Tätigkeit keine Aussagen getroffen werden, da die Auswertung der erhobenen Daten erkennen ließ, dass viele Befragte hier nicht, wie gefordert, zwischen aktuellem Alter der Kinder und deren Alter bei Aufnahme der Selbstständigkeit differenziert haben.

Die akademischen Abschlüsse spiegeln mit über 84 % Fachhochschulabschlüssen die bislang gültige Studien- und Ausbildungsordnung im Bereich Sozialer Arbeit wider.

Akademische Abschlüsse

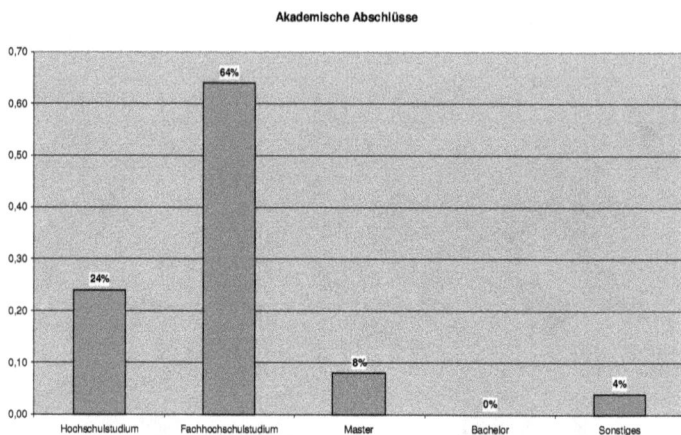

Die Angaben über den Titel des Abschlusses fehlten leider zum größten Teil in den Fragebögen. Unter denen, die diese Frage vollständig beantwortet haben, befand sich eine Diplom-Heilpädagogin. Die restlichen Akteure haben ihr Studium mit dem akademischen Titel Diplom-Sozialpädagoge oder Diplom-Sozialarbeiter abgeschlossen. Lediglich eine der Befragten gab an, promoviert zu haben.

Hinsichtlich der Zusatzausbildungen lässt sich eindeutig darstellen, dass diese anscheinend einen hohen Stellenwert im Bezug zu selbstständiger Leistungserbringung haben.

Zusatzqualifikation

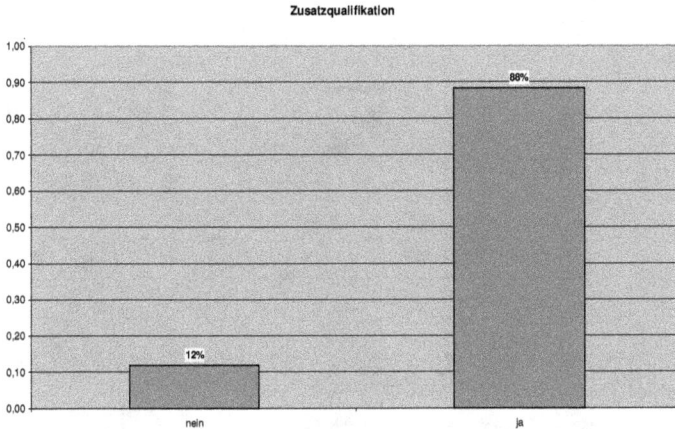

88 % der Befragten gaben an, über eine oder mehrere Zusatzausbildungen zu verfügen. Hiermit lässt sich die in der theoretischen Exploration bereits herausgestellte große Bedeutung der vorherrschenden Methodenvielfalt innerhalb Sozialer Arbeit belegen, die durchaus als Wettbewerbsvorteil, wenn nicht sogar als Alleinstellungsmerkmal gegenüber anderen Professionen zu werten ist und deshalb auch entsprechend vermarktet werden sollte.

Die Leistungsfelder, in denen selbstständige Akteure tätig sind, stellen sich so dar, dass der größte Teil sich nicht in einem der eher klassischen Leistungsfelder der Jugendhilfe, Altenarbeit und Gesundheitsdienste aufzuhalten scheint. Der größte Teil hat sich mit 39 % dem Bereich „Sonstiges" zugeordnet, gefolgt von einer, wenn auch geringen Dominanz innerhalb der Organisations- und Personalentwicklung.

Leistungsfelder

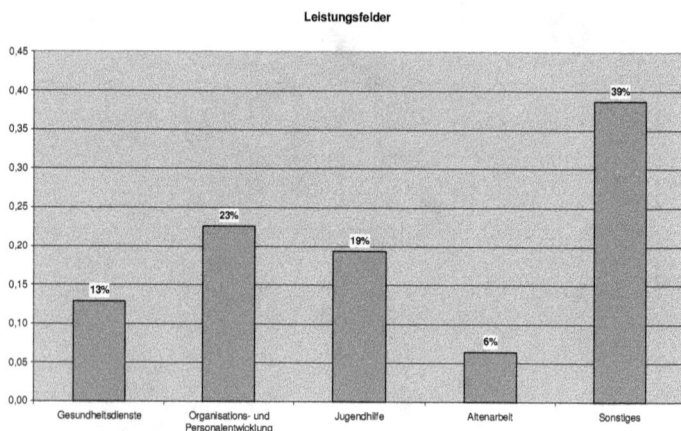

Leider wurde auch hier die Differenzierung der Kategorie „Sonstiges" von dem größten Teil der Befragten nicht vorgenommen, wobei bei einigen die Bezeichnung der „Allgemeinen Beratung" eingetragen wurde. Das Phänomen, dass die klassischen Leistungsfelder wie Gesundheitsdienste und Altenarbeit nicht so stark von Akteuren Sozialer Arbeit besetzt sind, obwohl in der theoretischen Exploration der hohe und in seiner Tendenz zunehmende Bedarf gerade in diesen Leistungsfeldern besteht, kann auf die dort vorherrschende Dominanz der medizinischen Profession zurückzuführen sein.

Die erbrachten Dienstleistungen spielen sich primär in den Bereichen Beratungsarbeit und Lehr- und Dozententätigkeit ab.

Leistungsfelder differenziert nach Dienstleistungen

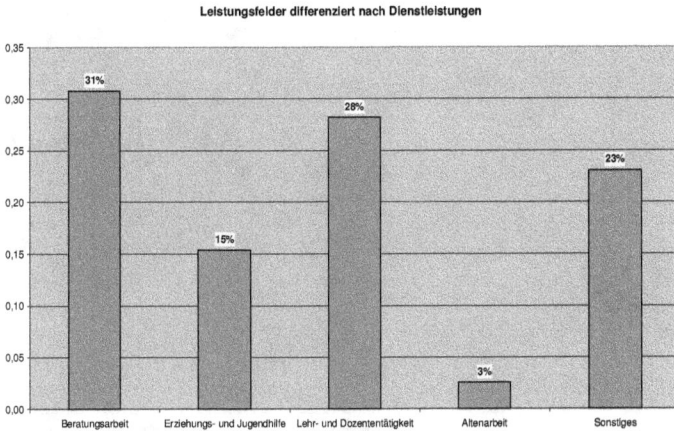

Diese Entwicklung ist insofern plausibel, als dass die von Sozialer Arbeit zu erbringenden Leistungen vor allem befähigender Natur sind, um Subjekten gesellschaftliche Teilhabe zu ermöglichen und zu sichern. Interessant wird es für nachfolgende Forschungsarbeiten sein, die unter „Sonstiges" subsumierten Leistungsfelder aufzuschlüsseln, um hier möglicherweise nachfolgenden Existenzgründern neue Leistungsfelder zu erschließen.

Kooperationen scheinen für 94 % der Befragten ein wichtiges Instrument innerhalb der Erbringung ihrer Dienstleistungen darzustellen.

Kooperationen

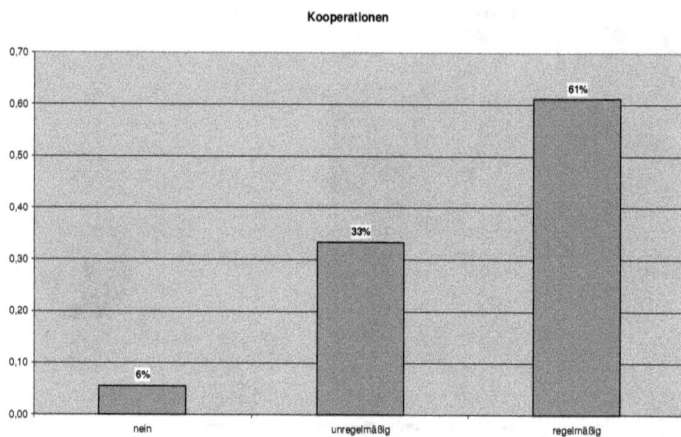

Von diesen 94 % arbeiten 33 % unregelmäßig und 61 % regelmäßig mit Kooperationspartnern zusammen.

Das folgende Diagramm verdeutlicht die positiven Effekte, die sich für die selbstständigen Akteure aus diesen Kooperationen erschließen lassen.

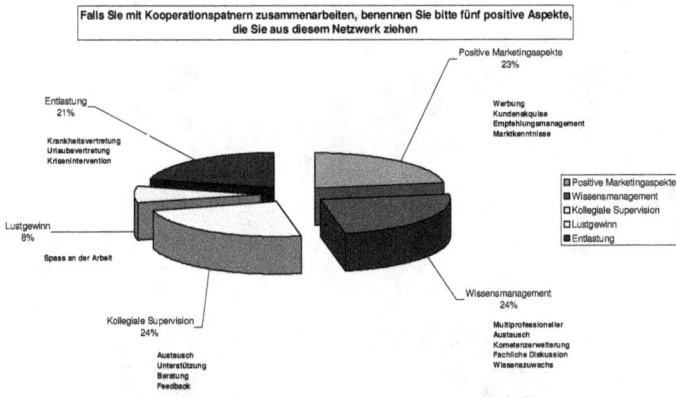

Falls Sie mit Kooperationspatnern zusammenarbeiten, benennen Sie bitte fünf positive Aspekte, die Sie aus diesem Netzwerk ziehen

Positive Marketingaspekte
23%

Entlastung
21%
Krankheitsvertretung
Urlaubsvertretung
Krisenintervention

Werbung
Kundenakquise
Empfehlungsmanagement
Marktkenntnisse

☒ Positive Marketingaspekte
☒ Wissensmanagement
☐ Kollegiale Supervision
☐ Lustgewinn
☒ Entlastung

Lustgewinn
8%

Spass an der Arbeit

Kollegiale Supervision
24%

Austausch
Unterstützung
Beratung
Feedback

Wissensmanagement
24%

Multiprofessioneller
Austausch
Kometenzerweiterung
Fachliche Diskussion
Wissenszuwachs

Diese setzen sich zusammen aus Wissensmanagement (24 %), positive Marketingaspekte (23 %), Entlastung (21 %) und Lustgewinn (8 %). Der Aspekt des Wissensmanagements lässt sich weiter differenzieren in die Möglichkeit des multiprofessionellen Austauschs, Kompetenzerweiterung, Möglichkeiten zu fachlichen Diskussionen und Wissenszuwachs. Marketingaspekte sind zu differenzieren in Werbung, Kundenakquise, Empfehlungsmanagement und den Austausch über Marktkenntnisse. Die Entlastung bezieht sich auf Krisenintervention sowie Krankheits- und Urlaubsvertretung, und der Lustgewinn schließlich äußert sich durch mehr Spaß an der eigenen Arbeit.

Der größte Teil der Selbstständigen (35 %) erwirtschaftet mit seinen unternehmerischen Tätigkeiten ein monatliches Einkommen von lediglich 1.000 Euro.

Wie hoch ist Ihr monatliches Nettoeinkommen, welches Sie durch Ihre selbstständige Tätigkeit erwirtschaften?

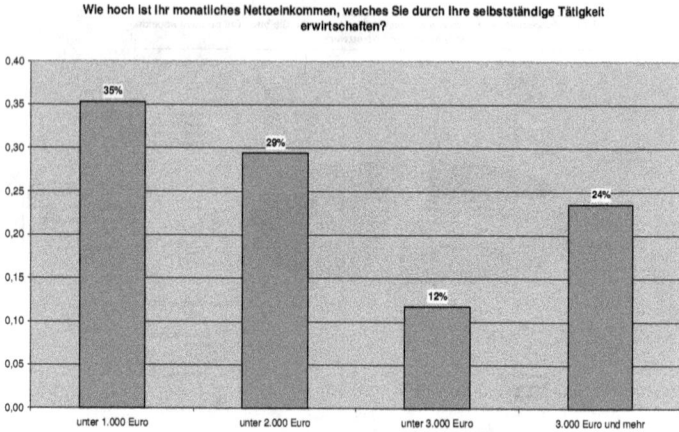

29 % der Selbstständigen erwirtschaften zwischen 1.000 Euro und 2.000 Euro pro Monat und 12 % zwischen 2.000 Euro und 3.000 Euro. Immerhin 24 % erwirtschaften ein monatliches Einkommen von über 3.000 Euro.

118

Die durchschnittliche in Selbstständigkeit erbrachte Wochenarbeitszeit beträgt bei 35 % der Befragten unter 35 Stunden, womit diese Wochenarbeitszeit den größten Teil darstellt und als äußerst gering einzustufen ist. Dies kann natürlich in Zusammenhang mit dem erwirtschafteten Monatseinkommen gebracht werden, wonach dieses dann eine andere Gewichtung erhält.

Wieviel Stunden arbeiten Sie durchschnittlich pro Woche?

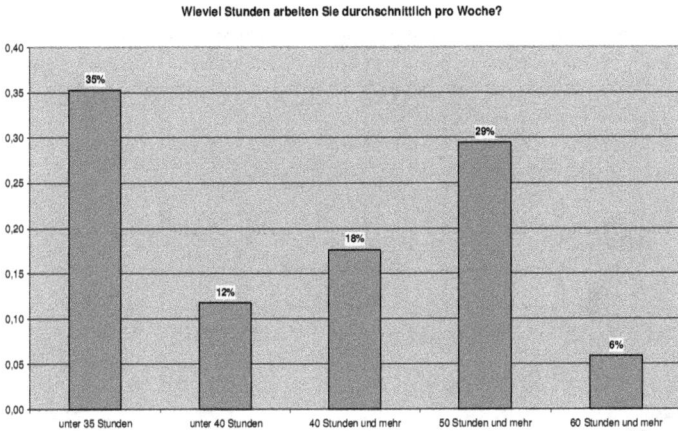

12 % der Selbstständigen arbeiten zwischen 35 und 40 Stunden, 18 % zwischen 40 und 50 Stunden, 29 % zwischen 50 und 60 Stunden und lediglich 6 % mehr als 60 Stunden pro Woche.

39 % der selbstständig tätigen Akteure gab an, bereits innerhalb des ersten Jahres von dem von ihnen erwirtschafteten finanziellen Kapital ihren Lebensunterhalt bestritten zu haben. Stellt sich an dieser Stelle natürlich die Frage, wie realistisch diese Einschätzung ist bzw. welcher Lebensstandard dieser Aussage zugrunde gelegt wurde. Insbesondere im Hinblick auf die Tatsache, dass lediglich 36 % der Befragten angaben, mehr als 2.000 Euro im Monat zu erwirtschaften.

Wie lange hat es seit der Existenzgründung ungefähr gedauert, bis Sie von Ihrem Einkommen leben konnten?

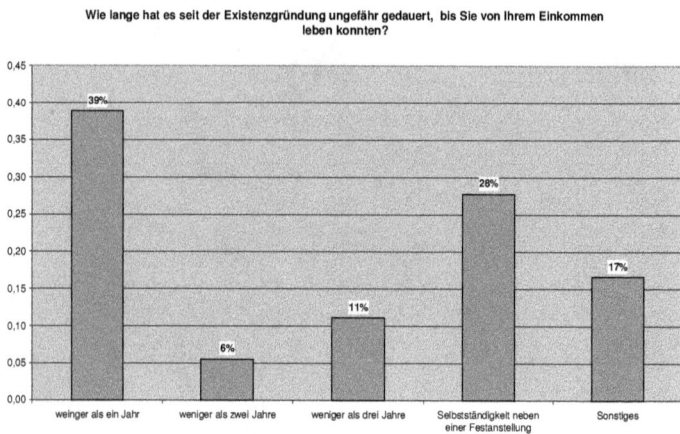

6 % benötigten hierzu weniger als zwei Jahre, 11 % weniger als drei Jahre und nur 17 % fanden sich in den vorgegebenen Zeitangaben nicht wieder. 28 % gaben an, ihre Selbstständigkeit neben einer Festanstellung auszuüben.

Grundsätzlich wird die Erbringung Sozialer Dienstleistungen in Selbstständigkeit von den bereits etablierten Experten, mit 67 %, als eher positiv eingeschätzt.

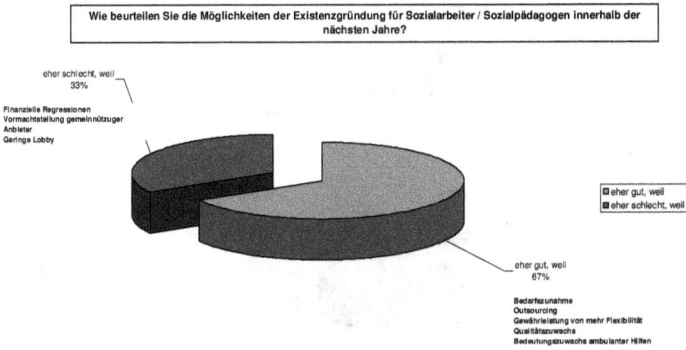

Wie beurteilen Sie die Möglichkeiten der Existenzgründung für Sozialarbeiter / Sozialpädagogen innerhalb der nächsten Jahre?

eher schlecht, weil
33%

Finanzielle Regressionen
Vormachtstellung gemeinnütziger Anbieter
Geringe Lobby

eher gut, weil
eher schlecht, weil

eher gut, weil
67%

Bedarfszunahme
Outsourcing
Gewährleistung von mehr Flexibilität
Qualitätszuwachs
Bedeutungszuwachs ambulanter Hilfen

Lediglich 33 % sehen dieser Entwicklungsmöglichkeit eher skeptisch entgegen.

Solche, die von einer positiven Entwicklung ausgehen, begründeten dies mit dem tendenziellen Bedarfzuwachs, dem vermehrten Outsourcing, dem Bedeutungszuwachs ambulanter Hilfen, der Gewährleistung von mehr Flexibilität und Qualität.

Solche, die von einer negativen Entwicklung ausgehen, begründeten dies mit den zunehmenden Regressionen, der immer noch weit verbreiteten Vormachtstellung gemeinnütziger Anbieter und großer Träger sowie der geringen Lobby Sozialer Arbeit im gesamtgesellschaftlichen Kontext.

Ähnlich verhält es sich hinsichtlich der Veränderungstendenzen, die das Selbst- und Fremdbild Sozialer Arbeit betreffen. 82 % der Befragten gehen von einer positiven Entwicklung durch die vermehrte selbstständige Leistungserbringung aus.

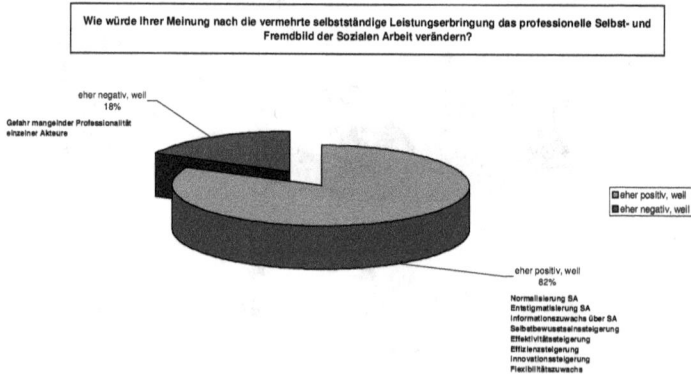

Wie würde Ihrer Meinung nach die vermehrte selbstständige Leistungserbringung das professionelle Selbst- und Fremdbild der Sozialen Arbeit verändern?

eher negativ, weil
18%
Gefahr mangelnder Professionalität
einzelner Akteure

☐ eher positiv, weil
■ eher negativ, weil

eher positiv, weil
82%

Normalisierung SA
Entstigmatisierung SA
Informationszuwachs über SA
Selbstbewusstseinssteigerung
Effektivitätssteigerung
Effizienzsteigerung
Innovationssteigerung
Flexibilitätszuwachs

Nur 18 % befürchten eine Verschlechterung der Selbst- und Fremdwahrnehmung, wobei sie diese auf die mangelnde Professionalität einzelner Akteure zurückführen.

Als positive Aspekte wurden angeführt: die zunehmende Normalisierung und Entstigmatisierung Sozialer Arbeit, verbunden mit einem allgemeinen Informationszuwachs über Soziale Arbeit sowie mit den Aspekten der Effektivitäts- und Effizienzsteigerung, der Innovationssteigerung, dem Flexibilitätszuwachs und der Selbstbewusstseinssteigerung der Akteure Sozialer Arbeit.

122

In diesem Diagramm werden Voraussetzungen dargestellt, die künftige Existenzgründer, nach Meinung der Experten, für eine erfolgreiche Existenzgründung
mitbringen müssen.

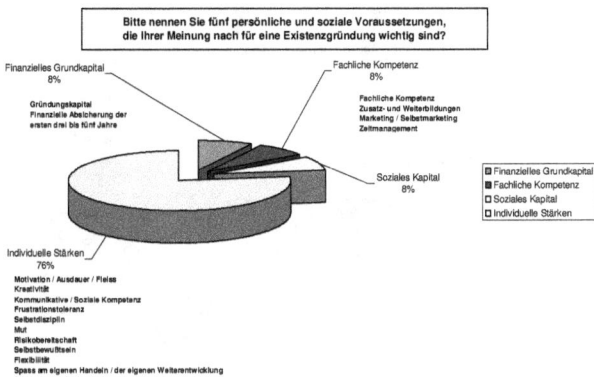

Bitte nennen Sie fünf persönliche und soziale Voraussetzungen, die Ihrer Meinung nach für eine Existenzgründung wichtig sind?

Finanzielles Grundkapital
8%

Gründungskapital
Finanzielle Absicherung der
ersten drei bis fünf Jahre

Fachliche Kompetenz
8%

Fachliche Kompetenz
Zusatz- und Weiterbildungen
Marketing / Selbstmarketing
Zeitmanagement

Soziales Kapital
8%

☐ Finanzielles Grundkapital
■ Fachliche Kompetenz
☐ Soziales Kapital
☐ Individuelle Stärken

Individuelle Stärken
76%

Motivation / Ausdauer / Fleiß
Kreativität
Kommunikative / Soziale Kompetenz
Frustrationstoleranz
Selbstdisziplin
Mut
Risikobereitschaft
Selbstbewusstsein
Flexibilität
Spass am eigenen Handeln / der eigenen Weiterentwicklung

Hierzu zählen finanzielles Grundkapital (8 %), welches sich insbesondere auf die
Überbrückung der ersten Jahre bezieht, fachliche Kompetenz (8 %) in Form von
Zusatz- und Weiterbildungen, hinsichtlich der Vermarktung und des Zeitmanagements und Soziales Kapital (8%). Jedoch sind sich die Experten einig, dass den
individuellen Stärken und damit der Person des Existenzgründers mit 76 % das
größte Gewicht hinsichtlich Erfolg oder Misserfolg einer Existenzgründung zukommt. Hier wurden Aspekte wie Motivation, Ausdauer und Fleiß, Kreativität,
kommunikative und soziale Kompetenz, Frustrationstoleranz, Selbstdisziplin,
Mut, Risikobereitschaft, Selbstbewusstsein, Flexibilität und der Spaß am eigenen
Handeln und der eigenen Weiterentwicklung in den Vordergrund gerückt.

Das folgende Diagramm schlüsselt die fachlichen Kompetenzen des Existenzgründers weiter auf. Dabei kommen einer soliden Wissensbasis und der Beherrschung einer umfangreichen Methodenvielfalt das größte Gewicht zu.

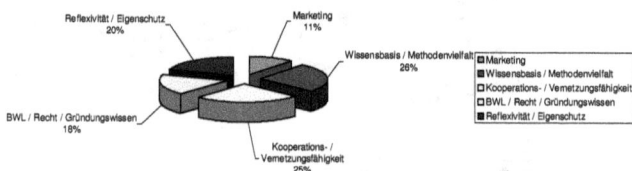

Bitte nennen Sie fünf fachliche Voraussetzungen, die Existenzgründer
innerhalb der Sozialen Arbeit, zur erfolgreichen Umsetzung
ihres Vorhabens mitbringen müssen?

Reflexivität / Eigenschutz
20%

Marketing
11%

Wissensbasis / Methodenvielfalt
26%

BWL / Recht / Gründungswissen
18%

Kooperations- /
Vernetzungsfähigkeit
25%

☑ Marketing
■ Wissensbasis / Methodenvielfalt
☐ Kooperations- / Vernetzungsfähigkeit
☐ BWL / Recht / Gründungswissen
■ Reflexivität / Eigenschutz

Direkt gefolgt werden diese Kernkompetenzen von der Fähigkeit, sich zu vernetzen und Kooperationen einzugehen mit 25 % und den Fähigkeiten der Reflexivität und des Eigenschutzes mit 20 %. Ein solides Grundwissen über betriebswirtschaftliche und rechtliche Aspekte sowie über generelles Gründungswissen halten 18 % der Befragten für erforderlich und 11 % erwähnen explizit die Notwendigkeit von Marketingkenntnissen.

54 % der Experten gaben an, dass die Lehrbereiche Betriebswirtschaftslehre und Recht künftig verstärkt an den Hochschulen vermittelt werden sollten.

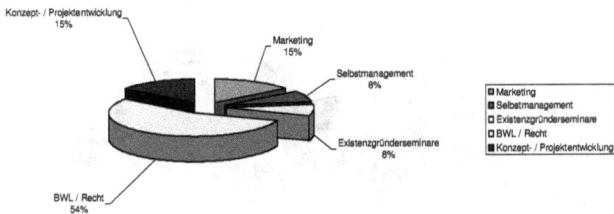

Konzept- / Projektentwicklung
15%

Marketing
15%

Selbstmanagement
8%

Existenzgründerseminare
8%

BWL / Recht
54%

▣ Marketing
■ Selbstmanagement
□ Existenzgründerseminare
□ BWL / Recht
■ Konzept- / Projektentwicklung

Methoden der Konzept- und Projektentwicklung vermissten 15 % der Befragten, Kenntnisse über professionelles Marketing 15 % und jeweils 8 % sprachen sich für die Vermittlung von Existenzgründerseminaren und Techniken zum Selbstmanagement aus.

Im Folgenden wird dargestellt, welche Ratschläge bereits etablierte selbstständige Akteure der Sozial- und Gesundheitsdienste für zukünftige Existenzgründer bereithalten.

Welche Ratschläge würden Sie zukünftigen Existenzgründern mit auf den Weg geben?

Zu nennen ist hier allen voran die sorgfältige und exakte Ausarbeitung des Businessplanes mit 30 %. Wichtig erscheint auch hier wieder die Notwendigkeit des Netzwerk- und Kooperationsmanagements mit 24 %, gleichwertig mit der Notwendigkeit des lebenslangen Lernens mit ebenfalls 24 %. Ausdauer und Kreativität bilden mit 22 % die restliche Komponente erfolgreicher Existenzgründungen.

Das abschließende Diagramm dürfte vor allem für den Berufsverband Sozialer Arbeit interessant sein, da hier abgebildet wird, welche Erwartungen die bereits selbstständigen Akteure Sozialer Arbeit an ihren Berufsverband haben.

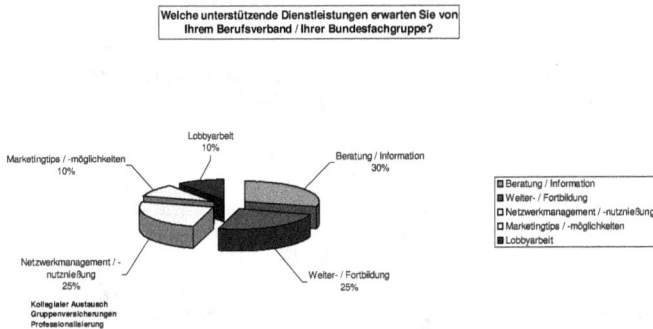

Welche unterstützende Dienstleistungen erwarten Sie von Ihrem Berufsverband / Ihrer Bundesfachgruppe?

Lobbyarbeit 10%

Marketingtips / -möglichkeiten 10%

Beratung / Information 30%

Netzwerkmanagement / -nutznießung 25%

Kollegialer Austausch
Gruppenversicherungen
Professionalisierung

Weiter- / Fortbildung 25%

Legend:
- Beratung / Information
- Weiter- / Fortbildung
- Netzwerkmanagement / -nutznießung
- Marketingtips / -möglichkeiten
- Lobbyarbeit

30 % erwarten Möglichkeiten der Beratung und Information. 25 % möchten bereits durch den Berufsverband die positiven Synergieeffekte von Netzwerken nutzen und weitere 25 % möchten Möglichkeiten der Fort- und Weiterbildung wahrnehmen. Weitere 10 % erwarten, dass ihr Verband für die Profession und deren einzelne Akteure Lobbyarbeit leistet, und weitere 10 % erhoffen sich Marketingtipps und -möglichkeiten durch den Berufsverband.

8.2 Auswertung und erste Erkenntnisse

Will man nun die beiden erhobenen Datensätze vergleichend gegenüberstellen, so lässt sich feststellen, dass sich hinsichtlich tendenzieller Einschätzungen und Empfehlungen viele Konvergenzen ergeben. So beispielsweise in der Betrachtung genereller Möglichkeiten selbstständiger sozialer Leistungserbringung in den kommenden Jahren, die von beiden Expertengruppen als „gut" bzw. „zunehmend" eingestuft werden, oder hinsichtlich der Veränderungstendenzen, das Selbst- und Fremdbild Sozialer Arbeit betreffend – auch hier haben sich beide Expertengruppen dafür ausgesprochen, dass die vermehrte selbstständige Leistungserbringung Sozialer Arbeit hier zu einem Vorwärtsschub innerhalb ihres Professionalisierungsprozesses verhelfen kann. Übereinstimmungen lassen sich hierbei auch mit den in der theoretischen Exploration erarbeiteten Erkenntnissen finden.

Auch hinsichtlich der bestehenden Bedarfe selbstständiger Leistungserbringer und zukünftiger Existenzgründer herrscht Einigkeit unter den Expertengruppen. Hochschulen sollten Existenzgründer verstärkt auf diese Möglichkeit der Leistungserbringung vorbereiten, indem sie betriebswirtschaftliche, rechtliche und allgemeine Aspekte der Existenzgründung in ihre Curricula einbauen, und für bereits etablierte Selbstständige müssen Fortbildungsmöglichkeiten bereitgehalten werden, damit diese eventuell noch vorhandene Defizite beheben und ihr Wissen und ihre Kompetenzen sukzessive erweitern können.

Bei den von den Experten bereitgehaltenen Ratschlägen für zukünftige Existenzgründer lässt sich resümieren, dass vor allem eine gründliche Informationsbeschaffung (Marktanalyse) und Unternehmensplanung der Existenzgründung vorausgehen müssen. Hilfreich können hier Existenzgründerseminare und -netzwerke sein, die „Neueinsteiger" sukzessive auf ihrem Weg in die Selbstständigkeit begleiten und sie coachen. Nach erfolgreicher Unternehmensgründung begleitet die Kundenorientierung und das Herausstellen des Kundennutzens den Selbstständigen kontinuierlich als bedeutendste Prämisse erfolgreichen Unternehmertums.

Der Person des Existenzgründers kommt hinsichtlich der erfolgreichen Gestaltung einer Existenzgründung die weitaus größte Bedeutung zu. Hierüber waren sich die Experten einig und zu diesem Ergebnis muss man auch aufgrund der theoretischen Vorarbeiten gelangen. Dabei sind vor allem Aspekte wie Ausdauer, Mut, Frustrationstoleranz, motivationale Aspekte, Kreativität und Spaß am eigenen Handeln ausschlaggebend. Wer also eine Selbstständigkeit plant, sollte dem Aspekt der Selbstexploration im Vorfeld die größte Aufmerksamkeit schenken.

Divergenzen und Schwächen zeigten sich hinsichtlich der Preisgestaltung der bereitgehaltenen Dienstleistungen. Dabei sollte jedoch berücksichtigt werden, dass die deutlich gewordene und äußerst negativ einzustufende Tendenz, Leistungen zu Dumping-Preisen anzubieten, sicherlich nicht darauf zurückzuführen ist, dass hier einzelne Akteure versuchen, sich durch eine aggressive Preispolitik einen eigenen Vorteil zu sichern, ohne Rücksicht auf den Markt und das Ansehen der gesamten Profession zu nehmen, sondern dass diesem Verhalten aller Wahrscheinlichkeit nach mangelnde Kenntnisse hinsichtlich betriebswirtschaftlicher Kosten- und Leistungsrechnungen zugrunde liegen. Hier liegt es einfach auch an den verantwortlichen Akteuren des Berufsverbandes, einerseits diese Lücken durch die Bereithaltung geeigneter Weiterbildungsangebote zu schließen und andererseits eine einheitliche Gebührenordnung, ähnlich der Gebührenordnung für Ärzte, zu entwerfen und diese den Akteuren bindend oder aber als Richtlinie an die Hand zu geben. Die Problematik, die hier zugrunde liegt, ist die, dass die Vernetzung der Akteure Sozialer Arbeit noch zu wenig forciert und gestärkt wird und der Verband noch zu wenig Informationen in diesem Bereich bereithält. Andererseits darf an dieser Stelle natürlich auch nicht vergessen werden, dass dem Berufsverband aufgrund des geringen Organisationsgrades der Akteure die Mittel fehlen, dies alles umzusetzen. Hier muss daher wieder an alle Akteure appelliert werden, sich zu ihren eigenen Gunsten stärker zu solidarisieren und zu organisieren, um den Berufsverband und damit sich selbst und die gesamte Profession zu stärken.

9 Zusammenfassende Beurteilung der empirischen Erhebung

Die aus den Experteninterviews erhobenen Daten sind als äußerst zufriedenstellend und aufschlussreich einzustufen. Insbesondere im Hinblick auf die Tatsache, dass sich hierbei hinsichtlich der Preis-Leistungsgestaltung noch einmal ganz neue Aspekte in Form der beschriebenen Dumping-Preis-Problematik ergeben haben. Die hier gewonnenen Erkenntnisse ergänzen daher in sinnvoller Weise die Erkenntnisse der Fragebogenerhebung.

Auch wenn der Fragebogenerhebung aufgrund der geringen Rücklaufquote lediglich explorativer Charakter zugeschrieben werden kann, hat auch sie dazu beigetragen, Einblicke in Wirklichkeiten zu ermöglichen, die Soziale Arbeit momentan konstituieren. Hierzu gehört auch das mangelnde Verständnis und/oder die mangelnde Bereitschaft der Akteure, der Notwendigkeit Rechnung zu tragen, dass jeder Einzelne seinen Beitrag leisten muss, um den Professionalisierungsprozess Sozialer Arbeit voranzutreiben. Da es, wie sich gezeigt hat, dringend notwendig ist, die Datenlage im Bereich selbstständiger Leistungserbringung innerhalb der Sozial- und Gesundheitsdienste sukzessive zu erweitern und zu verdichten, sollten diese explorativen Ergebnisse für nachfolgende Arbeiten als Aufforderung verstanden werden, weitere und möglicherweise differenziertere Daten zu erheben. Dieser Aufforderung schließt sich die Aufforderung an die Akteure der Sozialen Arbeit an, dies durch die Unterstützung künftiger Forschungsarbeiten auch tatsächlich zuzulassen.

Hilfreich könnte es sein, zunächst eine Art Registrierung aller Akteure Sozialer Arbeit über den Berufsverband zu forcieren. Ein sicherlich aufwändiger und langwieriger Prozess, der möglicherweise damit beginnen könnte, alle Berufseinsteiger beziehungsweise Hochschulabsolventen zu registrieren, um damit nach und nach an verlässliche Daten und Fakten zu gelangen, beispielsweise darüber, welche Akteure sich in welcher Erbringungsstruktur und in welchem Leistungsfeld bewegen. Hiermit wäre zumindest ein Anfang gemacht auf dem Weg, Soziale Arbeit und ihre Akteure kontinuierlich empirisch zu beobachten und deren Leistungen zu belegen.

129

C. Fazit

10 Diskursive Verknüpfung der gewonnenen Erkenntnisse / Ausblick

Die einleitenden Fragen beschäftigten sich mit der Möglichkeit der zunehmenden selbstständigen Leistungserbringung von Akteuren Sozialer Arbeit und der Frage, ob es möglich, sinnvoll oder sogar notwendig ist, soziale Leistungserbringung mit dem marktwirtschaftlichen Kalkül zu verknüpfen. Verbunden wäre dies mit der Aufgabe einer bislang eher dichotomen Betrachtung dieser beiden Aspekte, wobei die weitere Frage aufgeworfen wurde, ob die Erbringung sozialer Dienstleistungen in selbstständiger Form generell die komplette Loslösung sozialer Leistungserbringung aus dem sozialstaatlichen Versorgungssystem bedeuten muss, oder ob es nicht vielleicht möglich sei, durch geringfügige strukturelle Veränderungen eine gesicherte, bedarfsgerechte und qualitativ hochwertige Versorgung der Bürger im Sinne eines umfassenden Welfare Mix zu erreichen? Eine Versorgung, die möglicherweise sogar effizienter, weil bedarfsgerechter und nutzerorientierter ist. Gefragt wurde außerdem, ob die in selbstständiger Form vorgehaltene Leistungserbringung nicht möglicherweise auch dazu geeignet ist, das Ansehen der Profession und deren Professionalisierungsprozess gleichermaßen positiv zu beeinflussen.

Um diese Fragen zu beantworten, wurden zunächst assoziative, emotionale und normative Aspekte, die im Begriff der Sozialen Arbeit mitschwingen, verdeutlicht und herausgestellt. Dadurch konnte festgestellt werden, dass sich in diesem Zusammenhang Widersprüchlichkeiten aufdecken lassen, die ihren Ursprung in unausgesprochenen und zu weiten Teilen vielfach auch unbewussten Implikationen finden, die das Fremd- und Selbstbild der Profession hinsichtlich ihrer Weiterentwicklung und Adaption an veränderte gesellschaftliche Lagen und Bedarfe negativ beeinflussen. Daraus erwächst wiederum die dringende Notwendigkeit, dass sich Soziale Arbeit von ihren Wurzeln der freien Liebestätigkeit und fürsorglichen Armenhilfe und dem damit verbundenen Bild des barmherzigen Samariters befreit und sich der Tatsache bewusst wird, dass sie eine Profession ist, die ihre Qualifikation durch Leistung unter Beweis stellen muss, Leistungsfelder entsprechend ihrer Funktion für sich zu okkupieren hat und sich im Umgang mit ihrer eigenen Macht üben muss, nicht zuletzt auch, um diese zur Eröffnung neuer Handlungsspielräume für sich und ihre Klienten weiter auszubauen.

Deutlich wurde außerdem, dass die Vielfältigkeit der Leistungsfelder Sozialer Arbeit ihrer Vielschichtigkeit und ihrem Facettenreichtum entspringt und als spezifisches Merkmal der Profession und ihres gesellschaftlichen Auftrages zu werten und entsprechend wettbewerbstechnisch zu vermarkten und einzusetzen ist. Die Anbieterstruktur, die sich bereits jetzt aus freien, öffentlichen und frei gewerblichen Trägern zusammensetzt, befindet sich auf dem besten Weg zu einem

Wohlfahrtsmix, der jedoch durch den Einbezug vermehrter selbstständiger Leistungserbringer und die Aufgabe der tendenziellen Bevorzugung freier Träger und großer Verbände noch zu optimieren ist und hinsichtlich seiner Flexibilität, Effektivität und Effizienz noch ausbaufähige Kapazitäten aufweist. Hierzu jedoch müssen die Akteure Sozialer Arbeit die sich darstellende Legitimationslücke durch die Erhebung verlässlicher Daten hinsichtlich ihrer Leistungsfelder schließen und den Beweis ihrer eigenen professionellen Handlungsfähigkeit und ihres gesamtgesellschaftlichen Nutzens antreten, indem sie diese mit harten Fakten belegen.

Dass sich Soziale Arbeit diesbezüglich um die Nachfrage ihrer Leistungen nicht sorgen muss, konnte durch vielfache Ausführungen belegt werden. So konnte festgestellt werden, dass Subjekte sich heute mit tief greifenden gesellschaftlichen Veränderungs- und Wandlungsprozessen konfrontiert sehen, die unter den Stichworten Modernisierung, Globalisierung und Individualisierung zusammenzufassen sind. Immer mehr Subjekte drohen an diesen Veränderungsprozessen zu scheitern, sodass der Bedarf nach unterstützenden und befähigenden Hilfeleistungen stetig zunimmt. Verstärkt wird diese Tendenz durch den die Gesellschaft durchziehenden demografischen Wandel und die hieraus resultierende Überalterung unserer Gesellschaft sowie den unter anderem hieraus erwachsenden Morbiditätswandel.

Die beschriebenen Entwicklungen bergen jedoch nicht nur Risiken, sondern insbesondere für die Professionen der Sozialen Arbeit auch enorme Chancen. Soziale Arbeit wird infolge dieser Tendenzen nicht nur zum Risikogewinner, sondern auch zum Demografie- und Morbiditätsgewinner. Jedoch ist der Staat nicht länger in der Lage, sämtliche Bedarfe aus öffentlichen Kassen zu decken, sodass neue Versorgungsstrukturen, wie sie eben die selbstständige Leistungserbringung ermöglicht, angeboten werden müssen. Diese ökonomische Komponente, die es der Profession Sozialer Arbeit ermöglicht, einerseits ihrer ureigensten Aufgabe der Inklusionssicherung und Exklusionsprävention nachzukommen und andererseits ihren eigenen, bislang wenig erfolgreichen Professionalisierungsprozess entscheidend voranzutreiben, wurde bislang von den Akteuren unter den sich bietenden Möglichkeiten noch zu wenig beachtet und nur geringfügig in die Dienstleistungs- und Erbringungsrealität Sozialer Arbeit übertragen. Die in der Vergangenheit durchgeführten Modernisierungs- und Veränderungstendenzen haben sich dabei als nicht annähernd innovativ genug erwiesen, die Profession in geeigneter Weise gesellschaftlich zu positionieren und die eigenen Leistungsstrukturen derart zu strukturieren, dass sie die Abdeckung der vorhandenen und künftig zu erwartenden Bedarfe sicherstellen. Meinungspluralismen, Dichotomien und übersteigerte Selbstreflexivität hinderten die Profession in der Vergangenheit daran, den eigenen Professionalisierungsprozess zum Wohle ihrer Nutzer voranzutreiben. Gemeinnutz und Eigennutz wurden zu lange dichotom betrachtet, ohne dass der Tatsache Rechnung getragen wurde, dass diese sich gegenseitig bedingen und Gewinnorientierung als eine Chance zu sehen ist, der Profession, ihren Akteuren und ihren Nutzern neue, größere und zahlreichere Handlungsspielräume zu eröffnen.

Soziale Arbeit wäre daher gut beraten, nicht länger im beschriebenen Strukturkonservatismus zu verharren, sondern ihre Strukturen für neue, möglicherweise innovativere und flexiblere Erbringungsformen zu öffnen, wie die der selbstständigen Leistungserbringung. Dabei sollen tradierte Strukturen keineswegs aufgegeben werden. Vielmehr sind diese zu erweitern und zu ergänzen, um die Erbringung bedarfsgerechterer, effektiverer und effizienterer Hilfen in einem bedarfsorientierten Welfare Mix zu ermöglichen. Als hilfreich könnte sich hierbei auch erweisen, in Kategorien sozialer Funktionssysteme zu denken sowie die Möglichkeit, sich in Netzwerken und Kooperationen professionsübergreifend zusammenzuschließen, in Betracht zu ziehen, um die eigene Existenz zu sichern und die politische Durchsetzungskraft zu stärken. Aus berufspolitischer Sicht ist eine stärkere Solidarisierung und Organisierung anzustreben, um professionseigene Interessen durchzusetzen und sich langfristig auf dem Markt der Gesundheits- und Sozialdienste zu behaupten. Normative und ethische Zielsetzungen sind mit ökonomischen Zielsetzungen zu verknüpfen, um der innerhalb unserer Gesellschaft vorherrschenden Logik des Geldes Rechnung zu tragen. Soziale Dienstleistungen haben sich im Zuge der gesamtgesellschaftlichen Veränderungstendenzen zu weiten Teilen zu marktfähigen Gütern gewandelt, die, wenn sie nicht überwiegend marginalisierten Bevölkerungsgruppen vorgehalten werden, durchaus dazu geeignet sind, entsprechend marktwirtschaftlicher Logiken produziert und veräußert zu werden. Wobei auch an dieser Stelle noch einmal betont werden soll, dass hier nicht von einem „Entweder-oder" die Rede sein kann, sondern von einer sinnvollen Abwägung und von der Ergänzung bisheriger Verteilungspraktiken.

Dabei ist es sinnvoll, sich vor allem auf die Schaffung von Befähigungsgerechtigkeit zu konzentrieren, die wiederum zu erreichen ist durch die Schaffung von Entscheidungs- und Teilhabespielräumen, unter Berücksichtigung der Selbstachtung der jeweiligen Subjekte. Sozialstaatliche Aufgabe muss es dabei sein, die notwendigen Befähigungsstrukturen bereitzustellen, und Aufgabe der Subjekte, diese Strukturen zu nutzen und Eigenverantwortung zu übernehmen. Soziale Arbeit aber muss sich den Anforderungen des markttechnischen Wettbewerbs stellen und Überzeugungsarbeit leisten durch die Qualität ihrer Leistungen, aber auch durch neue Formen der Leistungserbringung. Verstärkt wird diese Notwendigkeit durch die zunehmende Verschärfung der finanziellen Situation öffentlicher Kassen infolge der sozialstaatlichen Krise.

Die Darstellung des Planungsprozesses einer Existenzgründung im Bereich der Sozial- und Gesundheitsdienste als Möglichkeit einer mehr oder weniger neuen oder bislang noch nicht sehr weit verbreiteten Form der Leistungserbringung konnte verdeutlichen, welche Voraussetzungen einerseits von Seiten des Existenzgründers für die geplante Existenzgründung zu erfüllen oder von Bedeutung sind, andererseits aber auch welche generellen Problematiken zurzeit noch bestehen, insbesondere im Hinblick auf das Vorhandensein verlässlicher Daten und Kennzahlen.

Die generellen Möglichkeiten selbstständiger Leistungserbringung lassen sich differenzieren in Einzel- oder Kleinstniederlassung direkt in den Lebenswelten der Klienten, in Kooperationen mit tradierten Anbietern oder anderen Professionen sowie die Ausübung selbstständiger Tätigkeiten neben einer beruflichen Festanstellung oder die komplette Erbringung sozialer Dienstleistungen in Selbstständigkeit.

Es ließ sich feststellen, dass der Vorbereitungsphase einer geplanten Existenzgründung besondere Sorgfalt zu widmen ist und dass sich der so genannte Businessplan als geeignetes Planungs- und Darstellungsinstrument hierzu anbietet. Zu differenzieren sind weiterhin bei der Existenzgründung zu beachtende unternehmerbezogene Faktoren und unternehmensbezogene Faktoren, wobei deutlich wurde, dass insbesondere die Person des Existenzgründers als bedeutsamster Erfolgsfaktor zu werten ist, da sich anderweitige Defizite eher ausgleichen lassen.

Zwar kann in diesem Zusammenhang nicht von der Existenz einer generellen Existenzgründerpersönlichkeit gesprochen werden, dennoch konnten für eine Existenzgründung förderliche und dementsprechend auch hindernde Eigenschaften festgestellt werden, die es vor der Aufnahme einer Selbstständigkeit zu prüfen und möglicherweise zu adaptieren gilt. Hinsichtlich der Motive, in die Selbstständigkeit zu gehen, sind positive Motivatoren (Lustgewinn) und negative Motivatoren (Schmerzvermeidung) zu unterscheiden, wobei die positiven Motivatoren besser geeignet sind, erfolgreiche Unternehmensgründungen zu generieren. Als förderliche Faktoren erweisen sich im Allgemeinen ein hohes Maß an Eigenverantwortlichkeit, ein ausgeprägtes Gefühl der Verstehbarkeit, Handhabbarkeit und Sinnhaftigkeit des eigenen Handelns sowie die Fähigkeit, sich selbst und andere zu begeistern und immer wieder neu zu motivieren. Das so genannte Risikomanagement bildet den Übergang zwischen unternehmerbezogenen und unternehmensbezogenen Faktoren. In diesem Zusammenhang kommt vor allem der Absicherung der Arbeitskraft des Existenzgründers die größte Bedeutung zu.

Der Verlauf der unternehmensbezogenen Planung lässt sich in der Regel in vier Phasen gliedern. Phase eins umfasst die Entwicklung der Geschäftsidee, Phase zwei deren Konkretisierung in Form eines Businessplanes, Phase drei die Eröffnung oder Gründung des Unternehmens und Phase vier schließlich dessen dauerhafte Etablierung. Die generelle Planbarkeit einer Existenzgründung innerhalb des Sozial- und Gesundheitswesens wird durch die bislang mangelnde empirische Beobachtung dieses Feldes momentan noch erschwert, was jedoch durch

133

den Rückgriff auf realistische Schätzwerte und Planungshypothesen, anstelle von Kennzahlen, überbrückt werden kann. Jedoch ist zu betonen, dass dies lediglich übergangsweise und mangels besserer Alternativen zu akzeptieren ist. Langfristig ist es aus Gründen der Plan- und Steuerbarkeit, der Transparenz, des Qualitätsmanagements, der Vergleichbarkeit und des Nachweises der Effektivität und Effizienz der erbrachten Leistungen unumgänglich, die Datenlage so zu verdichten, dass ausreichend geeignetes Datenmaterial zur Einführung bewährter Steuerungs- und Controllinginstrumente, wie beispielsweise die Balanced Score Card, für den Bereich der Sozial- und Gesundheitsdienste zur Verfügung stehen. Grundsätzlich ist für die bestmögliche Positionierung des Unternehmens eine möglichst exakte Zielgruppenanalyse, verbunden mit einer Bedarfs- und Standortanalyse, durchzuführen. Kapitalbedarf und Finanzierungsmöglichkeiten sind zu klären und für die effektive Fortführung des Unternehmens geeignete Kennzahlen zu entwickeln.

Immer wieder zu betonen sind die Möglichkeiten einer systematisierten Schaffung eines Kooperationsnetzwerkes zur Nutzung genereller Synergieeffekte, wodurch sich unternehmensinterne Kosten senken und positive Effekte für das eigene Marketing ziehen lassen. Auch Wissensmanagement ist in diesem Zusammenhang als positiver Nutzen hervorzuheben. So richtet sich beispielsweise die einzuschlagende Werbestrategie des Unternehmens vor allem nach den Ergebnissen der Marktanalyse, wobei es in diesem Zusammenhang durchaus hilfreich sein kann, sich mit bereits etablierten Branchenkennern kurzzuschließen, um unnötige Ausgaben zu verhindern und den jeweils zielführendste Marketing-Mix zu erarbeiten.

Als bedeutsamster Aspekt zur dauerhaften Etablierung eines Unternehmens, aber auch hinsichtlich des Professionalisierungsprozesses Sozialer Arbeit wurde das Thema Qualitätsmanagement herausgearbeitet. Betont werden muss, dass es sich hierbei um ein nachhaltiges Legitimierungsinstrument handelt, welches sich insbesondere in Konkurrenzsituationen als äußerst nützlich erweisen kann, um die erbrachten Dienstleistungen auf dem Markt sozialer und gesundheitsbezogener Dienstleistungen wettbewerbstauglich und erfolgreich zu positionieren.

Im empirischen Teil der Arbeit ließen sich die innerhalb der theoretischen Exploration gewonnenen Erkenntnisse weitestgehend bestätigen. So ließ sich feststellen, dass beide Expertengruppen die generellen Möglichkeiten selbstständiger sozialer Leistungserbringung in den kommenden Jahren als „gut" bzw. „zunehmend" einstufen. Außerdem gehen sie davon aus, dass die vermehrte selbstständige Leistungserbringung Sozialer Arbeit zu einem deutlichen Professionalisierungsschub verhelfen kann. Hinsichtlich bestehender Bedarfe sprachen sich die Experten dafür aus, dass künftige Studenten an den Hochschulen verstärkt auf die Möglichkeit der selbstständigen Leistungserbringung vorbereitet werden sollten, indem betriebswirtschaftliche, rechtliche und allgemeine Aspekte der Existenzgründung in ihre Curricula aufgenommen werden und für bereits etablierte Selbstständige Möglichkeiten zur Fortbildung bereitgehalten werden, damit diese eventuell noch vorhandene Defizite beheben und ihr Wissen und ihre Kompetenzen sukzessive erweitern können.

Grundsätzlich werden die gründliche Informationsbeschaffung (Marktanalyse) und Unternehmensplanung der Existenzgründung als bedeutsamste Komponente einer erfolgreichen Gründung angesehen. Als hilfreich erweisen sich in diesem Zusammenhang Existenzgründerseminare und -netzwerke, die „Neueinsteiger" auf ihrem Weg in die Selbstständigkeit begleiten, fördern und coachen. Als förderliche personelle Aspekte des Existenzgründers wurden vor allem Ausdauer, Mut, Frustrationstoleranz, motivationale Aspekte, Kreativität und Spaß am eigenen Handeln benannt. Damit kommt dem Aspekt der Selbstexploration für künftige Existenzgründer besondere Bedeutung zu.

Kritische Entwicklungstendenzen wurden hinsichtlich der Preisgestaltung bereitgehaltener Dienstleistungen deutlich, wobei jedoch davon auszugehen ist, dass diese vor allem auf mangelnde Kenntnisse hinsichtlich betriebswirtschaftlicher Kosten- und Leistungsrechnungen zurückzuführen sind und sich damit durch die einzuleitenden Veränderungen an den Hochschulen und dem Berufsverband kurz- bis mittelfristig beheben lassen. Die Bereithaltung geeigneter Weiterbildungsangebote sowie eine einheitliche Gebührenordnung, ähnlich der Gebührenordnung für Ärzte, erscheinen diesbezüglich als geeignete Maßnahmen, diesen Entwicklungen wirkungsvoll zu begegnen. Außerdem ist eine stärkere Vernetzung der Akteure zu forcieren und der Appell an alle Akteure Sozialer Arbeit zu richten, sich zu ihren eigenen Gunsten stärker zu solidarisieren und zu organisieren, um den Berufsverband und damit sich selbst und die gesamte Profession nachhaltig zu stärken.

Resümieren lässt sich schließlich, dass sowohl die theoretische Exploration als auch die beiden empirischen Erhebungen ergeben haben, dass sowohl der Bedarf als auch die Nutzer sozialer Dienstleistungen in ausreichendem Maße vorhanden sind. Diese Bedarfe müssen gedeckt und die Nutzer versorgt, unterstützt und befähigt werden, dies ist heute der Fall und wird auch künftig in sogar noch steigendem Maße der Fall sein. Die Frage ist lediglich, ob die Akteure Sozialer Arbeit genügend Professionalität aufbringen können, die sich ihnen bietenden, vielfältigen Chancen für sich und ihre Klienten zu nutzen, oder ob sie sich durch Selbstverweigerung, altruismuslastige Sozialromantik und Strukturkonservatismus selbst vom Markt verbannen und andere Professionen an ihrer statt diese ureigensten Aufgaben Sozialer Arbeit übernehmen werden.

Literatur

Adorno, T.W. (1971): Erziehung zur Mündigkeit. Vorträge und Gespräche mit Hellmut Becker 1959-1969. Herausgegeben von Gerd Kadelbach. Suhrkamp Taschenbuch 11. Frankfurt am Main. Suhrkamp Verlag

Antonovsky, A. (1997): Salutogenese. Zur Entmystifizierung der Gesundheit. Deutsche Herausgabe von Alexa Franke. Tübingen. DGVT Verlag

Asgodom, S. (2002): Selbst-PR. So fördern Sie Ihre Mitarbeiter – und damit Ihr Unternehmen. In: Scherer, H. (Hrsg.): Von den Besten profitieren. Erfolgswissen von 12 bekannten Management-Trainern. Offenbach. Gabal Verlag GmbH. S. 11-32

Aßmann, B. (2003): Die Zukunft der Qualitätsgemeinschaft Soziale Dienste Berlin. Festvortrag Qualitätsgemeinschaft Soziale Dienste Berlin. Evangelische Fachhochschule Berlin. Online im Internet: http://www.evfh-berlin.de/evfh-berlin/QSDB/assmann.htm. (28-04-07)

Bäcker et al. (2000a): Sozialpolitik und Soziale Lage in Deutschland. 3. Auflage Band 1. Ökonomische Grundlagen, Einkommen, Arbeit und Arbeitsmarkt, Arbeit und Gesundheitsschutz. Wiesbaden. Westdeutscher Verlag.

Bäcker et al. (2000b): Sozialpolitik und Soziale Lage in Deutschland. 3. Auflage Band 2. Gesundheit und Gesundheitssystem, Familie, Alter, Soziale Dienste. Wiesbaden. Westdeutscher Verlag. S. 332-399

Bamberger, G. (2005): Lösungsorientierte Beratung. 3. Auflage. Weinheim, Basel. Beltz Verlag

Beck, U. (1983): Jenseits von Klasse und Stand? Soziale Ungleichheit, gesellschaftliche Individualisierungsprozesse und die Entstehung neuer sozialer Formationen und Identitäten. In: Kreckel, R. (Hrsg.): Soziale Ungleichheiten. Soziale Welt. Sonderband 2. Göttingen. Schwartz Verlag. S. 35-74

Beck, U. (2003): Risikogesellschaft. Auf dem Weg in eine andere Moderne. Sonderausgabe. Frankfurt am Main. Suhrkamp

Beck, U. (2007): Weltrisikogesellschaft. Auf der Suche nach der verlorenen Sicherheit. Frankfurt am Main. Suhrkamp

Beck-Gernsheim, E. (1998): Individualisierungstheorie: Veränderungen des Lebenslaufs in der Moderne. In: Keupp, Heiner (Hrsg.): Zugänge zum Subjekt. Perspektiven einer reflexiven Sozialpsychologie. 3. Auflage. Frankfurt am Main. Suhrkamp. S. 125-146

Becker, H. (1971): Erziehung zur Mündigkeit. In: Adorno, T.W.: Erziehung zur Mündigkeit. Vorträge und Gespräche mit Hellmut Becker 1959-1969. Herausgegeben von Gerd Kadelbach Suhrkamp Taschenbuch 11. Frankfurt am Main. Suhrkamp Verlag. S. 133-147

Berger, P. L.; **Luckmann**, Th. (2001): Die gesellschaftliche Konstruktion der Wirklichkeit. In: Abels, H. (Hrsg.): Interaktion, Identität, Präsentation. Kleine Einführung in die interpretativen Theorien der Soziologie. 2. Auflage. Wiesbaden. Westdeutscher Verlag

Berkel, K.; **Lochner**, D. (2001): Führung: Ziele vereinbaren und Coachen. Vom Mit-Arbeiter zum Mit-Unternehmer. Weinheim, Basel. Beltz Verlag

Bieling, H. J. (2000): Dynamiken sozialer Spaltung und Ausgrenzung. Gesellschaftstheorien und Zeitdiagnosen. Münster. Verlag Westfälisches Dampfboot

Bierhoff, H. W. (1998): Sozialpsychologische Aspekte von Kooperation. In: Spieß, E. (Hrsg.): Formen der Kooperation. Göttingen. Verlag für Angewandte Psychologie. S. 21-36

Blüm, N. (2006): Gerechtigkeit. Eine Kritik des Homo oeconomicus. Freiburg, Basel, Wien. Herder Spektrum

BMWi (Bundesministerium für Wirtschaft und Technologie) (2006a): Gründer Zeiten. Informationen zur Existenzgründung und -sicherung. Nr. 12. Hochschulabsolventen als Existenzgründer. Berlin. BMWi

BMWi (Bundesministerium für Wirtschaft und Technologie) (2006b): Gründer Zeiten. Informationen zur Existenzgründung und -sicherung. Nr. 44. Zarte Pflänzchen – Kleingründungen. Berlin. BMWi

BMWi (Bundesministerium für Wirtschaft und Technologie) (2006c): Gründer Zeiten. Informationen zur Existenzgründung und -sicherung. Mittelstandspolitik, Existenzgründungen, Dienstleistungen. Nr.41. Persönliche Absicherung für Existenzgründer und Unternehmer. Berlin. BMWi

BMWi (Bundesministerium für Wirtschaft und Technologie) (2006d): Gründer Zeiten. Informationen zur Existenzgründung und -sicherung. Mittelstandspolitik, Existenzgründungen, Dienstleistungen. Nr. 45. Thema: Existenzgründung durch Freie Berufe. Berlin. BMWi

BMWi (Bundesministerium für Wirtschaft und Technologie) (2006e): Gründer Zeiten. Informationen zur Existenzgründung und -sicherung. Mittelstandspolitik, Existenzgründungen, Dienstleistungen. Nr.33. Ein festes Fundament! Thema: Rechtsformen. Berlin. BMWi

BMWi (Bundesministerium für Wirtschaft und Technologie) (2006f): Gründer Zeiten. Informationen zur Existenzgründung und -sicherung. Mittelstandspolitik, Existenzgründungen, Dienstleistungen. Nr. 46. Thema: Unternehmensbeurteilung / Rating. Berlin. BMWi

BMWi (Bundesministerium für Wirtschaft und Technologie) (2006g): Gründer Zeiten. Informationen zur Existenzgründung und -sicherung. Mittelstandspolitik, Existenzgründungen, Dienstleistungen. Nr. 17. Thema: Gründungskonzept / Businessplan. Berlin. BMWi

BMWi (Bundesministerium für Wirtschaft und Technologie) (2006h): Gründer Zeiten. Informationen zur Existenzgründung und -sicherung. Mittelstandspolitik, Existenzgründungen, Dienstleistungen. Nr.42. Thema: Standortwahl. Berlin. BMWi

BMWi (Bundesministerium für Wirtschaft und Technologie) (2006i): Gründer Zeiten. Informationen zur Existenzgründung und -sicherung. Mittelstandspolitik, Existenzgründungen, Dienstleistungen. Nr.11. Thema: Kooperationen. Berlin. BMWi

BMWi (Bundesministerium für Wirtschaft und Technologie) (2006j): Gründer Zeiten. Informationen zur Existenzgründung und -sicherung. Mittelstandspolitik, Existenzgründungen, Dienstleistungen. Nr. 20. Thema: Marketing. Berlin. BMWi

BMWi (Bundesministerium für Wirtschaft und Technologie) (2006k): Gründer Zeiten. Informationen zur Existenzgründung und –sicherung. Mittelstandspolitik, Existenzgründungen, Dienstleistungen. Nr. 37. Thema: Kunden gewinnen. Berlin BMWi

BMWi (Bundesministerium für Wirtschaft und Technologie) (2006l): Gründer Zeiten. Informationen zur Existenzgründung und –sicherung. Mittelstandspolitik, Existenzgründungen, Dienstleistungen. Nr. 47. Thema: Qualitätsmanagement

Boeckh, J.; **Huster**, E.U.; **Benz**, B. (2004): Sozialpolitik in Deutschland. Eine systematische Einführung. Wiesbaden. VS Verlag für Sozialwissenschaften

Böhnisch, L. (1999): Die sozialintegrative Dimension der Sozialpädagogik und Sozialarbeit. In: Wissenschaftliche Zeitschrift der TU Dresden. Heft 3. 48. Jahrgang. S. 40-42

Böhnisch, L. (2001): Lebensbewältigung. In: Otto, H. -U.; Thiersch, H. (Hrsg.): Handbuch Sozialarbeit Sozialpädagogik. 2. Auflage. Neuwied, Kriftel. Luchterhand. S. 2119-2121

Bönker, F.; **Wollmann**, H. (2003): Von konservativen Wohlfahrtsstaaten, institutionellen Restriktionen und Reformwellen: Einige politikwissenschaftliche Überlegungen zu den gegenwärtigen Veränderungen im Bereich der sozialen Dienste. In: Olk, Th.; Otto, H. -U. (Hrsg.): Soziale Arbeit als Dienstleistung. Grundlegungen, Entwürfe und Modelle. München, Unterschließheim. Luchterhand Verlag. S. 28-44

Bösebeck-Hoffmann, D. (2001): Design eines neuen Kompetenzprofils – Entwicklung der Potenziale durch Personalmanagement. In: Schubert, H. (Hrsg.): Sozialmanagement. Zwischen Wirtschaftlichkeit und fachlichen Zielen. Opladen. Leske + Budrich. S. 133-142

Bogner, A.; **Littig**, B.; **Menz**, W. (Hrsg.) (2005): Das Experteninterview. Theorie, Methode, Anwendung. 2. Auflage. Wiesbaden. VS Verlag für Sozialwissenschaften

Bolz, N. (2001): Sind Sinnfragen überholt? In: Teufel, E. (Hrsg.): Von der Risikogesellschaft zur Chancengesellschaft. Frankfurt am Main. Suhrkamp. S. 15-24

Borgetto, B. (2004): Selbsthilfe und Gesundheit. Analysen, Forschungsergebnisse und Perspektiven. Bern, Göttingen, Toronto, Seattle. Verlag Hans Huber

Bundesverband der Freien Berufe (2004): Abgrenzung „Freier Beruf oder Gewerbe". Online im Internet. http://www.freie-berufe.de (25-02-07)

Bortz, J.; **Döring**, N. (2002): Forschungsmethoden und Evaluation für Human- und Sozialwissenschaftler. 3. Auflage. Berlin, Heidelberg, New York. Springer Verlag

Burns, E. (2001): Für ein ausgewogenes Gleichgewicht von Solidarität und Selbstverantwortung. In: Teufel, E. (Hrsg.): Von der Risikogesellschaft zur Chancengesellschaft. Frankfurt am Main. Suhrkamp. S. 197-200

Coleman, J. S. (1988): Social capital in the creation of human capital. In: Amarican Journal of Sociology 94. Supplement. S. 95-120

Coleman, J. S. (1990): Foundation of Social Theory. Camebridge. MA. The Belknap Press of Harvard University Press

Collrepp von, Friedrich (1998): Handbuch Existenzgründung. Für die ersten Schritte in die dauerhaft erfolgreiche Selbstständigkeit. Stuttgart. Schäffer-Poeschel Verlag

Crefeld, W. (2002): Psychosoziale Beratung bei Krankheit oder Behinderung braucht eine sozialarbeitswissenschaftliche Grundlage. In: Gödecker-Geenen, N.; Nau, H. (Hrsg.): Klinische Sozialarbeit. Eine Positionsbestimmung. Management und Humanität im Gesundheitswesen. Münster. Lit Verlag. S. 57-82

Cremer, G. (2006): Mehr Jobs für Geringqualifizierte! In: Schramm, M.; Große Kracht, H. J.; Kostka, Ulrike (Hrsg.): Der fraglich gewordene Sozialstaat. Aktuelle Streitfelder – ethische Grundlagenprobleme. Paderborn, München, Wien, Zürich. Ferdinand Schöningh. S. 65-79

Cube von, F. (2005): Lust an Leistung. Die Naturgesetze der Führung. 12. Auflage. München. Piper Verlag

Daheim, H. (2001): Berufliche Arbeit im Übergang von der Industrie- zur Dienstleistungsgesellschaft. In: Kunz, Th. (Hrsg.): Aspekte des Berufs in der Moderne. Opladen. Leske + Budrich. S. 21-38

Dahme, H.-J.; Wohlfahrt, N. (2000): Zur politischen Inszenierung von Wettbewerb und Vernetzung im Sozial- und Gesundheitssektor – auf dem Weg zu einem neuen Ordnungsmix? In Dahme, H.-J.; Wohlfahrt, N. (Hrsg.): Netzwerkökonomie im Wohlfahrtsstaat. Berlin. Edition Sigma. S. 9-26

Dahrendorf, R. (1979): Lebenschancen, Anläufe zur sozialen und politischen Theorie. Frankfurt am Main. Suhrkamp Verlag

Dahte, R.; Kreuter, H. (2000): Alte Menschen. In: Bundesvereinigung für Gesundheit e.V. Bonn (Hrsg.): Gesundheit. Strukturen und Handlungsfelder. Neuwied, Kriftel. Luchterhand. Abschnitt II 3. S. 1-28

DBSH (2007): Projekt : Weltkonferenz Soziale Arbeit: Kompetente Praxis im Gestalten einer Welt in Balance! Geschäftsbericht für den Zeitraum vom 16.10.2005 – 31.12.2006. 2 /2007. DBSH

Delheid, J. (2004): Die englische Limited. Online im Internet. http:///www.delheid.de. (24-02-07)

Delheid, J. (2007): Skriptum Gesellschaftsrecht. Unveröffentlichtes Manuskript

Deller, U. (2007a): Theoretische Grundlagen der Kooperation. Teil 1. Unveröffentlichtes Manuskript. KFH. Abteilung Aachen

Deller, U. (2007b): Netzwerkarbeit. Unveröffentlichtes Manuskript. KFH. Abteilung Aachen

Detzel, T.; **Engel**, S. et al. (2006): Freier Beruf oder Gewerbe? Nürnberg. Institut Für Freie Berufe

Deutscher Verein für öffentliche und private Fürsorge (Hrsg.) (1997): Fachlexikon der Sozialen Arbeit. 4. Auflage. Stuttgart, Berlin, Köln. Kohlhammer Verlag

Dowling, M.; **Drumm**, H.-J. (2003): Gründungsmanagement. Vom erfolgreichen Unternehmensstart zu dauerhaftem Wachstum. 2. Auflage. Berlin, Heidelberg, New York. Springer Verlag

Dröge, K. (2003): Wissen – Ethos – Markt, Professionelles Handeln und das Leistungsprinzip. In: Mieg, H.; Pfadenhuer, M. (Hrsg.): Professionelle Leistung - Professional Performance. .Position der Professionssoziologie. Konstanz. UVK Verlagsgesellschaft mbH

Drouve, A. (2005): Der Jakobsweg. Frankfurt/Main, Leipzig. Insel Verlag
Dux, G. (2005): Historisch-genetische Theorie der Kultur. Weilerswist. Velbrück Wissenschaft

Dux, G. (2006): Kritik der Gleichheit – Inklusion und Integration als Postulat der Gerechtigkeit. In: Rehberg, K.-S. (Hrsg.): Soziale Ungleichheit, Kulturelle Unterschiede. Verhandlungen des 32. Kongresses der Deutschen Gesellschaft für Soziologie in München 2004. Teil 2. Frankfurt, New York. Campus Verlag

EFQM (2003): EFQM. Die Grundkonzepte der Excellence. European Foundation for Quality Management. Brüssel

Engelke, E. (1999): Soziale Arbeit als Wissenschaft. 3. Auflage. Freiburg. Lambertus Verlag

Engelke, E. (2003): Die Wissenschaft Soziale Arbeit. Werdegang und Grundlagen. Freiburg. Lambertus Verlag

Fischer W.; **Löwisch**, D.-J.; **Ruhloff**, J. (1976): Arbeitsbuch Pädagogik III. Düsseldorf. Pädagogischer Verlag Schwann

Fleschütz, K. (2007a): Gesellschaftsrecht – Rechtsformen. Allgemeines zur Rechtsformwahl. Online im Internet. http://www.foerderland.de/400.0.html (24-02-07)

Fleschütz, K. (2007b): Definition: GmbH. Online im Internet. http://www.foerderland.de/1129+M56edc63977e.0.html (25-02-07)

Fleschütz, K. (2007c): Gesellschaftsrecht – Rechtsformen. Gesellschaft mit beschränkter Haftung (GmbH). Online im Internet. http://www.foerderland.de/405.0.html (26-02-07)

Fleschütz, K. (2007d): Größte Reform des GmbH-Rechts seit 1980 angestrebt. Leichter und schneller gründen. Online im Internet. http://www.foerderland.de/1398.0.html (26-02-07)

Flick, U. (2002): Qualitative Sozialforschung. Eine Einführung. Reinbeck bei Hamburg. Rowohlt Verlag

Flick, U. (2003): Triangulation in der qualitativen Forschung. In: Flick, U.; Kardoff von, E.; Steinke, I. (Hrsg.): Qualitative Forschung. Ein Handbuch. Reinbeck bei Hamburg. Rowohlt Verlag. S. 309-318

Flösser, G.; **Hanesch**, W. (1998): Die Ökonomisierung des Sozialen – neue Steuerungs- und Regulierungsformen. Dresden. Unveröffentlichtes Manuskript. S. 8 ff.

Flösser, Gaby (2001): Qualität. In: Otto, H.-U.; Thiersch, H. (Hrsg.): Handbuch Sozialarbeit Sozialpädagogik. 2. Auflage. Neuwied, Kriftel. Luchterhand Verlag. S.1462-1468

Frankenberg, P. (2001): Die Rolle der Universitäten in der modernen wettbewerbsorientierten Wissensgesellschaft. In: Teufel, E. (Hrsg.): Von der Risikogesellschaft zur Chancengesellschaft. Frankfurt/Main. Suhrkamp. S. 62-67

Freire, P. (1973): Pädagogik der Unterdrückten. Bildung als Praxis der Freiheit. Mit einer Einführung von Ernst Lange. Reinbek bei Hamburg. Rowohlt

Freese, E. (2005): Grundlagen der Organisation. Entscheidungsorientiertes Konzept der Organisationsgestaltung. 9. Auflage. Wiesbaden. Gabler Verlag

Fromm, E. (1981): Die Revolution der Hoffnung. Für eine Humanisierung der Technik. Frankfurt/ Main, Berlin, Wien. Ullstein. Nr. 39026

Füssenhäuser, C.; **Thiersch**, H. (2001): Theorien der Sozialen Arbeit. In: Otto, H.-U.; Thiersch, H. (Hrsg.): Handbuch Sozialarbeit Sozialpädagogik. 2. Auflage. Neuwied, Kriftel. Luchterhand Verlag. S. 1876-1900

Gläser, J.; **Laudel**, G. (2004): Experteninterviews und qualitative Inhaltsanalyse. Wiesbaden. VS Verlag für Sozialwissenschaften

Graf, M.A. (1996): Mündigkeit und Soziale Anerkennung. Gesellschafts- und bildungstheoretische Begründung sozialpädagogischen Handelns. Weinheim, München. Juventa Verlag

Graf, P.; **Spengler**, M. (2004): Leitbild- und Konzeptentwicklung. Strategien, Tools, Materialien. 4. Auflage. Augsburg. Ziel Verlag

Gropper von, Ch. (1999): „Kommunikative Klärungshilfe" als allgemeingültige Beratungsmethode in der Sozialen Arbeit. In: Hansen, K. (Hrsg.): Soziale Arbeit zwischen globalen Risiken und nachhaltiger Hilfe vor Ort. Hochschule Niederrhein. Eigenverlag

Hamburger, F. (2003): Einführung in die Sozialpädagogik. Stuttgart, Kohlhammer Verlag

Heiner, M. (2001): Evaluation. In: Otto, H.-U.; Thiersch, H. (Hrsg.): Handbuch Sozialarbeit Sozialpädagogik. 2. Auflage. Neuwied, Kriftel. Luchterhand. S.481-495

Hering, S.; **Münchmeier**, R. (2000): Geschichte der Sozialen Arbeit. Eine Einführung. Grundlagentexte Sozialpädagogik / Sozialarbeit. Weinheim, München. Juventa Verlag

Hofemann, K. (2001): Handlungsspielräume des Neuen Steuerungsmodells. In: Schubert, H. (Hrsg.): Sozialmanagement. Zwischen Wirtschaftlichkeit und fachlichen Zielen. Opladen. Leske + Budrich. S. 25-44

Holewa, M. (2003): Qualitätsmanagement – Soziale Verantwortung neu formuliert. Qualitätsgemeinschaft Soziale Dienste Berlin. Festvortrag. Evangelische Fachhochschule Berlin. Online im Internet. http://www.evfh-berlin.de/evfh-berlin/QSDB/holewa.htm. (28-04-07)

Hoyos, C. G.; **Frey**, D. (Hrsg.) (1999): Arbeits- und Organisationspsychologie. Weinheim. Beltz. Psychologie Verlags Union

Hurrelmann, K.; **Klotz**, Th.; **Haisch**, J. (Hrsg.) (2004): Lehrbuch Prävention und Gesundheitsförderung. Bern, Göttingen, Toronto, Seattle. Verlag Hans Huber

IHK (Industrie und Handelskammer) Heilbronn-Franken (2006): Herausforderung Selbstständigkeit. Informationen für eine erfolgreiche Existenzgründung. 6. Auflage. Heilbronn-Franken. Eigenverlag

Institut für Freie Berufe (2006a): Freier Beruf oder Gewerbe? Kurzfassung. Gründungsinformationen Nr. 1. 01/2006. Nürnberg. Institut für Freie Berufe

Institut für Freie Berufe (2006b): Rechtsformen im Überblick. Gründungsinformationen Nr. 5. 11/2006. Nürnberg. Institut für Freie Berufe

Jungbauer-Gans, M. (2002): Ungleichheit, Soziale Beziehungen und Gesundheit. Wiesbaden. Westdeutscher Verlag

Kaschny, M. (2002): Welche Eigenschaften eines Unternehmers habe ich? Online im Internet: http://www.uni-koblenz.de (09-04-07)

Kaufmann, F.X. (2001): Junge Menschen heute – zur Freiheit verurteilt. In: Teufel, E. (Hrsg.): Von der Risikogesellschaft zur Chancengesellschaft. Frankfurt/Main. Suhrkamp. S. 108-114

Keupp, H. (1995): Zerstören Individualisierungsprozesse die solidarische Gesellschaft? In: Universitas. Zeitschrift für interdisziplinäre Wissenschaft. Künstliche Welten. Nummer 583. Stuttgart. Wissenschaftliche Verlagsgesellschaft mbH. S. 149-157

Keupp, H. (1997): Ermutigung zum aufrechten Gang. Deutsche Gesellschaft für Verhaltenstherapie. Tübingen. DGVT Verlag

Köppel, M. (2003): Salutogenese und Soziale Arbeit. Lage. Verlag Hans Jakobs

Köppel, M. (2005): Soziale Arbeit muss im Gesundheitswesen strukturell verortet werden. Unverzichtbarer Bestandteil ganzheitlicher Therapie – Neue Forschungsergebnisse bieten Chancen. In: Deutsche Vereinigung für Sozialarbeit im Gesundheitswesen (Hrsg.): Forum Sozialarbeit und Gesundheit. Neuorientierung im Gesundheitswesen. 1/2005. S. 6-9

Köppel, M.; **Reichel**, A. (2007): Ausflug in die Selbstständigkeit: Was kommt danach? Gescheiterte Selbstständigkeit in der Sozialen Arbeit und Chancen der Integration in neue Beschäftigungsverhältnisse. Unveröffentlichtes Manuskript

Konermann, K. (2001): Qualitätsmanagement in der Jugendhilfe. In: Schubert, H. (Hrsg.): Sozialmanagement. Zwischen Wirtschaftlichkeit und fachlichen Zielen. Opladen. Leske + Budrich. S. 91-102

Kramer, D.; Zippel, C. (2003): Demographische Grundlagen und Entwicklungen oder der Weg weg von der Pyramide. In: Zippel, C.; Kraus, S. (Hrsg.): Soziale Arbeit mit alten Menschen. Sozialarbeit in der Altenhilfe, Geriatrie und Gerontopsychiatrie. Ein Leitfaden für Sozialarbeiter und andere Berufsgruppen. Berlin. Weißensee Verlag. S. 17-32

Kraus, S. (2003a): Rolle und Selbstverständnis von Sozialarbeit in der Altenhilfe. In: Zippel, C.; Kraus, S. (Hrsg.): Soziale Arbeit mit alten Menschen. Sozialarbeit in der Altenhilfe, Geriatrie und Gerontopsychiatrie. Ein Leitfaden für Sozialarbeiter und andere Berufsgruppen. Berlin. Weißensee Verlag. S. 33-41

Kraus, S. (2003b): Sozialarbeit in der Geriatrie. In: Zippel, C.; Kraus, S. (Hrsg.): Soziale Arbeit mit alten Menschen. Sozialarbeit in der Altenhilfe, Geriatrie und Gerontopsychiatrie. Ein Leitfaden für Sozialarbeiter und andere Berufsgruppen. Berlin. Weißensee Verlag. S. 65-76

Komrey, H. (1998): Empirische Sozialforschung. 8. Auflage. Opladen. Leske + Budrich

Lange, D. (2000): Wirtschaftlichkeit und Soziale Arbeit. In: Elsen, S.; Lange, D., Wallimann, I. (Hrsg.): Soziale Arbeit und Ökonomie. Neuwied, Kriftel. Luchterhand. S. 74-91

Löhr, J. (2002): Raus aus der Komfortzone! Erfolg durch Veränderung. In: Von den Besten profitieren. Band I. Erfolgswissen von 12 bekannten Management-Trainern. Offenbach. Gabal Verlag. S. 164-183

Lumma, K. (2006): Die Teamfibel ... oder das Einmaleins der Team und Gruppenqualifizierung im sozialen und betrieblichen Bereich – ein Lehrbuch zum lebendigen Lernen. Hamburg. Windmühle Verlag

Malik, F. (2001): Führen, Leisten, Leben. Wirksames Management für eine neue Zeit. München. Heyne Verlag

Manz, N.; Hering, E. (2000): Existenzgründung und Existenzsicherung. Vom Unternehmenskonzept zum erfolgreichen Unternehmer. Berlin, Heidelberg, New York. Springer Verlag

McKinsey & Company (2002): Planen, gründen, wachsen. Mit dem professionellen Businessplan zum Erfolg. 3. Auflage. Zürich. Redline Wirtschaft. Ueberreuter

Meffert, H.; **Bruhn**, M. (1997): Dienstleistungsmarketing. Grundlagen – Konzepte – Methode. 2. Auflage. Wiesbaden Gabler Verlag

Mensch, Kirsten (2002): Die Zukunft der sozialen Dienste. Diskussionsbericht zur Expertenrunde der Schader-Stiftung. Online im Internet: http//www.schaderstiftung.de

Müller, C.W. (1998): War das ein sozialpädagogisches Jahrhundert? In: Jordan, E.; Kreft, D. (Hrsg.): Jahrbuch der Sozialen Arbeit 1999. Münster. Verlag?. S. 11-52

Müller, B. (2002): Professionalisierung. In: Thole, W. (Hrsg.): Grundriss Sozialer Arbeit. Opladen. Leske & Budrich. S. 725-744

Münster, T. (2006): Die optimale Rechtsform. 6. Auflage. Heidelberg. Redline Wirtschaft

Nicolini, H. J. (2001): Kostenrechnung als Emanzipationsinstrument. In: Schubert, H. (Hrsg.): Sozialmanagement. Zwischen Wirtschaftlichkeit und fachlichen Zielen. Opladen. Leske + Budrich. S.115-132

Niemeyer, Ch. (2002): Sozialpädagogik, Sozialarbeit, Soziale Arbeit – „klassische" Aspekte der Theoriegeschichte. In: Thole, W. (Hrsg.): Grundriss Soziale Arbeit. Ein einführendes Handbuch. Opladen. Leske + Budrich. S. 123-138

Nollert, M. (2007): Wohlfahrtspluralismus (Welfare Mix). Online im Internet: http://www.socialinfo.ch. (19-03-07)

Olk, Thomas (2001): Freie Träger im deutschen Sozialstaat. In: Otto, H.-U.; Thiersch, H. (Hrsg.): Handbuch Sozialarbeit Sozialpädagogik. 2. Auflage. Neuwied, Kriftel. Luchterhand Verlag. S.1910-1926

Pantucek, P. (1998): Lebensweltorientierte Individualhilfe. Eine Einführung für soziale Berufe. Freiburg im Breisgau. Lambertus Verlag

Parsons, T. (1973): Soziologische Theorie. Soziologische Texte. Darmstadt, Neuwied Luchterhand.

Pracht, A. (2002): Betriebswirtschaftslehre für das Sozialwesen. Eine Einführung in betriebswirtschaftliches Denken im Sozial- und Gesundheitsbereich. Weinheim, München. Juventa

Prokla (2003): Gesundheit im Neoliberalismus. Zeitschrift für Sozialwissenschaft. Heft 132. 2003/3

Prusak, L.; **Cohen**, D. (2001): Soziales Kapital macht Unternehmen effizienter. In: Harvard Business Manager 6/2001

Rauschenbach, T. (1992): Soziale Arbeit und Soziales Risiko. In: Rauschenbach, T.; Gängler, H. (Hrsg.): Soziale Arbeit und Erziehung in der Risikogesellschaft. Neuwied. Luchterhand. S. 25-60

Rauschenbach, T.; **Züchner**, I. (2001): Soziale Berufe. In: Otto, H.-U.; Thiersch, H. (Hrsg.): Handbuch Sozialarbeit Sozialpädagogik. 2. Auflage. Neuwied, Kriftel. Luchterhand Verlag. S. 1649-1667

Reichert, E.; **Wieler**, J. (2002): Soziale Arbeit in den USA. In: Handbuch Sozialarbeit Sozialpädagogik. 2. Auflage. Neuwied, Kriftel. Luchterhand. S. 1611-1621

Reinmann-Rothmeier G. et al. (2001): Wissensmanagement lernen. Ein Leitfaden zur Gestaltung von Workshops und zum Selbstlernen. Weinheim, Basel. Beltz Verlag

Riemann, F.; **Kleespies**, W. (2005): Die Kunst des Alterns. Reifen und Loslassen. 3. Auflage. München, Basel. Ernst Reinhardt Verlag

Sachverständigenrat (2001): Gutachten 2000/2001 des Sachverständigenrates für die Konzertierte Aktion im Gesundheitswesen. Bedarfsgerechtigkeit und Wirtschaftlichkeit. Band III. Über-, Unter- und Fehlversorgung. Ausführliche Zusammenfassung

Schaarschuch, A. (1994): Soziale Dienstleistungen im Regulationszusammenhang. In: Widersprüche. Zeitschrift für sozialistische Politik in Bildungs-, Gesundheits- und Sozialbereich. Heft 52. Jahrgang 1994

Schaarschuch A.; **Flösser**, G.; **Otto** H.-U. (2001):Dienstleistung: In: Otto, H.-U.; Thiersch, H. (Hrsg.): Handbuch Sozialarbeit, Sozialpädagogik. 2. Auflage. Neuwied, Kriftel. Luchterhand

Schilling, J. (1995): Didaktik / Methodik der Sozialpädagogik. Grundlagen und Konzepte. 2. Auflage. Neuwied, Kriftel, Berlin. Luchterhand Verlag

Schilling, J. (2005): Soziale Arbeit. Geschichte, Theorie, Profession. 2. Auflage. München, Basel. Reinhardt Verlag UTB

Schilling, M. (2002): Die Träger der Sozialen Arbeit in der Statistik. In Thole, W. (Hrsg.): Grundriss Sozialer Arbeit. Ein einführendes Handbuch. Opladen. Leske + Budrich. S. 415-430

Schmid, J. (2001): Wohlfahrtsstaat. In: Otto, H.-U.; Thiersch, H. (Hrsg.): Handbuch Sozialarbeit Sozialpädagogik. 2. Auflage. Neuwied, Kriftel. Luchterhand. S. 1980-1986

Schramm, M. (1998): Geld und Moral. Zur Strategie der Sozialethik. In: Religionsunterricht an höheren Schulen 41. Westermann Verlag. S. 224-229

Schramm, M. (2004): Gerechtigkeit im Widerstreit. Konzeptionen im Überblick. In: Arbeitsgemeinschaft der Sozialen Seminare in der (Erz-)Diözesen Aachen. Soziales Seminar. Politisch-soziale Bildung in katholischer Trägerschaft. Informationen 2/2004. Münster. Johann Burlage

Schroer, H. (1994): Jugendamt im Wandel. In: Neue Praxis. Zeitschrift für Sozialarbeit, Sozialpädagogik und Sozialpolitik. 3/1994. S. 263-274

Schubert, F.-C. (1999): Ressourcenorientierte psychosoziale Beratung: Der sozialökologische Ansatz. In: Hansen, K. (Hrsg.): Soziale Arbeit zwischen globalen Risiken und nachhaltiger Hilfe vor Ort. Schriften des Fachbereichs Sozialwesen an der Fachhochschule Niederrhein. Mönchengladbach. WAZ Fachhochschule Niederrhein. S. 137-157

Schubert, H. J.; **Zink**, K. J. (1997): Qualitätsmanagement in sozialen Dienstleistungen. Neuwied, Kriftel, Berlin. Luchterhand Verlag

Schultz, V. (2006): Basiswissen Rechnungswesen. Buchführung, Bilanzierung, Kostenrechnung, Controlling. 4. Auflage. München. Deutscher Taschenbuch Verlag

Sennett, R. (2000): Der flexible Mensch. Die Kultur des neuen Kapitalismus. Aus dem Amerikanischen von Martin Richter. Berlin. Siedler Verlag

Spieß, E. (1998): Formen der Kooperation. Göttingen. Verlag für angewandte Psychologie

Spieß, E. (2003): Effektiv kooperieren. Wie aus lauter Solisten ein erfolgreiches Orchester wird. Weinheim, Basel, Berlin. Beltz Verlag

Statistisches Bundesamt (Hrsg.) (2004): Datenreport 2004. Zahlen und Fakten über die Bundesrepublik Deutschland. 2. Auflage. Bonn. Bundeszentrale für politische Bildung

Staub-Bernasconi (1995): Das fachliche Selbstverständnis Sozialer Arbeit – Wege aus der Bescheidenheit. Soziale Arbeit als Human Rights Profession. In: Wendt, W. R. (Hrsg.): Soziale Arbeit im Wandel ihres Selbstverständnisses. Freiburg im Breisgau. Lambertus Verlag. S. 57-104

Staub-Bernasconi, S. (2005): Gerechtigkeit und sozialer Wandel. In: Thole, W.; Cloos, P.; Ortmann, F.; Strutwolf, V. (Hrsg.): Soziale Arbeit im öffentlichen Raum. Soziale Gerechtigkeit in der Gestaltung des Sozialen. Wiesbaden. VS Verlag für Sozialwissenschaften. S. 75-88

Stehle, H.; **Stehle**, A. (2005): Die rechtlichen und steuerlichen Wesensmerkmale der verschiedenen Gesellschaftsformen. Vergleichende Tabellen. 19. Auflage. Stuttgart, München, Hannover. Richard Boorberg Verlag

Steuck, J. W. (1999): Businessplan. Das professionelle 1 x 1. Berlin. Cornelsen Verlag

Stichweh, R. (1994): Professionen in einer funktional differenzierten Gesellschaft. In Combe, A.; Helsper, W. (Hrsg.): Pädagogische Professionalität. Frankfurt / Main. Suhrkamp

Stroebe, W.; **Jonas**, K.; **Hewstone** (Hrsg.) (2002): Sozialpsychologie. Eine Einführung. Berlin, Heidelberg, New York. Springer Verlag

Teufel, E. (Hrsg.) (2001): Von der Risikogesellschaft zur Chancengesellschaft. Frankfurt/Main. Suhrkamp

Thiersch, H. (1995): Lebenswelt und Moral. Beiträge zur moralischen Orientierung Sozialer Arbeit. Weinheim, München. Juventa Verlag

Thiersch, H.; **Grunwald**, K. (2001): Lebensweltorientierung. In: Otto, H.-U.; Thiersch, H. (Hrsg.): Handbuch Sozialarbeit Sozialpädagogik. 2. Auflage. Neuwied, Kriftel. Luchterhand. S. 1136-1148

Vogel, H.-C. (1999): Zukunft beobachtet – Neue Perspektiven für die Soziale Arbeit. In: Hansen, K. (Hrsg.): Soziale Arbeit zwischen globalen Risiken und nachhaltiger Hilfe vor Ort. Schriften des Fachbereichs Sozialwesen an der Fachhochschule Niederrhein. Mönchengladbach. WAZ Fachhochschule Niederrhein. S. 19-44

Wallimann, I. (2000): „Soziale Arbeit" als Instrument der Politischen Ökonomie und ihrer „Sozialpolitik". In: Elsen, S.; Lange, D., Wallimann, I. (Hrsg.): Soziale Arbeit und Ökonomie. Neuwied, Kriftel. Luchterhand. S. 12-26

Walter, N. (2001): Zurück in die Höhle oder hinauf zu den Sternen?. In: Teufel, E. (Hrsg.): Von der Risikogesellschaft zur Chancengesellschaft. Frankfurt/Main. Suhrkamp. S. 203-213

Walter, U.; **Flick**, U.; **Neuber**, A.; **Fischer**, C.; **Schwartz**, F. W. (2006): Alt und gesund? Altersbilder und Präventionskonzepte in der ärztlichen und pflegerischen Praxis. Alter(n) und Gesellschaft. Band 11.Wiesbaden. VS Verlag für Sozialwissenschaften

Watzlawick, P. (2001): Wir können von der Wirklichkeit nur wissen, was sie nicht ist. In: Die Gewissheit der Ungewissheit. 2. Auflage des Titels Abschied vom Absoluten. Gespräche zum Konstruktivismus. Carl Auer Systeme Verlag

Wilkinson, R. G. (2001): Kranke Gesellschaften. Soziales Gleichgewicht und Gesundheit. Wien, New York. Springer Verlag

Wollenberg, K. et al. (2000): Taschenbuch der Betriebswirtschaft. München, Wien. Carl Hanser Verlag

Wollmann, H. (1996): Verwaltungsmodernisierung, Ausgangsbedingungen, Reformabläufe und aktuelle Modernisierungsdiskurse. In: Reichard, C.; Wollmann, H. (Hrsg.): Widersprüche. 90/2003. Noch auf Kurs? – Zehn Jahre „Neue Steuerung" in der Jugendhilfe. Bielefeld. Kleine Verlag. S. 1-43

Wunderer, R. (2003): Führung und Zusammenarbeit. Eine unternehmerische Führungslehre. 5. Auflage. München, Neuwied. Luchterhand

Yunus, Muhammad (1997): Grameen. Eine Bank für die Armen der Welt. Mit Alan Jolis. Bergisch Geldabach. Gustav Lübbe Verlag

Zippel, C.; Kraus, S. (Hrsg.) (2003): Soziale Arbeit mit alten Menschen. Sozialarbeit in der Altenhilfe, Geriatrie und Gerontopsychiatrie. Ein Leitfaden für Sozialarbeiter und andere Berufsgruppen. Berlin. Weißensee Verlag

A1 – Fragebogen zur Befragung selbstständiger Akteure Sozialer Arbeit

(Experten ersten Grades)

Sehr geehrte Teilnehmer und Teilnehmerinnen!

Vielen Dank, dass Sie sich zum Ausfüllen dieses Fragebogens Zeit nehmen.

Informationen zur Studie:

Das Forschungsprojekt dient der Bedarfsforschung zum Thema Selbstständigkeit innerhalb Sozialer Arbeit. Gleichzeitig soll das von Ihnen erworbene Expertenwissen zum Thema Existenzgründung dazu genutzt werden, den Weg in die Selbstständigkeit für nachfolgende Sozialpädagogen und Sozialarbeiter zu erleichtern.

Ziel der Studie:

Ziel der Studie ist die Umsetzung einer stärkeren Nutzerorientierung innerhalb der Unterstützung selbstständig tätiger Akteure und eine Effektivitäts- und Effizienzsteigerung des angebotenen Dienstleistungsspektrums.

Unsere Bitte an Sie:

Zum Ausfüllen des Fragebogens werden Sie ungefähr 10 Minuten benötigen. Die Fragen beziehen sich auf Informationen zu ihrem akademischen und fachlichen Werdegang, Fragen ihre selbständige Tätigkeit betreffend und zu persönlichen Ratschlägen, die sie nachfolgenden Existenzgründern möglicherweise mit auf den Weg geben können.

Bitte helfen Sie, dass Informations- und Unterstützungsangebote künftig stärker an Ihren Interessen orientiert angeboten werden können, und füllen Sie den Fragebogen vollständig aus. Die Rücksendung kann entweder per E-Mail oder per Post erfolgen an:

praxis@sozialtherapie-koeppel.de

oder

Monika Köppel, Graseggerstr. 101, 50737 Köln

Bei Rückfragen wenden Sie sich bitte direkt telefonisch oder per E-Mail an mich.

Herzlichen Dank für Ihre Mitarbeit!

Monika Köppel

Ansprechpartner: **Monika Köppel (Dipl. Sozialpädagogin)**
Graseggerstr. 101, 50737 Köln
Tel. 0221 – 277 18 74

praxis@sozialtherapie-koeppel.de

Forschungsprojekt zum Thema: Selbstständigkeit und Soziale Arbeit
Mitgliederevaluation /
Bedarfsforschung

Bitte zum Ausfüllen die grau hinterlegten Felder anklicken!

<u>**Demografische Daten:**</u>

1. Alter:

Jahre

2. Geschlecht:

☐ weiblich
☐ männlich

3. Familienstand:

☐ ledig
☐ verheiratet
☐ eheähnliche Lebensgemeinschaft
☐ alleinerziehend
☐ sonstiges, und zwar

4. Anzahl und Alter der Kinder bei Aufnahme der Selbstständigkeit:

Kind 1	Jahre	Kind 2	Jahre
Kind 3	Jahre	Kind 4	Jahre
mehr als 4 Kinder ☐		kein Kind ☐	

5. Akademische Abschlüsse: (Mehrfachantworten sind möglich)

☐ Hochschulstudium, mit dem Abschluss
☐ Fachhochschulstudiom, mit dem Abschluss
☐ Master, mit dem Abschluss
☐ Bacholer, mit dem Abschluss
☐ Sonstiges, und zwar

6. Zusatzqualifikationen:

☐ nein
☐ ja, und zwar

Angaben zur Selbstständigkeit:

7. Selbstständig tätig seit:

Jahren

8. Welchem Arbeitsfeld würden Sie Ihre Selbstständigkeit zuordnen? (Mehrfachantworten sind möglich)

- ☐ Gesundheitsdienste
- ☐ Organisations- und Personalentwicklung
- ☐ Jugendhilfe
- ☐ Altenarbeit
- ☐ Sonstiges

9. Mit welchen Dienstleistungen bestreiten Sie Ihr Einkommen?
(Mehrfachantworten sind möglich)

- ☐ Beratungsarbeit
- ☐ Erziehungs- und Jugendhilfe
- ☐ Lehr- und Dozententätigkeit
- ☐ Altenarbeit
- ☐ Sonstiges

10. Arbeiten Sie mit Kooperationspartnern zusammen? Wenn ja, aus welchen Berufssparten und/oder Institutionen?

- ☐ nein (falls nicht, fahren Sie bitte mit der Beantwortung von Frage 12 fort)
- ☐ unregelmäßig und zwar

- ☐ regelmäßig und zwar

11. Falls Sie mit Kooperationspartnern zusammenarbeiten, benennen Sie bitte fünf positive Aspekte, die Sie aus diesem Netzwerk ziehen.
(Bitte tragen Sie nur Schlagworte ein!)

12. Beschäftigen Sie Mitarbeiter? Wenn ja, wie viele?

☐ Festangestellte Kräfte
☐ Honorarkräfte

13. Wie hoch ist Ihr monatliches Nettoeinkommen, welches Sie durch Ihre selbstständige Tätigkeit erwirtschaften (ca.-Angabe)?

☐ unter 1.000 Euro
☐ unter 2.000 Euro
☐ unter 3.000 Euro
☐ 3.000 Euro und mehr

14. Wieviel Stunden arbeiten Sie durchschnittlich pro Woche?

☐ unter 35 Stunden
☐ unter 40 Stunden
☐ 40 Stunden und mehr
☐ 50 Stunden und mehr
☐ 60 Stunden und mehr

15. Wie lange hat es seit der Existenzgründung ungefähr gedauert, bis Sie von Ihren Einnahmen leben konnten?

☐ weniger als ein Jahr
☐ weniger als zwei Jahre
☐ weniger als drei Jahre
☐ Selbstständigkeit neben einer Festanstellung
☐ Sonstiges

16. Wie beurteilen Sie die Möglichkeiten der Existenzgründung für Sozialarbeiter/Sozialpädagogen innerhalb der nächsten Jahre?

☐ eher gut, weil

☐ eher schlecht, weil

17. Wie würde Ihrer Meinung nach die vermehrte selbstständige Leistungserbringung das professionelle Selbst- und Fremdbild der Sozialen Arbeit verändern?

☐ eher positiv, weil

☐ eher negativ, weil

18. Bitte nennen Sie fünf persönliche und soziale Voraussetzungen, die Ihrer Meinung nach für eine Existenzgründung wichtig sind?

(Bitte tragen Sie nur Schlagworte ein!)

19. Bitte nennen Sie fünf fachliche Voraussetzungen, die Existenzgründer innerhalb der Sozialen Arbeit zur erfolgreichen Umsetzung ihres Vorhabens mitbringen müssen?

(Bitte tragen Sie nur Schlagworte ein!)

20. Nennen Sie bitte fünf Aspekte, die sich Ihrer Meinung nach verändern müssten, damit mehr Akteure der Sozialen Arbeit den Schritt in die Selbstständigkeit wagen?

(Bitte tragen Sie nur Schlagworte ein!)

21. Nennen Sie bitte fünf Lehrbereiche, die von den Hochschulen vermittelt werden sollten, um die Studierenden besser auf eine spätere Selbständigkeit vorzubereiten?

(Bitte tragen Sie nur Schlagworte ein!)

22. Welche Ratschläge würden Sie zukünftigen Existenzgründern mit auf den Weg geben?

(Bitte tragen Sie nur Schlagworte ein!)

23. Welche unterstützenden Dienstleistungen erwarten Sie von Ihrem Berufsverband / Ihrer Bundesfachgruppe?

(Nennen Sie bitte fünf Aspekte!)

Vielen Dank für Ihre Mitarbeit!

A2 – Experteninterviews (Experten zweiten Grades),
mit Frau H. Gosejakob-Rolf, Frau S. Kraus, Herrn M. Leinenbach und
Herrn A. Reichel

Interview mit Frau Hille Gosejakob-Rolf, am 01.04.2007, in Jena
Bundesvorsitzende des Deutschen Berufsverbandes für Soziale Arbeit (DBSH) bis
zum 31.03.2007, seitdem Ehrenvorsitzende des Verbandes, den sie aufgebaut und
20 Jahre geleitet hat

I.: Wie beurteilen Sie die generelle Möglichkeit sozialer Leistungserbringung in Selbstständigkeit?

G.-R.: Die Möglichkeit der Leistungserbringung in Selbstständigkeit wird von Monat zu Monat, das ist meine Erfahrung, höher, da insbesondere der öffentliche Dienst oder die Sozialhilfe oder Jugendhilfeträger, Kostenträger, die Bundesagentur usw. die tariflichen Vergütungen nicht mehr zahlen wollen, und hier sehen sie eine Chance, die Preise zu drücken.

I.: Können Sie zu dieser Entwicklung etwas sagen?

G.-R.: Ich finde es eine ganz schlimme Entwicklung, es entwertet die Sozialarbeit, es entwertet absolut unsere Profession und ich halte es nicht für angemessen, das ist für mich der purste Kapitalismus. Angebot und Nachfrage, und da wir sehr viele Kolleginnen und Kollegen haben, die keine feste Arbeitsstelle haben, ist die gewünschte Selbstständigkeit nur bei, ich würde sagen, knapp 10 % vorhanden. Die aus Überzeugung selbstständige Arbeit machen, die anderen machen sie notgedrungen, um irgendeine Tätigkeit nachzuweisen, denn sie müssen ja leben können. Und das ist natürlich, diese letztere Gruppe ist für uns die Gruppe, die die Preise absenkt.

I.: Das, was Sie da beschreiben, ist ja dann auch eine Gefahr selbstständiger Leistungserbringung, dass Leistungen zu Dumpingpreisen angeboten werden.
G.-R.: Ja, ja.

I.: Sehen Sie eine Möglichkeit, das zu unterbinden, oder haben sie da schon Ideen zu?

G.-R.: Ja, wir können das nur im gemeinsamen Schulterschluss unterbinden, und da appelliere ich an die Selbstständigen, dieses zu machen und sich dem Verband zu widmen. Der Verband hat eine Anregung bekommen, für Selbstständigenseminare, für Existenzgründungsseminare sich einzusetzen. Diese Idee werden wir aufgreifen, und ein Zweites ist, wir sind ja als Fachgewerkschaft im DBB und vertreten da ja auch die Selbstständigen im DBB und haben gerade eine Anfrage für den 03. Mai, wo wir uns treffen, ob man dieses Thema mehr beleuchten kann, damit wir uns gegenseitig keine Konkurrenz machen.

I.: Welche Tendenzen und Entwicklungsmöglichkeiten hinsichtlich der vermehrten selbstständigen Leistungserbringung innerhalb der Sozial- und Gesundheitsdienste sehen Sie?

G.-R.: Ja, der öffentliche Dienst sourct ja immer mehr aus, die freien gemeinnützigen Träger, muss man ja ganz deutlich sagen, machen ja diese Entwicklung teilweise mit, beziehungsweise kaufen sich auf dem Markt Leistungen, so genannte Leistungsmodule, und bestimmen ja dann auch die Preise. Sie verhalten sich also auch nicht viel anders als die Öffentlichen, und da muss man sehen, dass wir Wertigkeiten kriegen und dass wir uns gemeinsam binden, diese Lohnlisten zu haben, was kostet eine Stunde, was kostet die Leistung, was kostet die Leistung, also echte Vergütungsordnung für Selbstständige.

I.: Wie würde Ihrer Meinung nach die vermehrte selbstständige Leistungserbringung das professionelle Selbst- und Fremdbild der Sozialen Arbeit verändern?

G.-R.: Ich bin immer für Konkurrenz der Leistungserbringer und sehe das auch in einem Verband durchaus für möglich an, dass wir Selbstständige, sie haben in der Regel andere Intensionen, andere Schwerpunkte, sind vielleicht flexibler als der öffentliche Bereich oder der Angestelltenbereich und können diese Leistungen erbringen, und ich glaube man kann sich a) etwas abgrenzen, so was hoheitliche Aufgaben sind, was unterstützende helfende Aufgaben sind, einmal, das wäre abzugrenzen. Die Perspektive für die Selbstständigen ist meines Erachtens sehr hoch und sehr gut.

I.: Wenn ich das richtig interpretiere, dann ist das von ihnen angestrebte Bild einer Leistungserbringung so eine Art Welfare-Mix?

G.-R.: Richtig, richtig.

I.: Welche Ratschläge und Empfehlungen würden Sie künftigen Existenzgründern im Bereich der Sozial- und Gesundheitsdienste mit auf den Weg geben?

G.-R.: Sich a) zu prüfen, aus welcher Ambition machen sie die Selbstständigkeit, denn das zieht sich durch das ganze berufliche Handeln durch. Wenn ich nicht von etwas überzeugt bin, dann mache ich die Sache auch nicht gut. Und wenn ich nicht gut bin, kann man mich in Leistungen und in der Vergütung knebeln, oder wenn ich es nur machen muss, so gut ich diese Motivation anerkenne, aber, um Geld zu verdienen, dann sollte ich rausgehen. Das sind für mich nicht die Selbstständigen, die mit Ambition und Leidenschaft die Selbstständigkeit wahrnehmen. Ich sage denen, dann macht es lieber nicht. Ich kann das analog in meinem Bereich, ich arbeite in dem Behinderten-Bereich oder habe dort gearbeitet. Ich habe vielen jungen Mitarbeitern gesagt, wo ich in der Probezeit merkte, dass sie keinen Umgang mit Behinderten pflegen können, – das hat nichts mit ihrer Qualität zu tun, ich kann nur mit dieser Kategorie nicht arbeiten, dann hab ich mich dafür eingesetzt, ihnen andere Stellen zu vermitteln. Wenn ich überzeugt war von Ihren Fähigkeiten, und hier muss man das genauso sagen und ich kann nur sagen, da bleib ich dabei, Selbstständigkeit ja, Leute guckt Euch Existenzgründungen an, redet mit Angestellten, was die kriegen, was die haben müssen (...). Lassen sie sich beraten, welche Nebenkosten, die ein Angestellter ja nun nicht hat, was alles auf sie zukommt. Überlegen sie, das wird bei den meisten vergessen, die Stundenanzahl, die sie bringen müssen, um ein anderes Gehalt zu kriegen, und die Urlaubs- und Krankheitszeiten. Die sie meistens in ihrer Kalkulation gerade als Berufsanfänger überhaupt nicht einberechnen. Also rundum Informationen und für sich dann entscheiden, will ich dieses und stehe ich dahinter. Das sind so für mich die beiden Aspekte.

I.: Wenn ich das so zusammenfasse, würde das unter die beiden Unterschriften passen Selbstexploration/Reflexion und eine vernünftige Kalkulation der Leistungen, weil Qualität eben auch ihren Wert hat.

G.-R.: Hm, ja.
Noch eine Chance, die ich in der Selbstständigkeit sehe, dass ich neue Qualitätsstandards setzen kann. Ich brauch nicht den Genehmigungsweg. Ich setze sie selbst. Ich kann neue Ideen sehr schnell umsetzen und neue Richtungen sehr schnell umsetzen. Das ist eine Chance der Selbstständigkeit.

I.: Sehen Sie für den Verband eine Möglichkeit als Qualitätsgarant, auch in der Öffentlichkeit aufzutreten?

G.-R.: Ja, die sehe ich.

I.: Gibt es da schon irgendwelche ...

G.-R.: Wir haben ja eine Garantenverpflichtung, wir haben ein Qualitätspapier.
Es gibt also einen Bereich, wo die Selbstständigen den Angestellten durch die Schnelligkeit, durch die Flexibilität, die sie haben, neue Ideen, neue Richtungen vorzugeben, voraus sind, weil das andere ja erst genehmigt werden muss, durch die Instanzen. Was sie natürlich dann haben und da haben sie natürlich eine Verschlechterung zu den Angestellten, wenn einmal etwas in der Behörde durch ist, kann man sich da auch frei entfalten, aber wenn es noch nicht durch ist, ist das natürlich schlechter. Bevor das dann abgegeben wird, dann wär es ja wieder eine neue Erkenntnis, ein neuer Bereich im Öffentlichen und der wird ja erst abgegeben dann, wenn er sich nicht mehr rechnet. Ja, das ist immer so ein Verbandsspiel und so ein Zuwerfen von Bällen. Also es hat Chancen und es hat Nachteile.

Interview, mit Frau Sibylle Kraus, am 01.04.2007, in Jena

Vorstand Deutsche Vereinigung für Sozialarbeit im Gesundheitswesen (DVSG), auf Bundesvorstandsebene, dort zuständig für den Bereich Gesundheitspolitik, zusätzlich 1. Vorsitzende des Landesverbandes des Deutschen Berufsverbandes für Soziale Arbeit (DBSH) - Landesverband Berlin, Mitglied in der Deutschen Gesellschaft für Care und Case Management

I.: Wie beurteilen Sie die generelle Möglichkeit sozialer Leistungserbringung in Selbstständigkeit?

K.: Ich denke, dass es die Chance der Zukunft ist und dass sich aufgrund der Veränderungen in allen Gesellschaftssystemen diese Chancen (zunehmen) werden. Mein Schwerpunkt ist Gesundheitswesen, von daher stelle ich es vor diesem Hintergrund genauer dar. Die Entwicklung des Gesundheitswesens wird so sein, dass Vernetzung das zentrale Thema, aber auch das zentrale Problem der Zukunft sein wird und bleiben wird.

Es gibt zwar verschiedene Maßnahmen, die auch von Politikebene ergriffen werden, um diese Vernetzung wirklich zu erfüllen, de facto greifen diese Maßnahmen aber noch zu kurz, indem sie zu weiteren Schnittstellen führen und verhindern oder die Situation verschärfen, dass die Beteiligung der Nutzer nicht standardisiert und strukturell sichergestellt ist. Und an dieser Schnittstelle sehe ich den Bedarf an Unterstützungsmanagement, was (besonders Soziale Arbeit) leisten kann.

Zumal Soziale Arbeit von ihrem Berufsauftrag her auch den Auftrag hat, Teilhabe für alle an den gesellschaftlichen Ressourcen sicherzustellen. Gleichzeitig hat Soziale Arbeit den Auftrag, Transparenz zu schaffen zwischen der Betroffenenebene und der Expertenebene, zwischen den Angeboten, die da sind und wie man diese Angebote und Ressourcen erschließen kann, wie sie bürokratisch zugänglich werden und was die Hemmnisse sind, warum diese Ressourcen nicht erschlossen werden können.

Und dann auch noch (...) zuzuordnen auf welchen Ebenen (...) diese Hemmnisse (liegen). Sind es persönliche Hemmnisse der Betroffenen, dass sie nicht artikulieren können, was ihre Bedürfnisse sind, und damit wäre dann die anwaltliche Funktion der Sozialen Arbeit angesprochen, sind es gesellschaftliche Hemmnisse, weil eben bei Gesetzesvorhaben nicht an die Vernetzung der Sozialgesetze auch gedacht wurde und das ineinander greift, sind es bürokratische Hemmnisse, weil die Kostenträger darauf achten, dass sie nicht zu viel leisten oder dass sie auch nicht übergreifend ihrem Auftrag nachkommen und sich da(durch bürokratische) Hemmnisse aufbauen. Oder sind es Probleme im Gemeinwesen, die letztendlich keine niedrigschwelligen Angebote vorsehen oder solche Dinge.

Und da sehe ich die Chance, weil die Interessenskollisionen zwischen diesen verschiedenen Leistungserbringern (dazu führen), dass die Leistungserbringer nicht unbedingt Interesse an Vernetzung haben. Das zwar immer wieder proklamieren, aber für die Nutzer deutlich wird, dass bei den Beratungsleistungen, die sie von den Leistungserbringern und auch von den Kostenträgern bekommen, die Interessen der Kostenträger und auch der Leistungserbringer im Vordergrund stehen. Und sie werden erleben und auch spüren, dass ihre Interessen dabei nicht adäquat berücksichtigt sind. Und genau in diesem Segment sehe ich dann die Chance für Soziale Arbeit in selbstständiger Funktion, als Dienstleister für die Betroffenen tätig zu sein und dann auch bezahlt zu werden von den Betroffenen oder auch von den Interessensverbänden und Selbsthilfeverbänden, die sich für die Interessen der Betroffenen insbesondere einsetzen oder auch von Kostenträgern, die allein schon aus ökonomischen Gründen erkennen, diese Versorgungslücken fallen uns mittel- und langfristig auf die Füße und haben nicht den positiven ökonomischen Effekt, den wir brauchen.

I.: Ich höre vor allen Dingen zwei Aspekte raus, das wäre zum einen, dass sich neue Arbeitsfelder ergeben für die Soziale Arbeit aufgrund gesellschaftspolitischer Veränderungen und zum zweiten, habe ich das richtig verstanden, dass sie der Meinung sind, dass selbstständige Leistungserbringung dazu beitragen kann, die Nutzerorientierung zu erhöhen?
K.: Ja, (...) selbstständige Leistungserbringung kann das besonders gut, weil da der Auftraggeber bestimmt, wofür er die Leistungen bezahlt, und unmittelbar einschätzen kann, ob die Leistung die er bekommt, seinen Ansprüchen genügt. Wenn sie nicht genügt,

wird er keine positive Werbung für diese Dienstleistung erbringen und das genau fällt Selbstständigen heftig auf die Füße. Das heißt, Selbstständige müssen bestrebt sein, den Auftrag ihres Kunden zu erfüllen.

I.: Welche Tendenzen und Entwicklungsmöglichkeiten hinsichtlich der vermehrten selbstständigen Leistungserbringung innerhalb der Sozial- und Gesundheitsdienste sehen Sie?

K.: Ich sehe große Möglichkeiten, wie ich schon dargestellt habe. Vielleicht kann ich es noch einmal organisatorisch aufgreifen, wer die Kunden, die potenziellen Kunden des Selbstständigen dann sein könnten.

Einerseits die Nutzer direkt, was ich eben schon dargestellt habe, wo eben mein Schwerpunkt lag, aber gleichzeitig auch die Kostenträger, die eben auch übergreifend eine ganzheitliche Versorgung sicherstellen müssen, um mittel und langfristig ökonomischen Erfolg (...) zu haben und die sich diese Kompetenz, die dafür erforderlich ist z. B. Kenntnisse über andere Sozialgesetze, sich einkaufen oder auch (den) Moderationsprozess, den es ja fordert, um vernetzen zu können, extern einkaufen, weil es günstiger ist, oder auch von Leistungserbringern, die dieses externe Potenzial nutzen wollen, um sich selbst weiter zu entwickeln und da neue Zusammenschlüsse zu kreieren.

I.: Wie würde Ihrer Meinung nach die vermehrte selbstständige Leistungserbringung das professionelle Selbst- und Fremdbild der Sozialen Arbeit verändern?

K.: Ich denke, dass es eine stärkende Wirkung hätte, weil selbstständige Leistungserbringung heißt, dass man eindeutig formulieren muss, was ist die Dienstleistung zu welchen Konditionen, mit welchem Effekt. Und auch Kriterien an die Hand geben muss, wie dieser Effekt sich bewerten lässt, evaluieren lässt und damit die Professionalisierung erreicht ist. Und die selbstständig tätigen Sozialarbeiterinnen (können) dazu beitragen (und ...) als Modelle letztendlich (...) fungieren für professionelle Soziale Arbeit.

I.: Welche Ratschläge und Empfehlungen würden Sie künftigen Existenzgründern im Bereich der Sozial- und Gesundheitsdienste mit auf den Weg geben?

K.: Ich würde sie auffordern, trotz aller Schwierigkeiten und trotz aller Nerven, die es kostet, weiter auf die Verbände zuzugehen und dieses Wissen und diese Intension der Selbstständigkeit (einzubringen), nämlich als Dienstleister zu fungieren und es wirklich im Blick zu haben, was ist der Auftrag meines Kunden und was muss ich tun, um diesem Auftrag zu genügen und positiv zu wirken. Auch dieses Wissen oder diesen Input in die bestehenden Verbände hereinzubringen, da eine Entwicklung in die Richtung Dienstleistung zu fördern und sich nicht abschrecken zu lassen durch bestehende Strukturen und sicher auch sehr langsame Prozesse

Interview mit Herrn Michael Leinenbach, am 01.04.2007, in Jena

1. Vorsitzender des Deutschen Berufsverbandes für Soziale Arbeit (DBSH), seit dem 31.03.2007

I.: Wie beurteilen Sie die generelle Möglichkeit sozialer Leistungserbringung in Selbstständigkeit?

L.: Nun (...), ich sehe viele Möglichkeiten für den Bereich der Selbstständigkeit im sozialen Sektor. Wir müssen aber drauf achten, dass Qualitätsstandards aufrechterhalten werden. Wir müssen außerdem darauf achten, dass es im Rahmen des Finanziellen keine Absenkungen gibt, so etwas wie, ich nenne es einmal Selbstverpflichtung, das wäre vielleicht das richtige Wort, dass es eine Art Selbstverpflichtung gibt, sich nicht gegenseitig zu unterbieten.

Das ist das große Problem, wie ich das halt auch in meinem Bereich mitbekomme (...) es fing an mit der Bundesagentur für Arbeit, die verschiedene Leistungen ausgeschrieben hat. Darauf haben sich verschiedene Träger beworben und diese Träger haben sich gegenseitig unterboten. Das geht a) zulasten der Qualität, weil dann nicht mehr mit dem Fachpersonal gearbeitet werden kann oder es geht zulasten des Fachpersonals, weil sie dann weniger verdienen.

I.: Haben Sie diesbezüglich bereits Ideen, wie man einen solchen Qualitätsstandard schaffen und halten könnte, auch hinsichtlich der beschriebenen Entwicklung von Dumping-Preisen?

L.: Also Qualitätsstandards, (...) ob nun im Beamtenverhältnis, im Angestelltenverhältnis oder als Selbstständiger, das ist für mich das Gleiche. Die Leistungen müssen ja, egal wie die Erbringungsform aussieht, gleich erbracht werden. Für den Selbstständigen wäre es halt wichtig, dass wir so etwas wie eine Selbstverpflichtung hinbekommen. Das wir gemeinsame Regelsätze entwickeln und uns dafür einsetzen, dass diese Regelsätze eben auch eingehalten werden. Das könnte z. B. bei uns über den Verband einfach mal beginnen. Wenn jeder im Verband, der selbstständig ist, sich verpflichtet, wären wir schon ein Stück weiter, nur man wird dann auch wieder sehen, machen die Menschen das, können die das machen?

Ich habe eben auch in meiner Tätigkeit in der Tarifkommission lernen müssen, dass Kollegen sagen, ihnen ist die Stelle mit weniger Geld lieber als keine Stelle. Das ist immer die Abwägung. Eine persönliche Abwägung, eine soziale Abwägung und auch eine Abwägung der Qualität.

I.: Welche Tendenzen und Entwicklungsmöglichkeiten hinsichtlich der vermehrten selbstständigen Leistungserbringung sehen Sie?

L.: Also der Bedarf, den ich sehe, ergibt sich daraus, dass die tariflichen Mitarbeiter, entsprechend durch Outsourcing zurückgefahren werden, d. h. große Wohlfahrtsverbände, der öffentliche Dienst insgesamt betreibt Outsourcing. Dadurch wird natürlich die Leistung weiterhin gefragt, d. h. dass für diese Kollegen sich natürlich neue Räume ergeben, die vorher von den tariflichen Kollegen bearbeitet wurden, die dann jetzt zu den freiberuflichen Kollegen kommen.

I.: Wie würde Ihrer Meinung nach die vermehrte selbstständige Leistungserbringung das professionelle Selbst- und Fremdbild der Sozialen Arbeit verändern?

L.: Ich komme wieder auf meine vorherige Aussage zurück, für mich ist der Qualitätsstandard – ob verbeamtet, angestellt oder selbstständig – die Qualität Sozialer Arbeit ist ausschlaggebend. Wir sind Sozialarbeiter, wir haben ethische Prinzipien, wir haben eine bestimmte Qualität zu erbringen und wir haben auch die Verpflichtung, uns daran messen zu lassen. (...) Dabei spielt das Beschäftigungsverhältnis erst einmal keine Rolle.

I.: Könnte der Berufsverband hierbei eine Art Garantenstellung übernehmen?

L.: Ja, (...) deshalb haben wir das Berufsregister zurückgeholt ... um einfach zu sagen, die Kollegen, die sich dort registriert haben, die weisen nach, dass Sie (...) entsprechende Qualifikationen besitzen (...).

I.: Welche Ratschläge/Empfehlungen würden Sie künftigen Existenzgründern der Sozialen Arbeit mit auf den Weg geben?

L.: Den Markt zu evaluieren, zu prüfen, welche Leistung eingefordert ist und warum. Also, ich sag mal, wenn z. B. Jugendhilfemaßnahmen ausgegliedert werden, ist halt die Frage, soll da wirklich etwas ausgegliedert werden oder geht es nur um Haushaltskonsolidierung. Wenn nur Haushaltskonsolidierung im Vordergrund steht, muss man gucken, wie bekommt man seine Standards durch (...). Das ist für mich einfach wichtig, zu gucken, zu sortieren, die Evaluation zu machen und zu überlegen, wie kriegt man das. Das Schlimmste ist für mich, wenn der öffentliche Dienst durch Haushaltskonsolidierung in seinem eigenen Bereich, den freien Trägern, den Zuschüssen und überall spart und unsere Kollegen dann, über die Selbstständigkeit, das geringe Einkommen akzeptieren. Also, wenn mein Stundensatz, also jetzt auf einmal nur noch 4,35 Euro ist, ich überspitz das jetzt mal, kann ich zwar 'ne große Leistung bringen, aber ... Wir werden immer qualifizierter, aber kriegen immer weniger Geld und das ist halt einfach der Punkt, wo wir sagen müssen, so selbstbewusst zu sein, wir bringen eine Leistung, wir bringen eine gute Leistung, wir lassen uns entsprechend qualifizieren, wir erbringen auch den Nachweis unserer Qualifikation und dann haben wir auch den Anspruch, für unsere Leistungen bezahlt zu werden. (...) Es gibt auch noch so einen netten Satz, was nichts kostet, ist nichts.

Interview mit Herrn Andreas Reichel, am 31.03.2007, in Jena

Vorsitzender der Bundesfachgruppe Selbstständige des Deutschen Berufsverbandes für Soziale Arbeit (DBSH), eigene Selbstständigkeit im Bereich der Jugendhilfe von 1998 - 2005

I.: Wie beurteilen Sie die generelle Möglichkeit sozialer Leistungserbringung in Selbstständigkeit?

R.: Also, ich denke generell ist es so, dass die Leistungserbringung im Bereich Sozialer Arbeit als Selbstständiger sich auch nicht groß unterscheidet von der Leistungserbringung (...) als Angestellter, (...) dass die Bereiche, die jetzt in der Angestelltentätigkeit abgedeckt werden, größtenteils eben auch von Selbstständigen abgedeckt werden können.

(...) Man muss einfach differenzieren zwischen den verschiedenen Bereichen, in denen Selbstständigkeit möglich ist. Da sind zum einen (...) die staatlichen Garantieleistungen, die über Gesetze (...) geregelt sind, wie beispielsweise Jugendhilfebereich und Hilfen zur Erziehung. Wo der Selbstständige oder die Selbstständige dann in eine Konkurrenzsituation mit etablierten Trägern, meist Wohlfahrtsverbänden, kommt. Diese Leistungen (...) werden staatlich finanziert, von den öffentlichen Haushalten, mit dem Problem, dass durch die Einsparungen, bei den öffentlichen Haushalten in diesem Bereich eben wenig finanzielle Ressourcen zur Verfügung stehen und gleichzeitig auch ein sehr starker Konkurrenzdruck (...) auf den Selbstständigen lastet.

(...) Darüber hinaus gibt es den privat finanzierten Bereich der Selbstzahler, (...) die Leistungen innerhalb der Sozialen Arbeit in Anspruch nehmen. Dort ist es eben immer die Frage, es gibt zwar eine ganze Menge Bedarf für selbstständige Anbieter, die Frage ist nur, wieweit sich dort auch tatsächlich ein Ertrag realisieren lässt, das heißt, inwieweit der Leistungsempfänger auch wirklich bereit ist, für diese Leistung (...) so viel Geld zu bezahlen, dass eine echte Selbstständigkeit dort möglich würde. Da gibt es eben sehr sehr starke Schwankungen.

Es gibt noch einen weiteren Bereich, nämlich den Bereich (...) – ich nenn mal das Stichwort betriebliche Sozialarbeit, wo Betriebe für ihre Beschäftigten letztendlich Leistungen im Bereich Sozialer Arbeit buchen. Zur Effektivitätssteigerung beispielsweise, innerhalb der Betriebe oder um bestimmte Probleme dort anzugehen. Das fängt an von Suchtberatung, Mediation, Mobbingberatung auf der einen Seite bis zur Gesundheitsprävention, wie jetzt Raucherentwöhnungskurse oder (...) Organisationsberatung und auch in den betriebswirtschaftlichen Bereich rein.

Und da ist auch die große Frage, man sagt Selbstständige der Sozialen Arbeit, dann muss man das auch eingrenzen, was ist eigentlich noch Soziale Arbeit und wo zieht man die Grenze. Es gibt sicher auch bei vielen Selbstständigen, die im Bemühen, (...) eine Nische zu finden, wo man eine Selbstständigkeit – eben seinen Markt findet, starke Innovation im Bereich Sozialer Arbeit (bringen), aber es gibt auch eine Tendenz, in Nischen reinzugehen, die eben aus der Sicht professioneller Sozialer Arbeit kritisch sind. Ich sag mal als Stichwort, wenn ich eine esoterische astrologische Problemberatung in der Sozialen Arbeit anbiete, dann ist das sicher ein Grenzfall, genauso, wenn ich ganz stark in den betriebswirtschaftlichen Bereich reingehe. Wenn ich als Unternehmensberater arbeite und diese wirtschaftliche Komponente primär abdecke. Da ist dann auch die Frage, ob jetzt die Qualifikation aus der Sozialen Arbeit allein, wenn ich das jetzt auf das Wirtschaftsunternehmen münze, ausreicht oder ob dann eben nicht noch diese betriebswirtschaftliche Komponente hinzukommen muss. Also da ist eine wahnsinnig große Bandbreite möglich eben auch an Selbstständigkeit innerhalb der Sozialen Arbeit und daher lässt sich ganz schwer pauschal irgendwas sagen. Es kommt eben ganz darauf an, wo man jetzt das betrachtet, die selbstständige Arbeit.

I.: Habe ich sie richtig verstanden, dass Sie generell drei Bereiche unterteilen und dass die Erbringung Sozialer Dienstleistungen in einer Art Welfare-Mix gehandhabt werden sollte, also staatliche Leistungen und dann haben Sie noch einmal differenziert in individuelle Leistungen und in betriebliche Leistungen?

R.: Genau, das sind die drei Bereiche, in denen man selbstständige Soziale Arbeit erbringen kann. Es ist sicherlich möglich, das auch auf mehrere Standbeine zu stellen, wobei dann immer die Problematik ist, also ich seh das bei manchen Selbstständigen, wenn man eben zu viele Standbeine entwickelt, dass einfach die Spezialisierung nicht mehr in dem Maße klappt, dass man dann, sag ich mal, die Qualität der Arbeit auf all diesen Standbeinen dann auch sicherstellen kann. Also ich sag mal, wenn ich jetzt gleichzeitig Berufsbetreuer bin mit 12 Personen, die ich betreue und dann aber auch noch Organisationsberatung mache und dann vielleicht auch noch irgendwo im Gesundheitsbereich irgendwie Suchtberatung mache, dann sind das sicher drei Sachen, wo ich ja individuell mich weiterbilden muss, und das abzudecken, als Einzelner, sag ich mal, das stell ich mir ziemlich schwierig vor, also, weil dann ganz einfach die zeitlichen Ressourcen nicht reichen, um die nötigen Fortbildungsleistungen dort zu erbringen.

I.: Was würden Sie raten, um das zu verhindern?

R.: Also ich würde raten, als Selbstständiger mich schon auf einen Bereich zu spezialisieren. (...) Mehrere Standbeine sind durchaus möglich zu entwickeln, aber dann müssten das eben Bereiche sein, die in einem Zusammenhang miteinander stehen, soweit, dass dieser Fortbildungsbedarf nicht zu weit auseinander klafft, also ich sag mal so, wenn ich jetzt Fortbildungen im Bereich Jugendhilfe anbiete, aber gleichzeitig auch noch Hilfen zur Erziehung anbiete und dann auch noch 'ne Kommunikationsberatung mache, dann sind das Bereiche, die doch sehr eng beieinander sind, wobei die Fortbildungen aus dem einen Bereich auch in den anderen reinwirken, was man sicherlich machen kann.

I.: Welche Tendenzen und Entwicklungsmöglichkeiten hinsichtlich der vermehrten selbstständigen Leistungserbringung innerhalb der Sozial- und Gesundheitsdienste sehen Sie?

R.: Also ich seh die Tendenz weg von den staatlichen Pflichtleistungen, ganz einfach deswegen, weil dort die Finanzierung immer problematischer wird. Also die öffentlichen Haushalte sparen enorm ein, die großen Träger, Wohlfahrtsverbände reagieren darauf mit Sparkonzepten, würd ich mal sagen, teilweise auch mit einer starken Deprofessionalisierung von Sozialer Arbeit. Da werden dann Sozialarbeiterstellen einfach umgewandelt in Erzieherstellen beispielsweise, wo früher eben viele Sozialarbeiter tätig waren, hat man häufig jetzt nur noch wenige, die das Ganze koordinieren, und dann eben schlechter bezahltere Kräfte, teilweise auch noch Ein-Euro-Jobber nebenbei, die das Spektrum abdecken, was früher eben die Sozialarbeiter/Sozialpädagogen abgedeckt haben. Das heißt, da sehe ich eben, ja, ein starkes Problem auf den Selbstständigen zukommen, in diesem Bereich, der eben das nicht mitmachen kann. Also Ein-Euro-Job ist eben nicht möglich. Die eigene Arbeitskraft, die kann man halt nicht jetzt so aufsplitten, dass man sagt, die Hälfte der Arbeit, die ich mache, die mach ich jetzt unqualifiziert, und die andere Hälfte qualifiziert, weil ein Selbstständiger sich ja als Person nicht teilen kann, und von daher ist das natürlich problematisch in dem Bereich. Wo ich eher so eine Möglichkeit sehe, ist eben im Bereich der selbst finanzierten Dienstleistungen, also bei den Selbstzahlern, wo diese (...) für die Leistung zahlen, da sehe ich allerdings das Problem, dass Soziale Arbeit einen relativ niedrigen Wert hat, so im allgemeinen Bewusstsein, dass also wenige Leute dazu bereit sind, die Stundensätze zu bezahlen, die eigentlich nötig wären, um eine echte Selbstständigkeit zu leisten für Dienstleistungen innerhalb der Sozialen Arbeit. Also ich sag mal so, wenn man in eine Werkstatt fährt und beim KFZ Mechaniker einen 40 Euro Stundensatz zahlt, dann sind die meisten Leute bereit, das zu machen, für eine Beratung ist das schwierig, was einfach mit der Historie zusammenhängt, dass diese ganzen Leistungen den Leuten eben, ja, jahrelang quasi umsonst, staatlich finanziert angeboten worden sind, und jetzt sagen sie, ja, das gab's doch immer umsonst, warum sollen wir jetzt plötzlich bezahlen. Das heißt also, da muss man sehr stark schauen, dass man dort Bereiche findet, wo eben nicht nur ein Bedarf besteht, sondern auch eine Bereitschaft, für diesen Bedarf zu bezahlen, und zwar so zu bezahlen, dass eine echte Selbstständigkeit möglich ist, und eine echte Selbstständigkeit ist nicht möglich z. B. bei Stundensätzen von 15, 20, 25 Euro, sondern die müssen darüber liegen, Gerade wenn man so die Probleme mit der Umsatzsteuer, die ja noch anfällt, berücksichtigt.

I.: Wie würde Ihrer Meinung nach die vermehrte selbstständige Leistungserbringung das professionelle Selbst- und Fremdbild der Sozialen Arbeit verändern?

Ja, auf der einen Seite, in dem Augenblick, wo eine Leistung angeboten wird, von Akteuren der Sozialen Arbeit, die, sag ich mal, einen hohen Grad von Professionalität aufweist, da ist es sicher positiv. Ich denke, wenn vermehrt Angebote auf dem Markt sind, die einerseits eine hohe Qualität aufweisen, auf der anderen Seite sich langsam dann auch das Bewusstsein etabliert, dass man für diese hohe Qualität eben auch dementsprechende Preise zu zahlen bereit ist, dann wird das sicherlich einen enormen Schub für Soziale Arbeit auslösen. Auf der anderen Seite besteht sicherlich auch die Gefahr, ich hab's vorhin schon erwähnt, mit bestimmten Nischen, die sich also ganz stark von der Profession entfernen, dort dann auch wieder die gesamte Profession zu diskreditieren. Ich sag mal, wenn ich jetzt anbiete, als Problembewältigung für, ja, hyperaktive Kinder eine Bachblütentherapie als Soziale Arbeit und die dann vielleicht Erfolg bringt, dann wird Soziale Arbeit natürlich auch sehr stark in die Nähe zu Kurpfuscherei oder ich weiß nicht was gerückt und das ist dann natürlich für das Bild von Sozialer Arbeit in der Öffentlichkeit nicht dienlich. Von daher müsste man gerade als Berufsverband daran interessiert sein, ein Qualitätsniveau zu schaffen für selbstständige Soziale Arbeit, dass eben so etwas nicht passieren kann.

I.: Haben Sie Vorschläge, wie dieses Qualitätsniveau zu schaffen und zu halten wäre?

Also eine Sache, wo der Berufsverband ja auch dran arbeitet, ist beispielsweise das Berufsregister. Darüber könnte man natürlich über bestimmte Qualitätskriterien sicherstellen, dass dort vom Berufsverband übers Berufsregister zertifizierte Akteure der Sozialen Arbeit ein bestimmtes Qualitätsniveau aufweisen. Auf der anderen Seite ist es sicher möglich, mit einer Definition von Sozialer Arbeit, dass man einfach den Rahmen absteckt und sagt, o. k., da ist aber eine Grenze, wenn ihr da rüber geht, wenn ihr das anbietet, das würden wir nicht mehr unter professioneller Sozialer Arbeit verstehn, sondern das ist ein Bereich, der driftet ab in Esoterik, oder das ist ein Bereich, der driftet ab in Betriebswirtschaft oder sonst was. Dass man das also dann nochmal stark eingrenzt.

I.: Dann würde der Verband quasi auch eintreten als Qualitätsgarant?

R.: Ja, das wäre ein Ziel, auf jeden Fall.

I.: Welche Ratschläge und Empfehlungen würden Sie künftigen Existenzgründern im Bereich der Sozial- und Gesundheitsdienste mit auf den Weg geben?

R.: Also das Problem der Existenzgründer der Sozialen Arbeit ist ja, dass früher sehr viele Akteure, denk ich mal, in die Selbstständigkeit gewechselt sind, weil sie eine Idee hatten, die sie verwirklichen wollten und die sie vielleicht in ihrem Angestelltenverhältnis nicht verwirklichen konnten. Also aus so einer positiven Motivation heraus. Heutzutage ist es oftmals so, dass die Selbstständigkeit so als Notnagel gewählt wird. Man hat eben, weiß ich nicht 20, 30 Bewerbungen geschrieben und sagt dann irgendwann, ich find ja sowieso nichts und ich mach mich jetzt selbstständig, als vermeintlich einfacheren Weg. Das ist sicher eine schlechte Herangehensweise, weil ich denke nicht, dass der Weg in die Selbstständigkeit eine einfachere Lösung ist als die weiteren Bewerbungen. Ich würde immer dazu raten, wenn ich eine gute Idee hab als möglicher Selbstständiger in der Sozialen Arbeit, zu schauen, diese Idee – hab ich die nötigen Ressourcen und die Lust, diese Idee umzusetzen. Gibt es einen Bedarf für diese Idee, die ich da entwickelt habe? Gibt es eine Bereitschaft bei den Leuten, bei der Zielgruppe, für diese Idee, für diesen Bedarf, vielleicht auch dementsprechend zu zahlen, oder gibt es die Möglichkeit, diesen Bedarf letztendlich über gesetzliche Garantieleistungen des Staates zu finanzieren. Das heißt, diese Finanzierungsgeschichte, die würde ich immer vorher noch mit abklären. Dann würde ich aufgrund dieser Vorüberlegungen mir eine Konzeption erstellen, und an der Konzeption dann auch eine Kalkulation und würde mir ganz stark anschauen, gibt es denn in der Region, in der ich arbeite, auch wirklich diesen Bedarf. Kann ich das da machen? Also diese Marktanalyse, die ist auf jeden Fall sehr wichtig, also es kann sein, dass eine Idee, ich weiß nicht was, in Erfurt beispielsweise gut ist, weil da einfach das Marktumfeld dementsprechend ist und in Hamburg ganz schlecht oder umgekehrt. Das muss man einfach vorher gut analysieren. Wenn das so ist, also, dass das alles positiv bewertet werden kann, dann denke ich, ist es sicher eine Möglichkeit, sich in der Sozialen Arbeit selbstständig zu machen, aber das würd ich vorher auf jeden Fall immer prüfen.

173

A3 - Stellungnahme von Herrn Kurze-Zerbe (DBSH) zum Berufsregister des
Deutschen Berufsverbandes für Sozialarbeit

Qualität schafft Vertrauen!

Das Berufsregister für Soziale Arbeit — der Beitrag des *DBSH* zur Qualitätssicherung!

Im März 2002 wurde in Soest auf Initiative des *DBSH* das „Berufsregister für Soziale Arbeit" (BSA) gegründet. Es versteht sich als „Qualitätsoffensive", mit der dem immer stärker werdenden Druck auf die Profession, z. B. durch Verlagerung sozialer Dienstleistungen auf nicht ausreichend qualifizierte MitarbeiterInnen oder durch Erhöhung der Arbeitsdichte, begegnet werden soll.

Eine Registrierung im Berufsregister für Soziale Arbeit setzt als Mindestqualifikation einen Fachhochschulabschluss voraus, der für eine Tätigkeit in den Feldern der Sozialen Arbeit befähigt. Wer sich für die Registrierung im Berufsregister entscheidet, verpflichtet sich, in periodischen Abständen von jeweils fünf Jahren den Nachweis der **persönlichen** beruflichen Kompetenz zu erbringen: Regelmäßige Fort- und Weiterbildung sowie die ständige Reflexion der beruflichen Praxis müssen das professionelle Handeln ergänzen. So soll bei den Adressaten der Sozialen Arbeit Vertrauen in das Können der professionell Tätigen geschaffen werden, nicht zuletzt eine wichtige Voraussetzung für gelingende Soziale Arbeit.

Das Modell des Berufsregisters ist nicht neu: Es wurde seit Beginn der 90er Jahre erfolgreich in den Niederlanden und auch in Italien und Großbritannien eingeführt. In einigen Ländern ist die Berufsausübung ohne die Eintragung in einem Berufsregister oder einer Berufskammer nicht mehr möglich. Das deutsche Berufsregister setzt demgegenüber auf Freiwilligkeit. Auch in anderen europäischen Ländern befasst man sich mit der Einführung eines solchen Systems.

Wenngleich die Diskussion keineswegs einheitlich geführt wird, besteht doch Einigkeit darüber, dass ein Hochschuldiplom für die Dauer eines Berufslebens allein keine ausreichende Qualifikation nachweist. Zusätzliche Fort- und Weiterbildungen sind zwingend notwendig. „Gute" Sozialarbeit weist sich durch Engagement, Reflexion sowie durch persönliche und fachliche Entwicklung aus. Dementsprechend sind definierte Qualitätskriterien und deren periodische Überprüfung durch das Berufsregister die Grundlagen für eine persönliche Registrierung. Sie berechtigt zum Tragen des Titelzusatzes „rBSA".

Das Berufsregister soll die Fachlichkeit und Qualitätsorientierung der Sozialen Arbeit transparent machen. Es ist organisatorisch eng an den Berufsverband geknüpft. Ohne die Entwicklung des Berufsbildes und ohne eine berufsständische Vertretung durch den Berufsverband ist das Berufsregister nicht durchführbar. Grundvoraussetzung für die Registrierung ist die Akzeptierung der durch den *DBSH* erarbeiteten ethischen Standards.

Fachkräfte der Sozialen Arbeit, die ihre besondere Kompetenz und Qualität dokumentieren wollen, stellen einen formlosen Antrag auf Registrierung. Vom Berufsregister wird ein differenzierter Erhebungsbogen versandt, um den aktuellen beruflichen Hintergrund abzufragen. Neben den allgemeinen Voraussetzungen zur Registrierung sind in den jeweiligen Kategorien der Umfang der Beschäftigung sowie die notwendigen Nachweise über Fort- und Weiterbildung, Supervision und Praxisberatung wie auch berufsständische und weitere Aktivitäten (z. B. Forschung und Methodenentwicklung) geregelt.
Eine Kommission überprüft die erforderlichen Nachweise und vergibt für die Bereiche Fortbildung, Reflexion/Supervision sowie optional für berufliches und berufsständisches Engagement definierte Punkte. Für die Registrierung und Vergabe des Zertifikats müssen wenigstens 30 Punkte erreicht werden. In Abständen von jeweils fünf Jahren müssen erneut mindestens 30 Punkte nachgewiesen werden, dann erfolgt die Bestätigung der Registrierung.

Sollten bei der erstmaligen Antragstellung die notwendigen Punkte nicht erreicht werden, so erfolgt dennoch eine Registrierung. Diese wird mit der Auflage verbunden, zu Zwischenfristen Teilnachweise zu erbringen, sodass nach spätestens fünf Jahren die erforderliche Punktzahl erreicht ist.

Für das Berufsregister wurden sechs Kategorien der Registrierung entwickelt:

Kategorie A: Berufsausübende
Kategorie B: Berufsausübende in leitenden Funktionen
Kategorie C: vorläufig eingeschriebene BerufseinsteigerInnen
              (mit abgeschlossenem Diplom)
Kategorie D: Lehrende SozialarbeiterInnen, SozialpädagogInnen
              und HeilpädagogInnen
Kategorie E: Selbstständige und freiberuflich Tätige
Kategorie F: Geringfügig Beschäftige und berufliche WiedereinsteigerInnen

Der Jahresbeitrag für die Registrierung und den Service des Berufsregisters beträgt jährlich € 60,- für Mitglieder des *DBSH*, für andere Fachkräfte € 120,-.

Bildungsträger können ihre Fort- und Weiterbildungsangebote zertifizieren lassen. Dies soll dazu führen, dass die Fachkräfte der Sozialen Arbeit erkennen, welche Fortbildungen das Berufsregister anerkennt und wie viele Punkte erzielt werden können.

Wenn schließlich auch die Verantwortlichen bei Stellenbewerbungen oder der Vergabe von Projektfördermitteln die Registrierung berücksichtigen, dann wäre ein gewaltiger Schritt getan. In der gemeinsamen Verantwortung der Träger der Sozialen Arbeit, der Einrichtungen der Aus- und Weiterbildung, der KollegInnen und ihrer Verbände soll in Deutschland das Qualitätssicherungssystem „Berufsregister" zu einem Erfolgskonzept werden.

So erreichen Sie das Berufsregister:

Berufsregister für Soziale Arbeit im *DBSH*
Bundesgeschäftsstelle
Friedrich-Ebert-Straße 30, 45127 Essen
Telefon: 0201-820780
Mail: berufsregister@dbsh.de

Referent: Thomas Kurze-Zerbe
Elbestraße 26, 55122 Mainz
Telefon: 06131-4804197 / Mobil: 0178-1526788
Telefax: 06131-4804195
Mail: kurze-zerbe@dbsh.de

Als Referent stehe ich für alle anstehenden Fragen an das Berufsregister zur Verfügung. Sie erreichen mich jeden ersten Dienstag eines Monats in Essen in der Bundesgeschäftsstelle und in allen anderen Wochen ebenfalls dienstags in der Zeit von 10:00 bis 13:00 in Mainz. Anfragen außerhalb dieser Zeiten sprechen Sie auf den Anrufbeantworter oder senden Sie mir per Mail – sie werden umgehend beantwortet.

Ein neuer Internet-Auftritt befindet sich in der Entwicklung. Schauen Sie in den nächsten Wochen mal auf die Seiten www.berufsregister.de und www.dbsh.de!

Thomas Kurze-Zerbe

www.ingramcontent.com/pod-product-compliance
Lightning Source LLC
Chambersburg PA
CBHW052132270326
41930CB00012B/2855